启点

基于核心素养的物理教学思考

汪显和　著

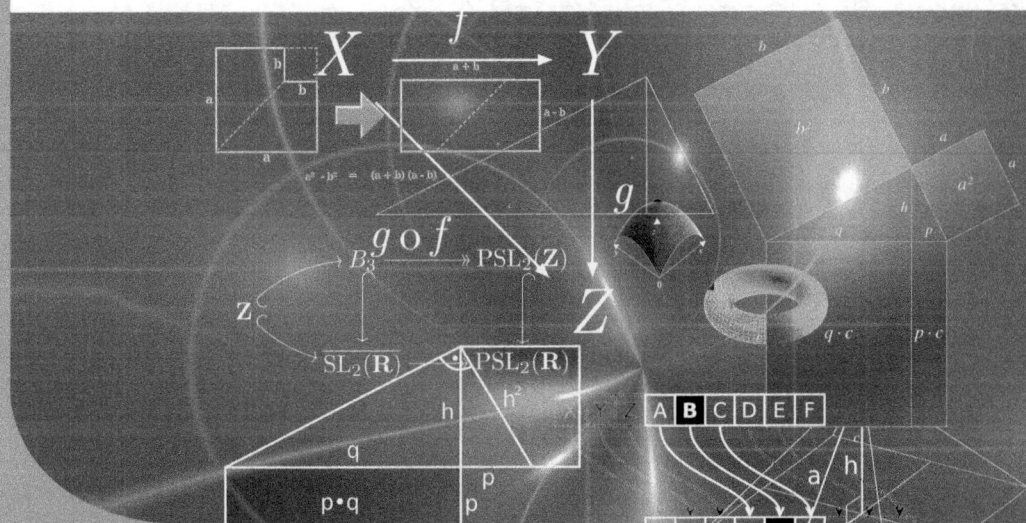

JIYU HEXIN SUYANG DE
WULI JIAOXUE SIKAO

浙江工商大学出版社
ZHEJIANG GONGSHANG UNIVERSITY PRESS
·杭州·

图书在版编目(CIP)数据

启点：基于核心素养的物理教学思考 / 汪显和著.
— 杭州：浙江工商大学出版社，2021.3
ISBN 978-7-5178-4083-1

Ⅰ．①启… Ⅱ．①汪… Ⅲ．①中学物理课－教学研究
－高中 Ⅳ．①G633.72

中国版本图书馆 CIP 数据核字(2020)第 164734 号

启点——基于核心素养的物理教学思考
QIDIAN——JIYU HEXIN SUYANG DE WULI JIAOXUE SIKAO

汪显和 著

责任编辑	刘　焕
责任校对	沈黎鹏
封面设计	林朦朦
责任印制	包建辉
出版发行	浙江工商大学出版社
	（杭州市教工路 198 号　邮政编码 310012）
	（E-mail：zjgsupress@163.com）
	（网址：http://www.zjgsupress.com）
	电话：0571-88904980,88831806（传真）
排　　版	杭州朝曦图文设计有限公司
印　　刷	广东虎彩云印刷有限公司绍兴分公司
开　　本	787mm×1092mm　1/16
印　　张	17.25
字　　数	343 千
版 印 次	2021 年 3 月第 1 版　2021 年 3 月第 1 次印刷
书　　号	ISBN 978-7-5178-4083-1
定　　价	59.00 元

引 言

激兴趣,挖潜能,促核心素养发展

　　韩愈在《师说》中提出:"师者,所以传道授业解惑也。"意思是说,老师是传授道理,教授学业,解释疑难的人。多年的亲身教学经历让我对此有新的理解,我认为老师更应该是"传其如何为道,教其如何主动受业,练就其如何积极解惑的能力"。因此如何通过教学激发学生学习的热情,挖掘其更大的潜能,促进其核心素养的全面发展,是教师们在教学过程中所应该考虑的重要问题。多年来,我正是一直坚持这样的教育教学理念,才使得课堂教学更有活力,效果更好。

一、重视生活基础,进行生活化课堂教学,课堂氛围非常活跃,教学效率大幅提高

　　生活中有许许多多的物理现象和物理规律。物理学来自生活,高于生活,而又用于生活。将物理学应用于生活,是物理教育的目标,也是社会发展的需要。让学生在生活中学习物理,又将物理应用于生活及社会的各个领域,为我们社会的发展、人类文明的进步服务,是我们物理教育的真正意义之所在。

　　物理学是一门应用学科,物理学的思想和方法是在人类社会发展过程中经过对生活进行高度概括和总结得出来的,可以直接应用于人们的生活,指导人们的实践。根据教学内容的需要,引入学生熟悉的生活情境进行物理教学,加强物理学思想和方法的教学,可以培养学生分析、解决实际问题的能力。现在的中学生都是国家社会未来的建设者,他们将要面对的是未来社会,生活化的课堂教学就是他们演练的阵地。进行生活化的物理课堂教学,不仅可以充分调动学生的兴趣,活跃课堂氛围,更能让我们的学生认识到学习的真正意义,激发学生学习使命感,使教学效率大幅提高。

二、鼓励全员参与，加强实验化的物理教学，探究学习全面展开，教学实用性突出

学习的目的不仅仅在于学习的内容，更在于学习过程的体验和感悟。所以教学应该尽量满足学生的各种体验，应该给学生更多的思考和表达的机会，将"努力提高学生的各项科学素质"作为教育教学的最根本目标。物理教学要教会学生一种思维，一种解决问题、分析问题的方法，最终提高学生的实践创新意识。实验教学是物理教学的重要组成部分，也是培养学生多方面能力的一种重要途径。

实验是人类认识世界、探索自然的重要方式，它可以帮助学生客观认识真实的现象、过程，同时使他们在分析这些现象、解决这些问题的过程中学会分析问题和解决问题的方法，提高科学实践的意识和能力，从而培养学生的科学创新精神和能力。利用实验化的物理教学，尽可能多地给学生创造展示自我的平台和机会，让学生充分体验科学家们研究的过程和方法，强化与他人团结协作的能力、交流沟通的能力，进而掌握适应社会、改造社会的基本能力，充分体现出教育教学的实用性一面。

三、重视核心素养，培养物理能力，挖掘学生潜能，促进学生能力可持续发展

随着新课改的逐步深入，教学目标也发生了很大的变化，从"双基"目标到"三维"目标，再到现在的"核心素养"目标。从注重知识的教学逐渐转向注重人的教育，注重学科教学对人的培养，注重人对时代发展的作用，真正体现立德树人的目标方向。

教育的最终目标是促进人类社会的进步，这就需要培养人的适应社会的能力、发展创新的能力。物理学中的猜想能力、控制变量能力、图象处理能力、实验创造能力是非常重要的物理能力，体现物理学中的重要的思想方法。学生的创新思想、创新精神、创新能力都可以从这些能力中发展衍生出来。注重学生核心素养的培养，尊重学生个性，挖掘学生的潜能，可以促进学生能力的可持续发展，从而促进人类社会的不断进步。

目　录

第一章　核心素养初探

　　教育教学的使命是培养能够推动人类社会向前发展的新型人才，实现人类历史的传承与发展。让学生学习现有知识，目的是实现对历史的传承；让学生掌握认识客观世界的方法，目的是让学生深入认识自然、探索未知。学生是未来社会的主人，只有培养学生的发展意识、创新意识、终身学习意识，形成正确的价值观，才能让他们更好地认识未来社会，适应未来社会，创造未来社会！

第一节 中学物理教学发展学生核心素养的优势分析

我国《国家中长期教育改革和发展规划纲要(2010—2020 年)》明确指出,要"制定教育质量国家标准,建立健全教育质量保障体系"。而建立质量标准的核心首先是建立学生核心素养模型。换句话说,建立核心素养模型是为建立我国教育质量国家标准服务的。建立各学段学生发展核心素养体系,明确"学生相应具备的适应终身发展和社会发展需要的必备品格和关键能力,进而形成正确的价值观",已成为深化课程改革、落实立德树人根本任务的基本要求,也成为我国教育领域与国际教育改革趋势相衔接的重要环节。

一、核心素养的内涵

素养是指一个人的修养,与素质同义。从广义上讲,包括道德品质、言行举止、知识水平与能力才干等方面。所谓核心素养指的是,同职业上的实力与人生的成功直接相关的涵盖了社会技能与动机、人格特征在内的统整的能力。牵涉到"知晓什么"以及在现实问题情境中"能做什么"的问题。"核心素养"的核心既不是单纯的知识技能,也不是单纯的兴趣、动机、态度,而在于重视运用知识技能解决现实课题所必需的思考力、判断力与表达力及其人格品性。

核心素养是个人终身发展、融入主流社会和适应未来社会所必需的素养,是未来社会公民的必备品格和关键能力,也是应对当前和未来技术变革及全球化挑战的需要。如果说素养是基本生活之所需的话,核心素养则为创造优质生活之所需,它强调不同学习领域、不同情境中都不可或缺的共同基本要求,是关键的、必要的,也是重要的素养。

二、核心素养的"三方面六小点"

根据教育部颁布的《中国学生发展核心素养》可以知道,我国中学生的核心素养主要可归纳为"三方面六小点",如图 1.1-1 所示。

1. 人文底蕴

人文底蕴是促使一个人长久、健康发展的精神动力及精神支撑的综合体。因为是"底蕴",所以它往往隐含在各种事物之中,像春雨"润物细无声";因为是"人文",所以它对一个人的精神走向有极大的影响,为修身养性输送源源不断的养分。一个具有人文底蕴的人,他的心智必定是豁达的,他的情感必定是纯净的,他的意志必定是经得起磨砺的。一流的科学家往往拥有丰厚的人文底蕴,是科学精神与人文精神结合的典范。我们的学生是未来社会的建设者,他们需要去发展未来的社会、改造社会,同时也必须能够将时代顺利地衔接和过渡。他们必须拥有能够对历史,对社会的准确的理解和把握,才能够很好地掌舵时代的发展。

(教育部学生发展核心素养研究协作组,2016年9月)

图 1.1-1

2. 科学精神

科学精神是人们在长期的科学实践活动中形成的共同信念、价值标准和行为规范的总称,是指由科学性质所决定并贯穿于科学活动之中的基本的精神状态和思维方式,是体现在科学知识中的思想或理念,是有坚持力、不怕困难、不辞辛劳、勇于创新的精神。它一方面约束科学家的行为,是科学家在科学领域内取得成功的保证;另一方面,又逐渐地渗入大众的意识深层。科学精神通常包含以下一些特征:执着探索、创新实践、理性分析、求真务实、民主协作、怀疑批判等等。

3. 学会学习

人们常说"授人以鱼不如授人以渔"。意思是说:直接给人家鱼还不如教他抓鱼的方法,这样才能保证他以后也能够吃到鱼。可见,对于老师而言,教育教学最重要的是教给学生分析问题、解决问题的方法;对学生而言,学习的目的是学会学习,学会独立分析问题和解决问题的方法。学校生活是学生成长过程中的重要阶段,这一阶段不仅是学生身体成长的关键期,更是思想成熟的关键期。这个阶段中所学到的分析问题的科学方法和逻辑思维,包括在学习过程中所经历的困难、挫折以及获得的成功等,这些都为终身学习打下坚实的基础。

4. 健康生活

健康生活,快乐工作是当今社会生活的一大主题。只有健康才能和谐,只有健康才能获得更多的动力和能力。当今社会生活、工作的节奏变得越来越快,如果没有健康的身心,很难跟上时代的脚步。所以说身心健康素养是核心素养的重要方面,践行健康是一种能力、一种习惯、一种幸福的理念,应该把"开展健康活动,增强体质,促进学生的健康成长"作为教育教学的重要内容。在中学教育教学过程中,要不断融入健康生活的理念,倡导学生进行绿色环保、节能创新的学习思考和行动实践,形成阳光生活、健康生活的科学素养。

5. 责任担当

责任是一种使命,一种素质,一种美德,责任高于一切,责任提升绩效。责任感是我们立身做事的基本条件;责任心是我们事业的基石。"事不避难,勇于担当。"担当,就是勇挑重担、敢于负责。有无担当精神,是衡量一个人素质高低的一个重要标尺。高度负责,勇于担当,是一种气魄,更是一种精神。社会时代的发展需要勇于担当的人才,需要能够积极主动改造社会、创造未来的人才。我们要培养学生的责任感,一个人接受一份工作便意味着责任,增强责任意识,是对每个人的基本要求。有责任感的人才能把责任意识转化为自己的工作行为,才能确保在工作中忠于职守、尽职尽责,才是未来社会发展所需要的人才。

6. 实践创新

所谓的实践创新就是在传统思维的基础上运用各种方法进行创新。比如说,在原来没有的基础上发明创造一些东西,叫作创新;到生活中去做一些事情叫作实践。具体应用过程中,一方面是基于现实问题解决方案调整进行的创新;另一方面是基于现实问题解决方案并参照其他方面的知识进行的开拓性创新。实践创新素养就是能够在具体的实践过程中运用批判的眼光审视原来的事物或方案,具有创新实践的意识和创新实践的精神。教育是培养人的,是培养具有创新思想、创新精神、创新能力的人。社会的发展离不开创新人才的创新性工作。学生是推动未来社会发展的中坚力量所在,创新教育的目标是要培养学生的创新实践能力。

三、利用中学物理教学发展学生核心素养的优势分析

物理学是研究物质结构、相互作用和运动基本规律的学科,是一门实验和科学思维相结合的学科。物理学与生活、科技联系非常密切,是整个自然科学的基础,应用于各个领域的各个方面。物理学中许多知识都是以生活中的现象为背景,学习物理就是利用科学语言描述生活现象,利用科学的思维思考生活问题,利用科学方法探究生活原理,最终将生活中的现象、问题、原理通过科学的逻辑转化为智慧,从而提升自己的素养。中学阶段是人的身心发展最旺盛的阶段,中学生具备了一定的逻辑思维能力和空间想象能力,对外界的事物充满了好奇心,并且具有一定的生活经验和一定深度的理解力。利用中学物理教学培养学生的社会实践的意识和能力,可以强化学生科学提出问题、分析问题、解决问题的能力,可以有效促进学生的核心素养的发展。

1. 物理学科的实验特色、科学思维有利于学生核心素养的发展

有一句话是这样说的:"百闻不如一见,百见不如一干。"可见实验对认识事物的重要性。在物理学中,概念的形成、规律的发现、理论的建立,都有其坚实的实验基础,任何物理理论都需要实验来检验。利用实验,可以真实地展现物理过程,使学生能直接抓住物理现象的本质,把握物理运动的主要特征,认识物理运动的基本规律,从而认识事物的本质。生动形象的实验教学,可以激发学生的学习兴趣,使学生形成良好的学习动机,并通过非智力因素的作用促进学生智力的发展,从而有效发展学生的核心素养。

(1)利用实验教学可以激发学生学习原动力,发展主动参与核心素养

人生来就对世界充满着好奇,总是喜欢提出"为什么",思考这些"为什么",希望解决这些"为什么",这就是人学习的潜能,渴望学习的本性,是人的创新实践的驱动力。中学生正处于身体、智力逐步成熟的时期,实验向他们有目的地展示了许多有趣的物理现象,呈现了许多真实生动的物理事实,使他们处在好奇而愉快的学习环境中,充分调动了学生积极性,激活了思维,有助于培养学生的积极参与、主动探究的核心素养。

例如,在讲授"绪言"课时,为了激发学生学习物理的兴趣,精心设置了一系列生动、鲜明、有趣的物理实验:实验1,蛋碎瓦全实验;实验2,酒瓶吞蛋实验;实验3,尖端放电实验;实验4,静电屏蔽实验;实验5,白光色散实验;实验6,阴极射线实验;等等。这样的开端,可以从学生内心激发学习物理的兴趣,激起学生探究自然的好奇心,培养学生主动参与研究的科学素养。

(2)利用实验教学丰富物理思想,发展科学思辨缜密思维的逻辑素养

实验是物理的重要组成部分,它既可以使学生加深对概念和规律的理解,又可以培养学生严肃、认真、实事求是的科学态度。在教学中,应转变观念,联系实际情况为学生创造一切可能的条件,鼓励学生对生活中的现象和问题进行思考、探索,记录并寻找科学研究的主题;鼓励学生亲自动手设计实验,在实验中多问"为什么要这样?""换种方法行不行?"等问题;鼓励学生在研究过程中像物理学家那样进行思考、研究,并能客观辩证地审视自己的研究过程,形成缜密思考问题的习惯,从中理解原理,体会方法,领会思想,发展科学素养。

例如,对于"测量匀加速直线运动的加速度的实验",在学习了运动学的有关规律之后,根据打点计时器的使用功能,鼓励学生自行设计利用打点计时器测匀加速直线运动的加速度的方案,写步骤,设计记录表格,然后让学生自己动手做实验。对于实验中所出现的问题,鼓励他们自己去讨论、查资料解决,发挥他们的主动性。对实验结果进行分析、写实验报告时,特别要求写出总结、体会,最后完成一份完整的研究报告。经过这样的锻炼,一方面加深了对匀加速运动规律的理解和对实验仪器的应用能力,另一方面提高了学生对实验的兴趣和信心,培养了他们设计实验的能力,实验动手能力及分析问题、解决问题的能力。可见,利用实验教学不仅可以提升学生的物理思维,还可以培养学生的科学精神和严密的科学逻辑素养。

(3)利用对生活中的实际问题的实验探究,发展学生的科学的实践素养

学习的目的不仅在于学习的内容,更在于学习过程的体验和感悟。教学应该尽量满足学生的各种体验,应该给学生更多体验、思考和表达的机会,把努力提高学生的各项科学素质作为教育教学的最根本目标。物理教学要教会学生一种思维,一种解决问题、分析问题的方法,最终提高学生的实践意识。然后学生利用这种思维,结合正确的方法去解决实际生活中的问题,去为我们社会服务,即提高学生的实践能力。通过实验,既可以让学生客观认识真实的物理现象、物理过程,又可以让学生在分析这些现象、解决这些问题的过程中学会一种分析问题和解决实际问题的手段和方法,从而发展学生的科学的实践素养。

例如,在讲"动量定理"这节课时,先介绍江湖上"气功大师"的表演:"大师"躺在地上,肚子上压一块很大的青石板,另一个人用铁锤迅速地敲一下,结果板碎了,而"大师"却安然无恙。然后教师利用多媒体在课堂上播放精彩的表演录像,此时学生的情绪高涨。教师说:"大师"的气功是不是真的很厉害呢?老师也可以的。接着,教师亲自给学生表演"徒手劈砖":拿一块砖头,左手先按住,用右手去劈;举起右手瞬间,左手将砖的一端稍稍抬高,右手劈下时,砖一分为二。课堂氛围瞬间达到最高潮,然后再来解释:这其实就是一个瞬间作用的问题,是一个物理学的问题,而不是"气功"。

2. 物理学科与社会、生活、科技紧密联系，有利于学生核心素养的形成

生活中有太多的物理知识，物理与生活就是理论与实践的关系。将物理学用于生活、社会，是人类发展的需要，是物理学的使命所在。让学生在生活中学习物理，又将物理应用于生活、社会的各个领域，促进人类发展。因此应利用生活、物理、社会密切联系的有利条件，培养学生掌握和运用科学的概念、思想、方法、规律，发展学生的核心素养。

（1）物理学发展历史的教育有利于学生科学发展观的形成

德国物理化学家、诺贝尔奖获得者威廉·奥斯特瓦尔德（Wilhelm Ostwald）在他的《精密科学的经典作家》一书中写道："虽然，用现在的教授方法很成功地讲授了在现今发展状态中的科学知识，但是杰出的和有卓识远见的人不得不一再地指出时常出现在当前我们的青年科学教育中的一个缺点，这就是缺乏历史感和缺少关于作为科学大厦基础的一些重大研究的知识。"当前国际上物理教学改革的潮流之一，就是更多地把物理学史的内容引入物理教学，以增强知识性、内容教学的趣味性、思想性和启发性，提高教学质量，把它作为活跃学生思想，训练科学方法，发展科学思维，培养创造精神和能力的重要手段。

新课程改革以来，物理学史在物理教学中越来越受到重视。各种版本的新教材都不同程度地把物理学史编写到教材中，教师们也越来越注意到在传授知识的同时，培养学生的认知能力，即掌握知识和发展能力并进。在教学中适当地穿插物理学史的内容能有效地培养学生的科学素养，让学生了解科学发现、科学争论、科学蒙难、重大实验中孕育的科学思想和方法，学习科学家的探索创造精神、逻辑思维能力，树立正确的科学成败观。将物理学史融入物理教学，是对知识与技能，过程与方法，情感、态度和价值观的有效整合，非常有利于学生核心素养的培养。

（2）生活化的物理教学有利于学生核心素养的自发形成

生活与物理联系十分密切，生活是物理的源泉，物理是生活的归纳和升华。从生活走向物理，从物理走向社会是当前物理教育的主题。从生活走向物理，让生活丰富物理，使物理更加生动、自然；用物理去理解分析生活，可以使生活更富有内涵。生活化的物理教学，可以让学生从内心里感觉到物理学习的亲切感和真实感，可以更加贴近学生的心灵，从而促进学生核心素养的形成。

【例1】弦乐器小提琴是由两端固定的琴弦产生振动而发音的，如图 1.1-2 所示，为了研究同一根琴弦的振动频率与哪些因素有关，可利用如图 1.1-3 所示的实验装置，一块厚木板上有 A、B 两个楔支撑着琴弦，其中 A 楔固定，B 楔可沿木板移动来改变琴弦振动部分的长度，将琴弦的末端固定在木板 O 点，另一端通过滑轮接上砝码以提供一定拉力，轻轻拨动琴弦，在 A、B 间产生振动。

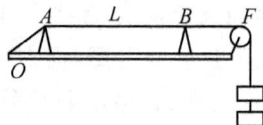

图 1.1-2 图 1.1-3

①先保持拉力为 150 N 不变,改变 A、B 间的距离 L(即改变琴弦长度),测出不同长度时琴弦振动的频率,记录结果如表 1.1-1 所示。

表 1.1-1

琴弦长度 L/m	1.00	0.85	0.70	0.55	0.40
振动频率 f/Hz	150	176	214	273	375

从表 1.1-1 数据可判断,在拉力不变时,琴弦振动的频率 f 与弦长 L 的关系为_____。

②保持琴弦长度为 0.80 m 不变,改变拉力,测出不同拉力时琴弦振动的频率,记录结果如表 1.1-2 所示。

表 1.1-2

拉力大小 F/N	360	300	240	180	120
振动频率 f/Hz	290	265	237	205	168

从表 1.1-2 数据可判断,在琴弦长度不变时,琴弦振动的频率 f 与拉力 F 的关系为_____。

③综合上述两项测试可知,当这根琴弦的长为 0.75 m,拉力为 225 N 时,它的频率是_____Hz(精确到个位数)。

④如果在相同的环境中研究不同种类的小提琴琴弦,除了长度 L 和拉力 F 以外,你认为还有哪些因素会影响琴弦振动的频率?试列举可能的两个因素:_____
_____。

在例 1 中,将弦乐器引入到物理学习中,将物理与艺术融合起来,使物理有了艺术色彩,更加深了学生对物理实际价值的认识,激发学生学习物理的兴趣。将物理与生活艺术等联系起来的方法是我们物理教学过程中的重要方法,不仅可以让学生对学习物理有艺术一样的体验,还可以培养学生的艺术感知、欣赏、创作与鉴赏的能力,体会艺术的创作过程,发展学生的艺术涵养和美感素养,同时让素养更有内涵。

(3)现代科学在物理教学中的适时展现,有利于学生核心素养的发展

科学技术的发展是社会发展的重要标志,物理学在科技发展中起到了十分重

要的推动作用。将物理学应用于社会,促进社会的进步是物理学的使命之所在,物理学中的科学思想、方法充分体现物理对社会的科学价值。通过物理的学习可以培养学生在适应现代社会发展过程中所需要的"运用科技、信息与媒体"的素养,能对各类媒体进行识读与批判,能反思科技、信息、媒体伦理的科技媒体素养。

【**例2**】20 世纪 80 年代初,科学家发明了硅太阳能电池。1981 年 8 月,世界各国的太阳能专家在巴黎集会,专门讨论了太空太阳能电站问题。这种太空太阳能电站在地球同步轨道的一个固定位置上,向地球上固定区域供电,其发电及传输示意图如图 1.1-4 所示。在太阳能收集板上铺设太阳能硅电池,通过光电能转换把太阳能变成电能,再经微波转换器将直流电转换

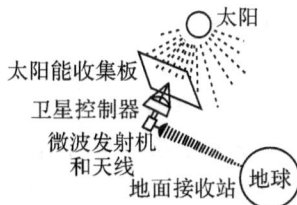

图 1.1-4

成微波,并通过天线将电能以微波形式向地面发送,地面接收站通过整流天线把微波能还原成电能,微波的定向性很好,但对飞鸟是致命的,可在地面附近装上保护网或驱逐音响,不让飞鸟通过,预计在 21 世纪初地球上空将升起卫星电站。(已知地球半径为 6400 km)

①每片太阳能电池的硅片面积为 4 cm²,可提供电能 50 mW。巨大的太阳能收集板电池列阵面积为 5000 km²,其发电功率为多少?

②这里的微波是( )。

A. 超声波　　　　　　　　　　B. 次声波

C. 电磁波　　　　　　　　　　D. 机械波

③微波对飞鸟是致命的,这是因为微波的( )。

A. 电离作用　　　　　　　　　B. 穿透作用

C. 生物电作用　　　　　　　　D. 对生物体的热效应

④利用微波传输电能,实现了"无缆输电",输电效率可达 80%,微波输电采用的频率为 2450 MHz,试计算它的波长,以及到地面接收站时的功率。

⑤试计算本题中所述的太空太阳能电站离地面的高度 H。

⑥完成太空太阳能电站的工作流程图(图 1.1-5)。

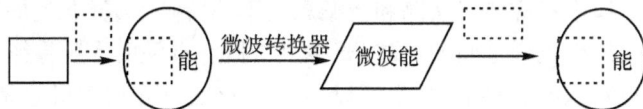

图 1.1-5

在当前能源紧缺的时代,这是一个非常重要的现实问题。在这个问题中体现了用物理思维解决人类未来所需能源的一种方式,体现了物理对人类的生存和发展有着非常重要的作用。同时也告诉学生如何利用现有的知识对生活中的一些问题展开科学的假设与想象,进行相应的科学研究,进而发展学生的科学创新素养。

3. 物理科学方法提炼、科学概念形成过程有利于学生核心素养的发展

（1）物理科学方法教育促进学生核心素养的形成

物理是一门研究物质结构和物质规律的学科，是自然科学的基础。重视知识更重视方法，重理论更重视实践，有丰富的现实背景又有科学的逻辑思维。学习物理，重要的是科学方法、实践应用、逻辑思维的学习。教育教学关键是教给学生科学的学习方法，帮助其树立"发展意识"，发展终身学习能力、自主学习能力、交流互动能力、社会参与能力，不断提高科学素养。变传统的被动"灌输式"学习为主动"探究式"学习，变被动"接受学习"为主动"自主学习"，在学习过程中提高学生的核心素养。鼓励学生在学习过程中将物理的方法、思想与自己的生活经历联系起来，将抽象的物理概念、物理过程通过生活中的实体模型和过程形象化，将实际生活中的过程和物体转化成物理中的模型进行理想化的研究。这样可以促使学生主动地将学习和生活融合起来，有助于培养学生终身发展所需的必备品格和关键能力。

社会的发展关键在于人的发展，人要发展关键在于人们对科学方法的掌握程度。只有真正掌握了科学方法，才能有更多的创新与创造，才能促进社会科技的更好发展。学习物理，不仅仅在于学习知识，更在于在学习物理知识的过程中去体会物理学家在研究过程中的科学精神，学习科学家们在研究过程中所创立的科学的方法，领会物理学的思想，形成积极主动的学习态度，形成科学的创新意识和能力。

（2）在物理概念的形成过程中发展学生的核心素养

物理概念不仅是物理理论知识的重要组成部分，而且是学生通过逻辑推理方法，构建知识体系的基本元素。物理概念具有抽象性与具体性相结合的特点，准确地反映了物理现象及过程的本质属性，是在大量的观察、实验基础上获得的感性认识，是物理事实在人脑中的反映。物理概念有特定的名词与符号，是构成物理规律和公式的理论基础。物理概念是随着物理知识的发展而不断发展的，要充分发挥已有的旧知识的作用，通过新旧概念之间的逻辑关系引入新概念，通过物理概念之间的关系学习新概念。有些概念是由某一概念通过逐步推广引申而得到的，可以根据学生认知结构中相应知识状况和新概念的不同特点，选择典型的感性材料，注意对相近、对立、衍生概念之间的比较，要突出与概念有关的本质特征。

在学习物理知识的过程中，学生可以通过不断地建立物理概念来理解物理规律。通过概念的约定方法缩小概念的外延，或者通过概念的概括方法，扩大概念的外延，从而生成一系列具有从属关系的概念，相应地这类具有从属关系的概念可组成一个概念系列。可见通过物理概念的教学，可以使学生的认识能力在形成概念的过程中得到充分锻炼。

【例3】如图1.1-6所示,有两个固定的、电量相等、电性相反的点电荷,a、b是它们连线的中垂线上两个位置,c是它们产生的电场中另一位置,取无穷远处为电势的零点,则以下正确的有(　　)。

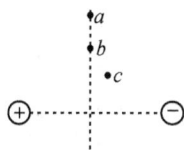

图 1.1-6

A. b 点的电势比 a 点的电势高

B. c 点的电势为负值

C. a、b 两点的场强相同

D. 将一正电荷从 b 点移到 c 点电场力做负功

解答这道题时,可以先让学生回顾垂直平分线、等势线等概念,再进一步解析等量异种点电荷连线的垂直平分线是一条等势线,最后根据学过的规律结合数学运算解决问题。还可以把等量异种电荷换成同种电荷进行分析,然后延伸到引力作用问题。这样在提供感性认识的基础上,做出辩证分析,让学生借助类比事物从形象思维顺利过渡到抽象思维,用不同方法揭示不同概念的本质,从而体会从点到面又到点的分析问题的方法,锻炼既能局部又能整体的分析问题的能力。

(3)物理教学助力学生形成物理能力,是发展学生核心素养的重要部分

教育的目的是培养人,培养人的关键在于培养人的能力。即提出问题、分析问题和解决问题的能力,具体包括根据条件作出判断的能力(即对事件发展的预见能力),对于多个情境、多个条件下的事件的处理能力(即对事件的宏观调控的能力),对于不确定的、缓慢发展的事件的整体把握能力(即对事件的统筹能力),以及对问题、事件的质疑过程中所产生的思考的创新发展能力(即对新事件的创造能力)。这些能力正是我们物理教学过程中所要培养的猜想能力、控制变量能力、图象处理能力、实验创造能力,是一个人终身学习、发展中所必不可少的能力。笔者把猜想能力、控制变量能力、图象处理能力、实验创造能力统称为物理能力,这是学生在学习过程中所要重点培养和提高的能力。

例如,图象法是物理学中的重要研究方法,是一种能够比较形象直观地反映事件发展规律的方法。利用图象还可以帮学生理解一些用语言很难描述的事件的发生、发展情况。图象法不仅是数学上的一种统计方法,还是物理学中的一种直观的研究方法。它可以整体反映一个事件的发生和发展,也可以整体表示大量事件的发生和发展,还经常反映出事件的整体和局部的关系,等等。这是学生所需要具备的一种能够对事件从时间和空间上、整体和局部上进行把握统筹的能力。振动图象反映了一个质点在振动过程中偏离平衡位置时位移随时间的变化情况,反映的是一个事件在时间和空间的发生和发展情况。而波动图象描述的是大量的质点在同一时间相对各自平衡位置的位移,反映的是大量的事件在同一时间里所处的不同状态。大量的事件同时发生是一个非常复杂的问题,但利用波的图象能非常直观反映出来。

核心素养是个人终身发展、融入社会和就业所必需的素养的集合,这些素养是在现代社会中,为学生以后过上有责任感和成功的生活所需要,也为社会应对当前和未来技术变革和全球化挑战所需要。物理教学不论从学科的知识,还是学科思想、方法、精神等内容来看,都非常有利于学生核心素养的培养,是有效发展学生核心素养的重要途径。

四、对中学物理教学的建议

核心素养在当前国际教育改革中越来越受到人们的重视,它的提出是基于全民终身学习的视角,它是为培养能够适应 21 世纪经济社会发展的世界公民所构建的素养体系。21 世纪,知识更新不断加快,经济发展全球化、信息化,给人们的工作、生活和学习带来全新的改变。要求人们能够学会接受变化、学会质疑和追问、学会在数字化时代生活,要求人们具备全球公民意识、终身学习意识、创新实践意识、健康生活意识,等等。社会的发展变化给教育带来了重要的挑战,教育要能够帮助年轻人为适应未来各种变化做好准备。钟启泉教授指出,核心素养是指学生借助学校教育所形成的解决问题的素养与能力。即这种素养和能力需要通过学校教育来得到发展。物理学与生活、科技、社会联系十分密切,是一门基础的自然科学,而且物理学中科学的思维、科学的方法和科学精神的学习都可以有效促进学生核心素养的培养。根据对核心素养内涵的研究并结合物理学自身特点,笔者对中学物理教学提三点想法,供广大教师在教学实践中参考。

1. 物理教学过程中要明确核心素养的整体性意识

根据教育部颁布的《中国学生发展核心素养》可以知道,我国中学生的核心素养主要可归纳为"三方面六小点"。必须明确,核心素养是一个整体,是集合先前三维目标的有机整体。在物理教学过程中应该关注学生的学习过程而不仅是学科的内容,要明确学习的核心目的。核心素养的"三方面六小点"是对人在 21 世纪所必须具备的综合能力的具体概括。教学过程中不能自认为哪一种能力素养更加重要,哪位同学缺少什么素养,或者什么样的职业需要什么样的素养,所以就培养学生那一方面的素养。核心素养的培养是一个整体工程。比如物理教学中的探究式学习,学生自主合作的探究过程,是学生不断进行自身内部和外部环境相互结合的过程。整个学习过程中,学生将会获得不同学科领域的知识,还会不断涉及日常生活中经常用到的实践技能、知识、动机、道德价值、态度、情感等,获得的不是一种具体的能力而是能力的有机整合,包括知识、技能、态度、价值观与品格等,培养的不仅是学习素养,更是人文底蕴、科学精神、健康生活、责任担当、实践创新等综合素养。

2.物理教学过程中要明确物理学科的载体性意识

应该强调,学习的核心目的不是学科的内容,而是在学习过程中所获得的高阶综合性学习。物理教学过程中必须明确,应该教给学生的重要内容不仅仅是物理知识,更是科学的思维方法和科学能力;物理学科起到的只是载体作用,是培养学生核心素养的重要工具。物理学作为自然科学的基础,其最重要的是在发展过程中通过科学家们不断努力所积累下来的探索自然的科学方法,以及在探索自然过程中不断完善起来的一些对生活中的现象做出高度概括的概念和规律。从物理学的发展历史可以知道,在整个人类社会大发展过程中物理学在很多时候充当了工具的角色,为人类的发展提供了科学的方法,催生了先进的技术和工具。从手工业时代到蒸汽机时代的发展,从工业化时代到信息化时代的发展,整个过程中物理学都提供了重要的理论、技术支撑,而物理学也随着人类社会进步不断发展,其中最关键的发展在于人类认识世界、探索自然能力的进步和发展。因此在物理教学过程中必须明确,物理教学的最终目的是培养和发展学生的认知能力和水平,应该利用物理知识的学习激发学生认识世界和探索自然的积极性,拓展学生观察和思考的时空观念,形成对全球环境、可持续发展以及生命伦理等全球重要问题的思考,培养学生科学分析问题、解决问题的素养与能力,提高学生的认识世界、探索自然的能力。

3.物理教学过程中要加强学生的主体参与意识

物理学具有与生活、科技、社会联系密切的特点,实验是物理学中的一大特色,是科学研究方法中不可缺少的手段,是人们认识世界、探索自然的重要方法。在物理教学过程中可以利用生活中的物理背景为学生提供真实生活情境,让学生在学习过程中有解决真实问题的机会,在真实的体验中获得知识和发展。知识不是货物,学生学习知识不像往仓库里搬运货物,如果像堆积货物一般学习知识,那将是死的知识,等到要用的时候,就犹如在堆满货物的大仓库里寻找货物一般,根本无能为力。物理是研究物质世界的物质结构和规律的学科,所以学习物理的目的就是为了认识世界、探索自然。学习知识的目的是利用知识,应该将学习知识的过程当成知识利用的过程,任何不能使用的知识都将成为累赘。在学习物理的过程中,应该充分给予学生体验的机会,建立物理学知识的生活情境,利用探究式和体验式的学习方式,让学生利用已经掌握的物理学知识、方法和能力去习得新的知识、方法和能力;增加学生在不同的学习过程中表达个人意见或见解的机会,让他们学会与他人协商、分享观点并可以讨论和争辩,培养民主平等的公民意识。在这样的学习过程中,学生学会了与他人建立合作式交互关系,学会合作、尊重、理解、同情、关爱他人,学生获取和运用知识的能力、创新实践的意识与能力得到了提高,并且自主探究、团队协作、自我管理和有效参与的能力也得到了提高。

五、结束语

核心素养是当前教育的热门话题,核心素养的培养已被视为提升国家竞争力的重要教育手段之一,受到各国教育决策部门的高度关注。为了更好地促进我国教育的发展,结合我国教育实际,教育部于 2016 年 9 月颁布《中国学生发展核心素养》,提出了核心素养框架,即文化基础、自主发展、社会参与三个方面,细分为人文底蕴、科学精神、学会学习、健康生活、责任担当、实践创新,共六小点。物理学与生活、科技和社会联系密切,在物理学中有许多学生所熟悉的现象和体验,还有在其长期发展过程中所积累下来的科学方法和科学精神。通过物理教学可以将学生掌握的知识和生活有机对接起来,利用对物理现象的分析和研究帮助学生掌握认识世界、探索自然的科学方法,从中学会认知、学会做事、学会共处、学会成为更好的自己,从而实现学生核心素养的全面发展。

第二节　论核心素养体系下物理教师的学科素养

21 世纪以来,我国普通高中课程改革取得了重大成就,为了进一步深化课程改革、落实"立德树人"的根本任务,教育部提出核心素养体系,实现从"三维"目标向核心素养目标的转换,实现"以知识为本"到"以人为本"的教育教学理念的升华。核心素养是知识与技能、过程与方法、情感态度与价值观的综合表现,通过基于核心素养的教学,帮助学生形成正确的价值观、必备品格和关键能力,从而培养全面发展的人。

由于各学科具有不同的特点和内涵,培养学生的核心素养的种类以及方式各不相同,所以具体学科素养有所差异。物理核心素养是学生在接受物理教育过程中逐步形成的,是学生通过物理学习内化的带有物理学科特性的品质,主要包括物理观念、科学思维、科学探究、科学态度与责任四个方面。核心素养目标为当前教育教学指明了方向,而学生的核心素养的形成与发展需要借助于教育教学的载体来实现。为了能够更好地培养和发展学生的物理核心素养,物理教师也应该发展相应的学科素养,从而可以在教育教学过程中更好地落实核心素养目标,有效发展学生的物理核心素养。结合教育教学实践以及物理学科的特点,笔者从物理观念、科学思维、科学探究、科学态度与责任四个方面分析、总结了中学物理教师所应该具有的学科素养。

一、物理观念

《普通高中物理课程标准(2017 年版)》(以下简称新课程标准)明确提出,学生应该具备的"物理观念"是从物理学视角形成的关于物质、运动与相互作用、能量等的基本认识,是物理概念和规律等在头脑中的提炼和升华,是从物理学的视角解释自然现象和解决实际问题的基础。主要包括物质观念、运动和相互作用观念、能量观念及其应用等要素。基于此,笔者认为物理教师应该具备的"物理观念"是从有效培养学生的物理观念出发,引导学生从物理学视角研究问题,进行研究对象的确定、研究过程的提炼,同时在教育教学过程中注重物理方法和物理思想的有机融入,有效促进学生物理观念的形成。物理教师的物埋观念主要包括对象观念、时空观念、方法观念和思想观念。

1. 对象观念

"对象观念"主要是指教师在教育教学过程中帮助学生形成如何确定研究对象,如何分析研究过程,以及如何明确问题的主体部分的意识,进而培养学生快速准确把握问题核心的能力。准确确定研究对象是分析问题、解决问题的关键,也是学生能够从物理视角正确描述和解释自然现象的基础。物理学是研究自然界物质的基本结构、相互作用和运动规律的自然学科。只有准确把握研究对象,坚持对象观念,方可以使物理学习更好地符合客观实际,才能接着进行物质运动、相互作用以及能量转化之间的研究,才可以帮助学生更好地理解物理概念、规律,从而有效促进学生核心素养的发展。物理学的概念、情境都是针对物体或运动设定的,解决问题的第一步就是要确定研究的对象,接下去的运动过程的分析或受力分析都是有目的的研究过程。对象的确立是解决问题的首要关键,例如受力分析中的整体法和隔离法,对运动过程的分段和整段研究,都是从对象角度分析的典型例子。教师树立"对象观念"可以使得教学目标更加明确具体,同时有利于指导学生树立对象观念,帮助学生快速准确地切入问题的关键,提高分析问题、解决问题的能力。

2. 时空观念

"时空观念"主要是指教师在教育教学过程中能够将物理教学紧密联系生活实际,明确物理事件的发生、发展需要遵循时间和空间上的变化规律,让学生能够根据时间和空间变化的两条主线去认识理解物理问题,从而掌握分析、解决实际问题的能力。物理学与生活、科技联系十分密切,许多物理问题的设置都是以日常生产生活、科技前沿为背景。生活是物理的源泉,物理具有生活的时间和空间维度。充分把握这两个维度,找到时间和空间维度中所对应的关系,就可以将一个物理问题分析清楚,最终也就可以轻松解决它,达到简化物理情境的目的。物理学家经过长期研究总结出科学的研究方法是从理想到实际、从简单到复杂,其中最关键的一点就是紧抓时间和空间的主线,先剥去次要的因素,然后循序渐进开展研究。物理教师应该充分利用物理学与生活实际紧密联系的特点,结合学生已经具备的知识和经历,厘清物理问题所描述的时间发展、空间变化,帮助学生形成抓住主要矛盾、忽略次要矛盾的意识,提高分析、解决问题的能力,进而培养学生的科学思维和物理观念。

3. 方法观念

"方法观念"主要是指教师在教育教学过程中要有对学生进行科学方法教育的意识,通过物理概念、规律的教学培养学生选择合适的科学方法解决实际问题的能力。物理学是自然科学的基础,是人们在长期研究客观世界、探索自然的过程中逐渐发展起来的,在这个过程中科学家们总结了大量的科学的研究方法。教师应该借助于知识这一载体,利用合适的手段培养学生分析、解决问题的能力,为终身学习奠基。学习物理,重要的是对于科学方法的学习。古人云:"授人以鱼,仅供一饭之需;授人以渔,则终身受用无穷"。可见,教育教学关键是教给学生学习方法,把以前的"应试意识"转变为"发展意识",培养学生的终身学习能力、交流互动能力、社会参与能力,不断提高学生的科学素养。物理学科重知识,更重方法,除了科学的物理方法,还涉及科学的数学方法、逻辑方法和哲学方法。教育教学过程中,教师要给予学生充分体会各种方法的机会,使其能够掌握并灵活运用于发展实践当中,进而有效促进学生发展。

4. 思维观念

"思维观念"主要指教师通过物理教育教学培养学生从物理学视角思考问题的意识,培养学生从物理学的视角思考问题的习惯,形成科学解决实际问题的规范程序,最终使学生发展为有物理思维的人。物理学的思想是从哲学中发展而来,经过物理学家们长期实践和思辨所形成的一种蕴含科学方法和丰富内涵的科学思想。"思想"犹如人的头脑,是人类文明逐渐进化的外在表现,是人类优越于其他地球生物的标志。教育教学的主要目的是培养能够改造、发展未来社会的创新型人才。在信息高度密集、高度复杂的社会背景下,能够不受外界干扰而坚持自己独特的思想并迅速做出准确判断的能力是未来人才所应该具备的。因此物理教师在当前的教育教学过程中应该具有培养学生进行独立思考和判断的意识和能力,帮助学生成长为一个有思想的人。

二、科学思维

新课程标准指出:"科学思维"是从物理学视角对客观事物的本质属性、内在规律及相互关系的认识方式;是基于经验事实建构理想模型的抽象概括过程;是分析综合、推理论证等方法的内化;是基于事实证据和科学推理对不同观点和结论提出质疑、批判、检验和修正,进而提出创造性见解的能力与品质。主要包括模型建构、科学推理、科学论证、质疑创新等要素。基于此,笔者认为物理教师应该具备的"科学思维"是能够从有效培养学生的科学思维出发,以物理知识为载体,发挥学科的特色优势,培养学生的抽象建模能力、数学表述物理问题的能力、严密的逻辑推理和质疑创新的能力。物理教师的科学思维主要包括数形思维、数理思维、证据思维和创新思维。

1. 数形思维

"数形思维"主要是指教师在教育教学过程中应该注重将实际问题经过分析、比较、近似、抽象转化为模型进行分析研究的意识。对生活中的实际问题进行综合分析,抓住问题的主要特征,再结合学生现有的知识和能力,根据教学内容的需要建构相应的模型或理论,以便于学生能够更好地理解。这不仅是一个针对实际问题的建模过程,更是激发学生兴趣,激活知识储备的思维运动,同时也为进一步深入研究做好了思维上的准备。综合分析实际现象、情境,抽象出可以深入研究的数学物理模型,培养学生的综合分析思维和科学建立模型的能力,这是物理教师在教育教学过程中所应该具备的数形素养。学习物理的主要目的是解决生活中的实际问题,分析实际的现象和过程,实现从生活实际到物理问题的转换,这就需要具备数形思维,培养学生的数形思维是培养学生应用物理知识解决实际问题的有效途径。

2. 数理思维

"数理思维"主要是指教师在教育教学过程中注重数学语言在物理学中的应用,即将物理情景、过程转化为数学语言,严格遵循数学逻辑关系,体现物理学科注重逻辑、因果的客观辩证思想,培养学生严密的逻辑思维和严谨的数学表达能力。物理学是一门研究物质世界的物质结构、相互作用及运动规律的学科,许多物理规律的描述和物理问题的解决过程都是借助数学语言,严密的数学推理也充分体现物理学体系的严密性。在平时教学过程中,特别是在物理解题过程中,教师应该注重学生对物理过程的分析,加强利用数学语言进行物理过程的描述,即要重视学生对物理解题过程的格式表达。许多解题能力较强的学生往往不注重解题过程的书写,认为得到问题的答案就可以了。应该明确一点,就是解决物理习题、巩固相应知识点是最初级的目标。物理习题的教学目标是培养学生的能力,用一句话讲,就是做这道题是为了能够解决更多其他的问题。严密的数学推理过程不仅反映学生从物理视角分析问题的能力,更体现学生严密逻辑思维的形成。能用数学语言严谨清晰描述物理解题过程,是学生科学思维的具体表现,也是物理教师在教学过程中应该重视的方面。

3. 证据思维

"证据思维"主要是指在物理教育教学过程中体现利用物理方法探究事物本质属性、内在规律及相互关系的学科意识,培养学生不仅知道"是什么"还要探究"为什么"的思维。物理学从最早的亚里士多德时代到三百多年前的伽利略时代的发展,可以说实现了从现象研究到本质研究的发展。在亚里士多德时代,物理学的研究都是通过对大量现象的观察,然后对观察值进行比较分析得出结论,许多结论由于受到各种因素的干扰没能深入事物的本质。伽利略把实验研究融入物理学研究当中,真正开创了物理学研究的新时代,从此人们对事物的研究和认识更进一步。学习物理学让学生认识到科学探索事物本质的方法,形成透过现象认识事物本质的意识。可以说,物理学的发展历史是科学方法发展的历史,也是人类认识发展的历史。教师在物理教学过程中应该以物理知识为载体使学生认识现象背后的本质,例如"力和运动之间的关系",要让学生通过学习这一内容明白:物体之所以这样运动,是因为受到了相应的力。通过物理的学习,帮助学生建立透过现象寻找事物本质的意识,这就是物理教师所应具备的"证据思维"。

4. 创新思维

"创新思维"主要是指教师在教育教学过程中应该注重学生的批判质疑意识、实践创新能力的培养。创新是时代发展的要求,没有创新就不会有发展。当今社会迅猛发展、科学技术高度发达,教育教学的理念与手段日新月异。物理教师应该不断加强学习,不断更新自身教育教学理念,掌握教育教学新技能,努力适应新时代的需要,培养学生适应终身发展和社会需要的必备品格和关键能力,促进学生核心素养的发展。物理学的发展史告诉我们创新的重要性。例如,牛顿凭借自己扎实的数学功底,大胆创新,结合自己的理论系统得出万有引力定律。这是在当时根本无法通过实验验证的情况下所提出的重要创新理论,直到一百多年后才被英国科学家亨利·卡文迪许(Henry Cavendish)通过实验验证并测得常量。万有引力定律发挥了无比强大的作用,后来科学家们利用它发现了更多的天体、研究天体的运动、发射卫星等,或许还可以根据万有引力定律找到未来适合人类生存的地球之外的空间。万有引力定律从提出到建立再到应用,这个过程就是一个理论实践不断创新的过程。物理的教育教学过程对学生和教师应该都是一个不断强化创新意识、发展创新能力的过程。

三、科学探究

新课程标准指出:"科学探究"是指提出科学问题、形成猜想和假设、设计实验与制订方案、获取和处理信息、基于证据得出结论并做出解释,以及对科学探究过程和结果进行交流、评估、反思的能力。主要包括问题、证据、解释、交流与合作等要素。可以说科学探究是科学家在长期从事物理研究的过程中所形成的科学的研究方法,它的教育教学功能也是物理教育教学目标的重要体现。因此,物理教师所应该具备的科学探究能力包括教育教学过程中的高品质设问、规范化的实验操作、多角度的结果描述以及多方面的交流与讨论。

1. 品质设问

"品质设问"主要是指教师在教育教学过程中要加强问题意识,利用有效的高品质问题激发学生思考,激活学生思维,引导学生自主学习,从而实现教学效果的最大化。利用问题链进行教学是课堂教学过程中常用的也是比较高效的教学手段。课堂教学虽然是一个动态发展的过程,有许多的不确定和不可控制因素,但教学目标的设置和教学内容的限制,使得教育教学具有方向性。如何朝着预设方向发展?利用什么知识点培养学生什么样的能力?教师的主导作用如何得到充分发挥?这些都需要教师从生活中的物理现象或者物理情境出发,逐步引导学生、发动学生积极开展活动来实现。教师在设置问题的时候一定要注意问题的品质,要注意问题的价值,考虑到问题的有效性和深刻性,还要针对不同的学生提出不同的问题。教师在教育教学过程中应该重视问题的功能,要明确设置问题是为了进一步激发学生的研究学习意识,是为了接近问题的本质,也是为了激发学生大胆主动地批判和质疑的信心和勇气。我们经常说"教是为了不用教""学是为了能够自己学",而学的起点在于求知的欲望。设置有价值、有意义的高品质问题,激发学生求知的欲望,我们的教学就成功了一半。

2. 规范操作

"规范操作"主要是指教师在教学过程中应该具有规范意识,加强学生的规范操作、遵守规则的意识和能力。当今社会形势复杂,信息转瞬即变,在这种背景下想要快速准确地切入所需研究问题的核心,规范意识很重要。历史学家们告诉我们,历史上任何事件的发生、发展和毁灭都是有原因的,都遵循一定的规律。大自然中的万物共生,人与人之间的和谐相处,国家与国家之间和平共处等都必须要遵循一定的规则。物理学以实验为基础,实验是物理学一大特色,实验也是科学探索自然的一大手段。规范操作是实验的基础,坚持规范的实验教学可以培养学生严谨分析问题的能力,养成高效的生活学习习惯。物理学是一门讲究客观、辩证的学科,遵循现实世界存在的客观规律。物理学家通过长期的研究总结出了大量的自然界规律,如牛顿运动定律、万有引力定律、开普勒三大定律、电荷守恒定律、能量守恒定律等等。有些规律学生能够感受到,但有许多是学生无法感触的,不管能否感受到,这些规律都是一种规则,都是客观存在并一直在各自领域里发挥作用。利用物理教育教学使学生认识这些规律,遵循这些规律,灵活运用这些规律,从而进行规范的研究,并由此学会遵守现实生活中的各种规则,规范自己的言行,从而成为未来社会中工作高效、生活和谐的新型人才。

3. 多样解释

"多样解释"主要是指教师在教育教学过程中遵循客观公正、辩证统一的世界观,坚持全面看待问题,尊重学生个性发展,客观看待自身不足,允许并寻找多样化的解决问题的方案。现在经常可以听到有老师讲哪个学生不听话,哪个学生想法稀奇古怪,甚至有老师直接把学生不同于自己的观点视为错误。殊不知这样的想法和行为是多么无知,或许未来的伟大科学家或伟大发现就这样被扼杀在摇篮中。当今社会科技高速发展,我国改革开放四十年多来取得的辉煌成就不仅仅在科技和经济方面,人们的思想认识也已经发生了天翻地覆的变化。我们需要的是敢于向权威挑战、敢于质疑、敢于创新、敢于实践的人。教师在教育教学过程中一定要遵循事物发展的多样性,应认识到不同的人观察角度不同,可以得出不同的结论。我们应该关注的是学生有不同看法的原因是什么,教会学生分析问题的方法比告诉学生答案重要得多。因此在平时教育教学过程中,教师应该充分给予学生体验、表达的机会,要从不同的角度利用多种方式对各种现象和结果进行解释。教师应该具有从多个角度解释各种问题的意识和能力,要让学生明白同样的一件事情可以这样解决也可以那样解决,不同的解决方式最后的结果可以相同也可以不同。哲学家说"存在即合理",在教学过程中培养学生用多种方法从多角度多方面分析、解决问题,不仅开拓学生研究视野,更能培养学生客观全面分析问题的习惯,进而促进学生核心素养的发展。

4. 反思讨论

"反思讨论"主要是指教师在教学过程中能够经常进行反思总结,认识自身的不足、反思自己的理念和行为,坚持师生互动学习、共同提高的理念,为了提高学生核心素养而不断学习提高自身水平。人类在发展史上最大的突破在于人能够认识到自己的不足并承认自己并非无所不知,而且在知识水平增长之后能够承认过去相信的可能是错误的,然后不断地去学习、改正和提高。如果教师能够做到这样,那么其教育教学水平定会不断提高;倘若学生能做到如此,那么其思想认识、能力水平定会快速增长。更何况我们现在处于一个科学技术、思想认识高度共享的互联网大数据时代,靠个人单打独斗很难成就大事。因此,教师在教育教学过程中教师要不断培养学生的反思自我、与人讨论的意识与能力。反思自我是从自身角度对自己已经掌握或具备的认识、知识、能力进行反省、整理、分类,认识到自身不足,可以做到扬长避短,进而达到可以应用自如的目的。与人交流讨论可以学习吸收别人的长处并加以利用,借鉴别人的不足以警醒自己,这是借人之力为我所用,从而提高自身的能力,这是未来新型人才所应该具备的素养,是教师在教育教学过程中应该具备的理念。

四、科学态度与责任

新课程标准指出:"科学态度与责任"是指在认识科学本质,理解科学·技术·

社会·环境关系的基础上,逐渐形成的对科学和技术应有的正确态度和责任感。主要包括科学本质、科学态度、社会责任等要素。教育的根本任务是培养人们掌握能够适应社会发展的能力,从而能够继承和推动人类社会不断向前发展。可以知道,教师的"科学态度与责任"主要是指教师应该具有一种为社会培养能够适应未来社会、促进社会发展的新型人才的意识,要把教育对社会的责任当成自己的责任的态度。主要包括物理本质、物理精神、社会责任、STEAM 素养。

1. 物理本质

"物理本质"主要是指教师在教学过程中坚持"从生活到物理,从物理到社会"的教学理念,坚持物理学对客观事物研究的科学思想和方法指导,明确认识物理研究的过程是人类有意识的探究过程。物理学是关于大自然规律的知识,更广义地说,物理学探索分析大自然中发生的现象,以了解其规则。物理学注重于研究物质、能量、空间、时间,尤其是它们各自的性质与彼此之间的相互关系。在教学过程中教师应该始终坚持"物"的基石,结合学生已经具有的知识,利用物理学家长期以来所总结得出的思想、方法,使学生亲身经历研究过程最终得出"理"。在物理教学过程中既要联系生活实际、深刻理解物理概念和规律,同时又要将习得的知识和技能应用于实际,促进科学技术的进步。探究物质世界的本质和规律,促进人类社会的不断发展,是学习物理的真正目的。德国物理学家波恩说:"与其说是因为我发表的工作里包含了一个自然现象的发现,倒不如说是因为那里包含了一个关于自然现象的科学思想方法基础。"可见,物理学的本质在于科学的思想和方法,它对客观世界的规律做出了深刻的揭示,是我们物理教师在教育教学过程中应该重视的。

2. 物理精神

"物理精神"主要是指教师在教育教学过程中注重培养学生刻苦钻研、坚持不懈的精神,指导学生遵循客观规律、辩证统一地分析问题,坚持实事求是,团结协作。物理学是自然科学的基础,源自人们对生活实践的思考,是生活中数学和哲学的应用相结合的一门学科。物理精神可以说是人们在长期的实践活动中形成的共同信念、价值标准和行为规范的总称。总结物理学家们的长期研究可以知道,物理精神有这些方面:理性精神、求实精神、求真精神、协作精神、民主精神、实践精神、批判精神等。物理学的发展是人类追求真善美的过程,是伴随着社会科技发展而不断发展的过程。在教学过程中借助对科学家们研究历程的学习还可以激发学生努力学习、不断创新、勇于进取、敢于担当的科学精神。例如,开普勒三大定律的发现过程:第谷经过数十年刻苦观察、记录得到精确的天文数据,数学天才开普勒对数据进行整理得到第一、第二定律,最后用十年时间才发现第三定律。物理学家的这种对待困难坚持不懈的态度以及顽强拼搏的毅力,会让学生深受感动和震撼,有助于培养学生努力学习,为科学献身的科学态度和科学精神。

3. 社会责任

"社会责任"主要是指教师在教育教学过程中,不仅要将知识教给学生,更重要的是培养学生形成正确的荣辱观、人生观、价值观、世界观,形成适应终身发展和社会需要的必备品格。教师要精心研究教材,挖掘具有相应功能的知识内容,建立适当的物理情境,将品格和责任的教育与物理知识的学习有机地结合在一起,适时加强学生社会责任感的培养。任何人都是社会的组成部分,都有责任和义务为社会的发展做出自己的贡献。物理教师更加应该具备这种责任感,应该意识到学习物理学的过程是学生掌握为国家社会做贡献的基本技能的过程,在教学过程中应该注重知识的实际应用,真正培养学生分析、解决实际问题的能力。例如在讲到"电磁感应"知识的时候,可以拓展介绍法拉第的伟大贡献,充分体现科学研究对人类的重要性。结合人类社会从农业革命到工业革命,从蒸汽时代到电气化时代,再到信息化时代的发展,等等。每一次的社会进步,都离不开物理学家们的重大研究。可见,学好物理学是为社会、为国家、为人类做贡献的重要前提,以此来激发学生的社会责任感。从其他角度来看,一个具有强烈社会责任感的人可以被激发出无穷的潜力,在困难面前不退缩,在权威面前敢挑战。培养学生的社会责任感是时代赋予教师的责任,也是学生核心素养发展的要求。

4. STEAM 素养

"STEAM"是由科学(Science)、技术(Technology)、工程(Engineering)、艺术(Art)和数学(Mathematics)五大概念的首字母组成的,教师的 STEAM 素养是指物理教师在教育教学过程中不仅仅把物理看成一门学科,更加应该看重它的科学工具、方法、思维,重视加强物理学与技术、工程、艺术和数学之间的紧密联系,并尽最大限度发挥技术、工程、艺术和数学在物理学习过程中的作用。物理学是研究物质世界的物质结构、物质运动和规律的学科,主要涉及科学、技术、工程、数学和艺术领域。中学物理教学的内容贴近生活,具有实际的现实主义特性也具有生活艺术的浪漫主义色彩。我们培养的学生不仅仅要会做出更多的发明创新还要学会生活,因为生活是创新的源泉。物理是一门学科,更是一种工具、一种方法、一种思维;物理是一门艺术,应该让我们的学生享受到学习物理的快乐;物理也是一种哲学,是科学、技术、工程的核心,是数学的艺术的演绎。中学物理教学既有现实主义的色彩,也有浪漫主义的特色,教学过程中我们要培养学生的 STEAM 素养。因此,教师需要从自身角度不断提高科学、技术、工程、艺术和数学的素养,从而有效促进对学生 STEAM 素养的培养,进而促进学生核心素养的落实。

核心素养体系的提出,是坚持以人为本、遵循学生身心发展规律与教育规律、落实"立德树人"的根本任务的重要举措,是全面落实先进的教育思想和教育理念的体现,是系统落实社会主义核心价值观的体现,也是培养全面的适应社会发展的新型人才的要求。培养学生的核心素养是时代赋予教育的使命,是对教育工作者的更高、更具体的要求。因此,教师在教育教学过程中应该不断反思总结,从培养学生核心素养目标出发,不断提高自身的学科素养,进而更加有效地促进学生核心素养的发展。

第三节　课堂教学有效落实核心素养的"EFI 路径"

教学是一种艺术,课堂是一个工艺。信其师才会亲其道,教师要通过一定的方式让学生对科学、对世界充满兴趣,他们才能积极主动地进入对科学知识的探索中。为此,教师在教育教学过程中不仅要充分激发学生学习的热情,更应该创设简洁自然的教学环节,建立切实可行的思维路径,打造高效精致的课堂,有效促进学生核心素养的发展。如何打造精致课堂?可以借鉴"苹果之父"——乔布斯的简洁极致理念。乔布斯坚持所有的元器件、电路等的设计,不论看得见的还是看不见的,都要努力做到简洁极致,正是因为坚持简洁极致的理念使得乔布斯能够创造苹果神话。

教学有法但教无定法,针对不同学科、不同的内容、不同的时间、不同的授课对象,教学的方式都是不同的。总结课堂教学的特点,归纳共性,可以发现,精致高效课堂具有三个重要环节:一是共情(Empathy),就是紧密结合学生的生活经历和体验;二是专注(Focus),就是为了做好学习研究主题,必须具有坚持不懈的精神,拒绝所有不重要的因素的干扰;三是灌输(Infuse),就是以创新的专业的思维方式、柔和平缓的思维坡度上升到思想能力的新高度。可以归纳成打造精致课堂的"EFI 路径"。在教学过程中,可以充分结合"EFI 路径",结合学科教学特点,打造简洁精致高效课堂,提高教学效果,有效落实学生核心素养的培养。

一、共情(Empathy)

共情是心灵上的一种震撼,是让人激奋的一种状态,是对所要学习的内容的一种内心上的高度认可。教学的最终目标是培养学生的终身学习能力和必备品格,形成正确的价值观。其关键在于如何激发学生的心灵,点燃学生的激情。为此,在教学过程中,应该让学生能够对研究的课题,在合适的时间、合适的地点以合适的方式达到师生之间、人景之间的共情状态。

1.课题共情

做事情一般都是有目的性的,有时候目的性很明确,有时候虽然感觉还没有明确的目的,但潜意识会引导我们向着一定的目标迈进。我们的教学应该有一定的规划,为什么要学习这个课题?学习这个课题的意义是什么?这是我们研究课题首先要考虑的问题,是引课的环节。良好的开端是成功的一半,一堂课的引课对整个教学是非常重要的。一般理解,引课的过程就是让大家认识研究这个课题的必要性,根据教学内容联系物理前沿科技,结合学生的生活经历,尽量贴近学生生活体验,从能够激发学生的学习兴趣和热情出发设置引课。我们把这样的过程叫作课题共情,也就是让学生从内心里感觉到研究学习这一课题的重要性,激发他们努力学习并深入研究的决心和勇气,激起他们那种大干一场的冲劲。

2. 师生共情

课堂教学不是教师的个人表演,教学的主角应该是学生。关于教育,雅斯贝尔斯曾说过:"教育意味着一棵树摇动另一棵树,一朵云推动另一朵云,一个灵魂唤醒另一个灵魂。"教师不仅仅是传道、授业、解惑,更重要的是在传道、授业、解惑的过程中用心灵去震撼学生的心灵。课堂教学是一个相互协作的过程,不是教师一个人的表演,要尽量调动学生的积极性和主动性。在教学过程中,教师要结合自己的经历采用有效方式激发学生的热情,尽可能贴近学生的思想、体验、经历,从学生看问题的角度设计我们的教学。教师的心灵和学生的心灵靠得越近,整个教学活动就越生动和真实,这就是师生心灵之间的共情。这能够让传道、授业、解惑的过程变得自然和谐、水到渠成,这就是"润物细无声"的教育教学,能在学生的脑海里留下深深的印痕,是教育教学的最高境界。

3. 环境共情

在影响教学效果的因素中,环境是一个比较容易让人忽略的因素。自古就用"天时、地利、人和"来形容成功之路不仅需要自身综合实力以及贵人的相助,还需要有利的环境条件。教学要突破时间和空间的局限,结合教学的内容,灵活运用相应的手段和方法,达到教学目标的最大化。比如心理辅导课上,对情绪低落的学生的心理辅导,应该在阳光明媚甚至是鸟语花香的地方进行。假如条件允许,还可以来点咖啡和轻快的轻音乐。人一走进这样的环境,还没有开场心情就会好了一大半,这就是环境给我们的积极影响。再比如说,在学习"交变电流"这一内容的时候,可以组织学生到发电站进行参观,来到水电站的学生在看到高大雄伟的大坝、看到水轮机在轰轰发电的时候,会从内心产生一种迫切的学习愿望,这对促进学生的学习有很大帮助。

二、专注(Focus)

在中国传统文化中,专注的精神也是一直被提倡和推崇的。早在 2000 多年前,荀子在《劝学》中就讲:"故不积跬步,无以至千里;不积小流,无以成江海。骐骥一跃,不能十步;驽马十驾,功在不舍。锲而舍之,朽木不折;锲而不舍,金石可镂。"物理学中有一种研究的方法,是在研究过程中忽略次要矛盾、抓住主要矛盾,忽略次要的因素、考虑主要的因素。这是一种科学的研究方法,是一种学生需要掌握的处理事情的方法。专注是一种心理状态,更是一种处事技能,一种精神。在教育教学过程中为了达到课堂教学的真正目的,我们要从研究的主题、教学的对象和所要培养的素养开始专注。

1. 专注主题

教学应该是有主题的,教学的过程应该是有主线的,整个教学应该是紧紧地围绕着主题并且沿着主线的思路而展开的。教学思路越清晰,学生掌握知识就会越容易,学到的东西也就会越多。很多学生在解题过程中往往会审不清题,一般都是找不到隐含的条件或是理不清楚事物发展的过程。面对一道本身不是很难的题目,如果学生不清楚哪些信息是有用的,哪些条件是故意来干扰的,就会感觉无从下手。即使最后做出来了也感觉思路不清,不知是否正确。有人说,判断一道题目是否会做,关键看能不能把这道题的解题过程完整地写出来。假如你能把这道题的解题过程清晰地讲出来,就说明你真的是懂了。其实,学习不仅仅是为了做出这道题目,关键是要能够把握主题,并根据不同的主题运用不同方法进行分析、解决,学会排除不必要的干扰因素,只专注主题。

2. 专注生本

党的十七大报告中指出:"教育是民族振兴的基石,教育公平是社会公平的重要基础。要全面贯彻党的教育方针,坚持育人为本、德育为先,实施素质教育,提高教育现代化水平,培养德智体美全面发展的社会主义建设者和接班人,办好人民满意的教育。""以人为本,立德树人"是我们现代教育的主题,也是教育的目的。在课堂教学过程中,应该坚持以学生为中心,专注学生的发展;应该根据教学的内容,结合学生实际,设置不同的教学环节,设计真正适合学生的教学形式。教育不能过于功利,更不能急功近利,因为人的成长和发展是遵循一定的生理和心理规律的。什么季节播种,什么季节收获,是有一定规律的。播种什么或许可以预见收获什么,但也不是绝对的。应该明确,教学的最终目的是培养学生核心素养,而不是完成教材内容。在教学过程中,教师和学生都是播种者,我们希望学生在收获知识的同时能够收获知识以外的更多东西。只有专注以学生为主体的教学,才能够让教学变得鲜活,变得更有精神、更有意义。

3. 专注素养

爱因斯坦说过,所谓教育,就是一个人把在学校所学全部忘光后剩下的东西。

有一位老教师讲过一件发生在教学过程中的故事，上课的时候他问学生："从十层楼的窗台上往下跳会怎么样？"学生一致认为："肯定会摔死的。"这个老师再问："如果人是向里面跳呢？"学生豁然开朗。这是一个物理教师在讲"高度是有相对性的"时候所设计的一个教学环节。通过这件事情，学生至少知道了站在窗台上不仅可以向外跳，还可以向里面跳；向外跳是有危险的，而向里面跳是安全的。从而使学生学到了课本知识以外的东西：有时候考虑问题还有另外的一面，换一种方式来处理事情可以变得合理而且简单。很多年后，学生还记得这件事情，但都记不起老师讲的是什么知识点，但是这种处理事情的方法却在无形当中影响了他们一辈子。那么爱因斯坦所说的这个剩下的东西是什么呢？笔者认为是学生的素养，是一种可以使人不断发展成长的能力，是学生终身发展所必需的核心素养。

三、灌输(Infuse)

教学是一种传承，"是一棵树摇动另一棵树，是一朵云推动另一朵云"的过程，是人类社会发展的需要，是历史的延续。教学的过程是一种理念的传达，是让学生在愉悦的环境中通过对细节的关注、研讨来习得更多的知识。我们知道，传统的教学模式很多都是灌输式的，老师恨不得能够将知识变成水然后再通过漏斗灌入学生的肚子里去。其实，教师应该换一种方式，比如把知识变成一种又香又甜的饮料，让学生一看就想拥有并喝了它，喝了之后又感觉味道鲜美还想再喝。也就是说，我们要在坚持培养人的核心素养的理念基础上对知识进行形象的包装，将传统的教师灌输变成学生自己主动吸收("抢着喝")。

1. 理念灌输

理念是教学的方向，假如一个人的方向错了，再怎么努力都到达不了目的地，所以教学的理念至关重要。教育行政部门总是每年不定期地对所有教师进行培训，其中传达新教学理念是很重要的部分。笔者认为教学理念的核心就是关于学生核心素养的培养。学生的核心素养可以分成文化基础、自主发展、社会参与三个方面，包括人文底蕴、科学精神、学会学习、健康生活、责任担当、实践创新六小点，具体细化为国家认同、理性思维等十八个基本要点。教师在教学过程中要特别关注学生的核心素养的培养，要坚持培养学生核心素养的理念，让学生核心素养的培养成为教育教学的主题。

2. 形象灌输

形象是为了能够更好地吸引眼球，留下良好的第一印象，有一个好的开始。教育教学的形象是什么？是"真、善、美"，是辐射正能量的一种电磁波。对于一个家庭来说,教育就是为了帮助每一个孩子成才。让每一个孩子成为有用的人不仅仅是学校的目标,更是每位家长内心的期望,也是整个社会的期望。如何实现对每位学生的"真、善、美"的教育?从"形象"上来说,就是要有诚信、责任、阳光的教育。在教学过程中,学校灌输诚信的教育就是培养学生做一个真人,这是学生在社会上的立足之本。灌输责任的教育,是对学生的高尚品德的教育,这是一个和谐社会发展的需要。灌输阳光的教育,是对学生真正的美的教育,阳光是真正的内在美。阳光通常联系着健康,一个不阳光的人是谈不上健康的,而一个阳光快乐的人在任何时候都可以给身边的人带来阳光和快乐。

3. 细节灌输

"细节决定成败",细节是助一个人成功的有力推手。所谓细节就是人们在平时做事过程中容易忽视的地方,这些地方或许真的没那么重要,又或许很重要只是做的人没有察觉到而已。灌输细节的教育可以让学生形成严密的逻辑思维,养成科学思考问题的习惯。苹果公司能从一家仓库公司发展成如今世界瞩目的品牌,很重要的一点原因就是乔布斯关注细节的理念。乔布斯不仅关注苹果的外观细节,同时关注内部所有细节。可见,关注细节是成功人士的一种修养和品性,每一位教师都应该有一种关注细节的意识。教育面对的是一群活生生的富有思考力的人,是一种没有固定时间也没有固定模式的复杂的活动。所以教育的细节不仅在于活动的过程,还在于每一句话和每一个动作。细节的灌输不仅是对学生的影响,还包括对自己的一种改变,是整个教学的升华。细节的教育有助于顺利完成整个教学的目标,教师在教学过程中应该注重细节灌输。

"学会求知、学会做事、学会共处、学会发展、学会改变"是联合国教科文组织所提出的核心素养的内涵,也是教学过程中对人的培养的最终目标。坚持共情、专注、灌输的理念,打造简洁、精致、高效的课堂,培养学生适应终身发展和社会所需的必备品格和关键能力,最终成为全面发展的人。

第四节　核心素养体系下的探究式物理教学

近年来,世界各国开始关注学生的核心素养,并构建相应的核心素养模型。建立各学段学生发展核心素养体系、明确学生应具备的适应终身发展和社会发展需要的品格和关键能力,这已成为深化课程改革、落实立德树人根本任务的基本要求,也成为我国教育领域与国际教育改革趋势相衔接的重要环节。

必须清醒认识到,学校教育不能填满学生生活的空间,要留给学生自由发展的空间。以个人发展和终身学习为主体的核心素养模型,必将取代以学科知识结构为核心的传统课程标准体系,以培养和发展学生核心素养为目的的教学必将取代以知识传授为主要目的的传统教学,这是教学发展的必然趋势。

一、核心素养内涵

所谓核心素养,指的是同职业上的实力与人生的成功直接相关的涵盖了社会技能与动机、人格特征在内的统整的能力。涉及"知晓什么"以及在现实问题情境中"能做什么"的问题。核心素养的"核心"既不是单纯的知识技能,也不是单纯的兴趣、动机、态度,而是注重运用知识技能解决现实问题所必需的思考力、判断力、表达力及人格品性。从教学的角度来说,核心素养体系是知识与技能、过程与方法、情感态度与价值观的有机整合,是教学目标的最新版本。

二、探究式物理教学模式

高中新课程积极倡导探究式教育,提出"要改变课程中过于强调接受学习、死记硬背、机械训练的现状,倡导学生主动参与、乐于探究、勤于动手,培养学生搜集和处理信息、获取新知识的能力,分析问题、解决问题以及交流与合作的能力"。物理教育应该以探究式教育理念为指导,培养学生提出问题、解决问题的能力,全面提高学生的科学精神和科学素养,促进和发展学生终身学习的内在品质。

华盛顿大学物理教育研究组编写的《探究物理》(Physics by Inquiry,1996)一书的前言中指出:"探究物理由一系列以实验为基础的单元组成,一步一步地将学生引入物理学和物质科学。学生通过深入地研究简单的物质系统及其相互作用,获取科学过程的直接经验。学生从自己的观察入手,发展基本的物理概念,使用并解释不同的科学表达方式,建构具有解释和预测功能的模型。所有单元设计都有明确的目的,发展学生的科学推理技能,提供将科学概念、表达方式和模型与实际问题建立联系的实践活动。"

物理学是在不断追求认识统一性的探究过程中发展的。学生上物理课不应当是听课、记笔记、做实验、做习题的过程,而是在教师的指导和帮助下不断探究物理现象的本质与内在联系的过程。将科学探究作为物理教学改革的指导思想,是体现物理学的本质与促进学生核心素养发展相统一的要求,是国际物理教育发展的共同趋势。

三、核心素养体系下的探究式物理教学

考虑到学生特点、学校条件和教师素质能力等各方面的差异,核心素养体系下的探究式教学的组织形式也应多种多样,笔者认为大致可分为以下几种教学组织形式。

1. 课堂演示共同探究

(1)适用

这种组织形式一般针对新课教学过程中的演示实验,由于实验器材不能满足全体学生的需要,或是实验难度大、仪器精密度要求很高,具有危险的、有毒的一些实验,学生不能够直接操作。如一些电学原理实验。

(2)操作

①准备实验仪器,结合仪器对实验步骤进一步调整完善。(这一步主要由教师在课前进行)

②明确探究目的,进行适当的猜想、假设。

③制定探究方案,明确探究所需仪器、制定探究步骤。(这一步可以由学生在教师的指导下完成,也可以由师生共同完成)

④师生共同实验,发现问题,记录实验现象、结果。

⑤对实验数据进行处理。(在这个过程中可以让学生自己结合以前所学过的处理方法进行处理,教师也可以进行适当的点拨)

⑥师生一起对实验进行总结,对实验过程中的现象进行科学的解释。

⑦共同得出科学的探究结论。

(3)意义

在这类操作中,教师是表演者和引导者,学生是观察者和参与者(也可以让学生上台演示)。采用这种组织形式,学生不必做太多的准备,但需动脑、动手、动眼、动耳、动口等。这种方式不需要师生往返于教室和实验室及其他场所,而教师要事

先准备,使得实验可见度大、效果明显,便于观察,并且确保实验成功,但学生动手相对较少。在这种实验中,教师要不断提问学生,让学生的思维紧跟教师的设计。虽然不是学生亲自动手做实验,但通过教师与学生的交流,教师的不断设问及学生的思考回答,让学生全身心地投入实验中,可以有效提升学生的专注力、记忆力和思考力。通过这种方式能很好地培养学生与他人积极交流及多样化表达的能力,形成学会改变(包括接受改变、适应改变、积极改变和引导改变)的能力。

2. 分组实验探究

(1)适用

这是最典型的探究教学形式,基本能满足学生各方面的学习需求,是我们所倡导的积极探究方式,也是学生最喜爱的教学组织形式。根据教学内容、目标,教师做好周密安排。各实验小组成员合理分配,实验时做好分工,使得每个人都有锻炼的机会。分组实验探究分为三种:第一种是课堂上的分组探究,主要针对一些较小问题进行有目的的探究;第二种是到实验室进行的分组探究,主要针对比较重要的物理规律进行开放的探究;第三种是有共同兴趣爱好的同学组成的兴趣小组,主要是进行一些课题的研究或研究性学习。

(2)操作

①明确实验目的,制定实验方案,明确实验所需仪器、制定实验步骤。(根据教学内容由学生独立完成)

②准备实验仪器,结合仪器对实验步骤进一步调整完善。(根据实验所需,让学生自己到实验室挑选仪器,根据所能获得的仪器适当修改实验方案)

③学生进行分组实验,发现问题,记录实验现象、结果。

④对实验数据进行处理。

⑤对实验进行总结,对实验过程中的现象进行科学的解释。

⑥得出科学的实验结论。

⑦教师评估、指导,小组间的交流。

⑧学生最后总结。

(3)意义

利用分组实验探究的方法可以使学生对物理教学中的一些规律、问题有更加形象、深入的理解,有助于知识的掌握。通过对实验方案的设计,包括对实验方案的修正以及实验的操作、观察、分析、总结,学生的动手能力得到了锻炼,提出问题、分析问题和解决问题的能力得到了很大提高。同时在分组实验过程中,组员之间的相互协作、互相帮助也给了学生思想品德方面的教育。通过分组实验探究,可以让学生学会做事(包括职业技能、社会行为、团队合作和创新进取、冒险精神)、学会共处(包括认识自己和他人的能力、同理心和实现共同目标的能力)、学会发展(包

括促进自我实现、丰富人格特质、多样化表达能力和责任承诺），有效促进核心素养
的发展。

3. 户外体验探究

（1）适用

在教学过程中，会有一些涉及生产生活的设备和仪器，一般也不可能把一些大
型机械买回来（有些也无法买，如船闸等）专供参观和演示。这时就可以让学生走
出教室，到户外进行探究活动。例如，在学习曲线运动中的"圆周运动"时，可以让
学生走进大型游乐场，体验荡秋千、海盗船、摇头飞椅、过山车、丛林飞鼠等项目，体
会圆周运动、超重失重的感觉。百闻不如一见，百见不如一干。物理教学中应该大
量增加学生亲身体验的机会。

（2）操作

①明确探究目的，制定合理的探究方案。（有时可以先适当进行理论上的研究）

②考察探究地点、条件是否具备。（根据所需，由教师或学校出面进行联系）

③学生各自制定方案，设计表格，准备记录实验现象、结果。

④到现场，在教师（或当地工作人员）指导下进行探究，及时记录实验现象、
结果。

⑤对结果数据进行处理。

⑥得出科学的结论。

⑦相互之间进行交流。

⑧教师评估，指导。

⑨学生最后总结，写成报告。

⑩教师对学生的研究成果进行评奖鼓励。

（3）意义

这种教学组织形式需要提前与有关单位联系，以保证参观实践活动的顺利进
行，并取得良好的效果，同时应注意交通及活动过程中的安全。在探究过程中，学
生不断将自己平时在课堂上学习所得的知识应用于实践，体会到了知识的实用价
值，感受到了用自身知识去解决实际问题的乐趣，进一步激发了学习的积极性。在
探究过程中，通过对碰到的问题不断地分析解决，学生的自我实现、丰富人格特质、
认识自然、认识环境等跨学科素养得到了发展，学生的团结协作能力和创新进取、
相互交流、信息互动的能力得到了锻炼。

4. 家庭式亲子探究

（1）适用

父母是孩子的第一任老师，家庭是我们教学的重要资源。利用家中常用的一

些生活用品并发动家庭成员来完成探究活动比较可行。如探究活塞式抽水机工作原理,观察水的沸腾,模拟安装家庭照明电路,等等。课题要求难度不大,器材容易找到,现象比较直观,活动过程中一般没有危险。

(2)操作

①明确探究目的,制定合理的探究方案。(可以在教师指导下选题,也可以让学生自己结合各自家庭特点进行合理选题)

②学生与父母一起制定方案,设计表格,准备记录实验现象、结果。

③家庭共同进行动手探究,及时记录实验现象、结果。

④对结果数据进行处理。

⑤得出科学的结论。

⑥教师评估,指导。

⑦家庭最后总结。

⑧学校对家庭的探究结果进行评奖,给予鼓励。

(3)意义

这类探究活动要求探究内容适于家庭完成,无须做过多的准备工作。利用这种探究方式进行探究,不仅可以让学生掌握物理知识,也可以加强学校与家庭的联系。一个好母亲相当于一百个教师,一个好父亲胜过一百个校长。我们的教学如果在家长的参与下进行,那么学生学习会变得更有动力、更加主动。这样的教学不仅可以促进家庭的和谐发展,同时也培养了学生积极进取、善于思考、敢于创新的精神,使学生的科学素养得到了发展。

核心素养体系下的探究式教学模式是适应学生发展需要的一种非常重要的教学模式,是国际教育发展的一种趋势。利用探究式教学不仅可以使学生更好更轻松地掌握知识,还可以培养学生的团结协作、积极思考、敢于动手、敢于创新的能力。在探究问题的过程中,学生提出问题、分析问题和解决问题的能力都得到了锻炼,他们自然地学会了求知、学会了做事、学会了共处、学会了发展、学会了改变,为终身学习打下坚实的基础。

第五节　新课程标准下的开放式物理教学

物理学是一门基础自然科学,它所研究的是物质的基本结构、最普遍的相互作用、最一般的运动规律以及所使用的实验手段和思维方法。高中物理教学体现了物理学自身及其与文化、经济和社会互动发展的时代性要求,肩负着提高学生科学素养、促进学生全面发展的重任。新课程标准提出:高中物理教学应有助于学生继续学习基本的物理知识与技能;体验科学探究过程,了解科学研究方法;增强创新意识和实践能力,发挥探索自然、理解自然的兴趣与热情;认识物理学对科技进步以及文化、经济和社会发展的影响;为终身发展,形成科学世界观和科学价值观打下基础。为此,教师应以"新课程标准"为准则,改变以往传统的教育教学模式,以先进、创新、科学的理念为指导,改变传统的、封闭的、单向的教学模式为新型的、开放的、多向的教育教学新模式,充分利用物理学的教育教学功能,发挥物理学的最大作用,真正有效地培养 21 世纪的新型人才。

一、利用"开放的教学目标"指导物理教学

新课程标准指出:高中物理教学旨在进一步提高中学生的科学素养,从知识与技能、过程与方法、情感态度与价值观三个方面培养学生,为学生的终身发展、应对现代社会和未来发展的挑战奠定基础。物理教学应始终紧扣这一目标,在教学过程中,不能只为教物理而教,不能只为让学生掌握高考考点而教。在任何时候、任何环境下,教学都应为培养学生终身学习、终身发展的能力服务。培养学生,不能局限于提高考试分数,关键在于提高每一位学生的综合能力,为每一位学生的终身发展、应对各种挑战的能力的培养奠定基础。任何背离或者放弃这一目标的华丽的教学都是哗众取宠、浪费时间。

二、把握"开放的教学主体",明确物理教学

教学的主体是学生,学生需要的是在实际生活中分析问题、解决问题的能力,是一种能够主动习得的能力,而不是被动接受知识的能力。因此,教师在教学过程中应真正明确学生的主体地位,应准确分析学生需要什么、应该具备什么样的能力,然后结合教学给予针对性的引导和激发。应抛弃传统的"教师不可动摇、不可

挑战、高高在上"的地位观念,努力建立学生与教师之间和谐、平等的关系,新时代的教师需要树立尊重学生的意识,允许学生真正平等地与教师对话、与教师交流、向教师挑战,允许师生之间以超越师生身份的方式进行学术上、思想上的讨论与交流,以此来提高物理学习的兴趣,让学习成为科学研究活动,培养学生敢于挑战权威的勇气和敢于接受挑战的科学精神。

三、设置"开放的教学内容",丰富物理教学

物理学是一门基础自然科学,与生活、现代社会及科技发展有着密切的联系。"从生活走向物理,从物理走向社会"是新课程的一大主题,在物理教学过程中,应充分利用现代科学技术,把现代科学技术成果和创造发明充实到教学内容中,将丰富多彩的现实生活中的有关物理问题直接引入课堂中。也可以将复杂枯燥的物理问题用现实生活中常见的、易于表现的方式展现出来,这样既可以让物理知识得以掌握,也可以体现物理学生动的一面;既丰富了物理教学,也培养了学生分析实际问题、解决实际问题的能力以及建立物理模型的科学能力。

四、开创"开放的教学课堂",活跃物理教学

我国传统教育主要指学校教育,最主要的就是教室范围内的活动,严重受到时间和空间的限制。学生一天中绝大部分时间都是坐在教室里,抬头是白色的天花板,前后左右都是拥挤的桌子。学生经常感到身心高度疲惫,导致心理状态不佳,学习效率低下。为了能更有效、更快乐地教学,可以将课堂更加开放,从时间和空间上把课堂拓展开来。可以利用体育场上的某些运动来专门研究一些物理问题;可以将一些讨论课题放在空旷的草地上或者公园里,伟大的教育家苏霍姆林斯基就曾经常把学生拉到空旷的草地上,面对鸟语花香,充分发挥学生的想象力,进行教育教学;也可以把教室精心布置一下,营造轻松的氛围让学生不会感到压力,而是感到快乐、感到好奇,促使学生主动、积极地参与教学活动中。开放课堂拓展教学的空间和时间,不仅丰富了教学,更能培养学生主动学习、自主学习的习惯,培养学生积极参与解决问题的科学素养,为终身学习打下坚实的基础。

五、坚持"开放的教学方法",完善物理教学

新课程标准指出,高中物理教学应促进学生自主学习,让学生积极参与、乐于探究、勇于实践、勤于思考,在教学过程中应通过多样化的教学方式,帮助学生学习物理知识技能,培养其学科探究能力,使其逐步形成科学态度与科学精神。因此,

教师在教学中应改变以往以"灌输"为主的单向型教学模式,以培养学生终身发展的科学素养为指导,以教学规律为依据,根据教学活动的需要,扬长避短,进行多种教学方法的综合运用。这样既可以提高学生学习物理的兴趣,充分调动学生的积极性,活跃课堂气氛,同时也培养了学生认识世界的科学能力,进一步丰富了物理教学。

　　社会在不断发展,时代在不断进步。传统的教学模式已经不能满足现代社会所需要的各类人才的培养目标要求。为了使教育能适应未来的新科技革命的需要和培养善于应对国际竞争的新型人才,教育工作者要解放思想、转变观念、努力学习、不断提高,在教学过程中坚持开放性原则,结合中学物理教学实际,不断探索贯彻开放性教学的途径,让物理学的教学功能得到不断的体现和发挥。

第六节　物理教学中有效发展物理阅读

一、什么是物理阅读

阅读是我们每一个人每天都在经历的事情,它对于每个人来说是一件既平凡又伟大的事情,是每个人认识世界、发展自我的第一步。发展阅读、提高阅读的能力对于一个人的终身发展非常重要。每个人的阅读的方式、习惯和能力都不尽相同,收获也因人而异,有的只是获取一定的信息,而有的可以获得能力的提升。从理论上来说,一个人阅读的书越多,他的能力也就会越强,他获取知识的本领也就越强。但笔者在教学过程中发现,现在有很多学生不要说通过阅读来解决问题,就连基本的阅读也不会。这里的"不会"不是说他不认识字,而是指他不能连贯地阅读,也不能获取文字里面最基本、最表面的信息,根本就谈不上通过阅读来提高自身的能力。如何有效地进行阅读? 笔者认为,在阅读过程中不仅要眼到,更要心到、脑到。这样的阅读,笔者称为物理阅读,也就是说物理阅读是一种眼到、心到、脑到的阅读,是一种始终带着思考的阅读。要求在阅读的同时将文字内容转变为情境、程序、过程及问题,并且利用已经掌握的知识对所阅读的文字内容进行有效的分析和判断。物理阅读是一种利用已经掌握的知识去学习和掌握新知识的过程,是一种将知识"活"起来的学习方式,是学生终身学习的需要,也是每一位教师在教学过程中所要发展的非常重要的素养。在此,笔者结合教学实践对物理阅读从以下几个方面进行阐述。

二、如何有效发展物理阅读

1. 做到阅读中现题眼——物理初级阅读

阅读中现题眼,笔者认为这是物理阅读的初级阶段。如果在阅读过程中连这一点都没有做到,那么这种阅读就是无效的阅读,是浪费时间的阅读。许多学生的审题能力非常差,其中一个很重要的原因是缺乏最基本的阅读能力。有些学生在阅读过程中连基本的断句也搞不清楚,造成这种结果的原因可能是一直以来没有养成良好的阅读习惯,这也从另一方面反映出我们的教师在平时教学过程中缺乏对学生阅读能力的培养。在物理问题的设置中往往涉及一些情境、事件的过程,如果学生在读题(这也是阅读)过程中不能适当地断句,那么他就很难理解题目的意思,也就不可能理解题目设计者的意图,这就好像是一个口吃的人讲话很难让别人听懂一样。因此,学生需要这种能够自然顺畅阅读的能力。如何培养这种阅读能力? 我认为在平时教育教学的过程中应要求学生做到"阅读中现题眼",能够将题中的一些最基本的信息"读"出来,这是解决问题的第一步,也是最基础、最重要的一步。如何做到"阅读中现题眼"? 我认为应该要求学生在平时的阅读或审题过程中养成拿笔的习惯,在阅读过程能够及时在句子、问题中的关键之处做出标记。而这些关键的字、词、句就是文章或者是题目的"眼",也就是理解作者所要表达意思的关键线索,它往往是解决问题的关键点。

【例1】如图 1.6-1 所示,有一个桌面边长为 $L=1.4$ m 的正方形桌子,桌面离地面高度为 $h=1.25$ m。一个质量为 m 的物块可从桌面中心 O 点以初速 $v_0=2$ m/s 沿着桌面任意方向运动直至落地。动摩擦因数 $\mu=0.2$,g 取 10 m/s^2。

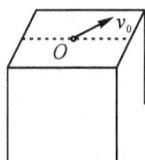

图 1.6-1

(1)设物块在桌面滑动距离为 s,求物块刚离开桌面时的速度 v 与 s 的关系。

(2)物块在桌面滑动距离 s 为多大时,物块水平运动距离最大? 最大距离为多少?

拿到题目后,在第一遍阅读过程中,要将题目当中表示物理概念的关键词即"题眼"找出来,用笔做出标记。即突出"沿着桌面任意方向运动""直至落地""动摩擦因数""在桌面滑动距离为 s""刚离开桌面时""v 与 s 的关系""水平运动距离""最大"。这些是题目给出的条件,是设计者要求解决的问题,也是需要学生在读题的过程中得到的重要信息,这是解决问题的第一步,是最重要、最基础的一步。

2. 做到阅读中现情境——物理思维阅读

如果在阅读中能够展现文字所描述的情境,说明阅读能力已经上升了一个层次,是思维阅读。就如两个人交流中,想知道彼此要向对方所表达的事件过程一样,我们的阅读是想理解作者的深层表述。阅读是为了理解,理解不仅仅是明白文字的表面意思,有时还需要我们做深入解读,需要建立上下前后、古今中外、理想现实、时间空间、整体局部等之间的联系。在这个信息高度密集的时代,这种能力的培养对于学生来说是非常重要的。教师必须高度重视,在教学过程中不断利用学科的特点,培养学生这种在阅读中通过联系想象出设计者所要表达的情境的能力。

对于上述例题,通过对题目的第一遍阅读,标出"题眼",设计者所描述的意图基本显现出来。接下来,应该有意识地提醒学生联系生活经验将物体的运动情境展现于脑中。本题中物体的运动情境:有一个立体的物块在水平桌面上做匀减速直线运动→离开桌面做平抛运动。对于这个问题的情境展现,难度并不大,学生甚至根本察觉不到这一环节。但教师一定要认识到这个环节的重要性,这是培养学生相互联系的能力、空间时间想象能力、建模能力的有效途径。如果教师在教学过程中能够经常如此提醒学生分析思考问题的话,学生一定是非常幸福的。如果能够将这样考虑问题的方法养成一种习惯,那么学生将来在社会中一定会成为一个非常优秀的人。

3. 做到阅读中现图景——物理深层阅读

利用图象的方法来处理问题,可以将一些问题的规律性直观地显现出来,使复杂的、看似毫无规律的事件显得有章可循,甚至可以将事件发展的走向预测出来。假如说能够帮助学生养成这种利用图象来思考问题、分析解决问题的习惯,就好像给学生插上两个翅膀,他们不仅可以飞得更高、看得更远,还可以学得更多、更好、更轻松。如何有效培养学生的这种用图象处理问题的意识呢? 关键还是要让学生在考虑问题的第一步就产生这种想法,最好能够形成潜意识。我们知道,解决问题的第一步就是阅读,应该在阅读的过程中将文字语言所描述的问题展现为有效的图景,这是更深层次的阅读,是深层阅读。

对于上面所举例题,在审题结束后,结合题眼、联系问题的情境,提醒学生形成图景并作图,如图 1.6-2。然后结合"直至落地"可知,物体从桌面上离开后要做平抛运动,为了能够更加有效地解决问题,最后结合情境形成图景并作图,如图1.6-3。

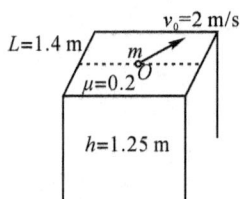
图 1.6-2

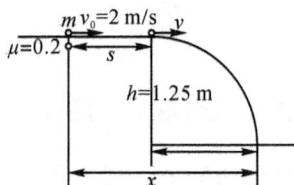
图 1.6-3

当然利用图象来分析问题,有时并不是最简单的方法。但对于多个过程、多个情境的问题及具有周期性的问题等,利用图象法就会表现出优越性。培养学生的这种阅读中展现图景的能力,就是帮助学生增强处理复杂问题的能力,这是为学生成就更大的事业、获得更大的成就搭建平台,对教师来说,这是一份非常伟大的工作。

4. 做到阅读中现疑问——物理升华阅读

阅读的最高境界是阅读者不仅要理解文字表面所描述的意思、情境,还要能够根据自己的生活阅历、思考问题的多种角度对设计者所设计的问题做出自己的判断,提出质疑,最终能够提出自己的看法,这是阅读能力的升华。爱因斯坦说"提出一个问题比解决一个问题更重要"。人的质疑能力其实就是看待问题的深度和广度的体现,是否具备这种能力,从另一个角度来看,说明一个人是否充满智慧。如何快速有效地对一个事件做出判断并提出高质量问题的能力并非一两天就能够培养起来的。就好像两个人在交流,要深刻理解对方话语当中的深层内涵就需要一个人有较高的智慧。教育是为了培养具有独特的思考能力、独立的创造能力并能够提出自己创新的想法的人。所以培养具有创新能力、创新思想的学生不仅仅是新课标的要求,也是时代所赋予的历史使命。因此在教学中要鼓励学生敢于质疑、经常质疑。要告诉学生,在阅读中不仅要知道设计者所要表达的意思,而且要能判断出设计者的表达是否准确,即思考这种意思还可以怎样来表达。要教会学生在阅读的同时进行思考、在思考中进行阅读,培养学生的这种质疑的意识和能力,这样可以让学生变得更加有智慧。

最典型、最直接的就是下面这类问题:

【例2】 阅读下列材料并提出和解决相关问题。据《科技日报》报道,英国伦敦大学科学家最新测算表明,被称为地核的地球最内层的温度可达 5500 ℃,这一结果大大高出早先的一些估算。地球内部是一种层状结构,由表及里分别划分为地壳、地幔和地核。主要由钛元素组成的地核又细分为液态外核和固态内核,其中外核距地球表面约为 2900 km,地核距地球表面如此之深,直接测量其温度几乎是不可能的,为此科学家们提出,如果能估算出地核主要成分铁元素的熔点,特别是固态内核和液态外核交界处的熔融温度,那么就可以间接得出地核温度的高低。地核中的铁元系处于极高压力环境中,其熔点比其位于地表时的 1800 ℃ 要高出许多,伦敦大学的研究人员在研究中采用了新的研究方法,来估算巨大压力下铁的熔点变化情况,研究人员最终估算认为,地核的实际温度可能在 5500 ℃。请根据上述材料提出几个与上述材料有关的物理知识或方法的问题。

利用例2这种题目可以培养学生的质疑能力,但教师们要注意这样的练习仅仅是一个过程,学生需要的不是在问题提出之后再来思考如何提问,而是在平时的阅读过程中就应该有这种潜意识,只有这样才能够让学生更加深刻地看待问题,才能积累属于自己的经验和思想,才能够提出属于自己的独特的创新的想法,才能成为能够真正推动社会发展的创新人才。

教育是培养人的教育,是培养具有创新思想、创新精神、创新能力的人。作为教育工作者,在教学过程中要有一种理念:不仅要教给学生知识,更应该培养学生提出问题、分析问题、解决问题的能力,培养学生终身学习的能力。这也就要求教师在教学过程中不能只是教授知识,让学生把所学的知识当作一种物品储存起来,最后变成沉重的包袱。而应该教会学生在阅读中进行思考,让学生能够将学过的知识变成学习新知识的一种工具,利用已经掌握的知识去获取更多的知识。因此,学生需要有大量的知识储备,教师要给学生更多的机会和时间去发展阅读能力,去阅读更多、更广的知识。

第七节 现代物理教学中教的"五性"

新课程标准明确指出,要变传统教学中重"学科本位"为"重各方面综合发展",加强教学与学生生活以及现代社会和科技发展的联系,关注学生的学习兴趣和经验,重点培养学生终身学习必备的基础知识和技能。另外,新课程还特别强调,要改变传统教学中强调接受学习、死记硬背、机械训练的教学行为,倡导学生主动参与、乐于探究、勤于动手,培养学生搜集和处理信息的能力、获取新知识的能力、分析和解决问题的能力以及交流与合作的能力。可见新课程标准指导下的教学真正体现了以人为本,以学生为本。因此,在当前的教育大环境中物理教育教学工作者应该认真学习新课程标准,反思自己的教育教学行为,对现代物理教学中的"教"应该有更深更广的理解。

具体地讲,现代教学中"教"要体现自主性、针对性、开放性、实践性、发展性。

有一句话说得好:"教师的教是为了不教。"但这句话的前提是教师必须要明确下面几个问题:对谁教?教什么?怎样教?教多少?什么时候教?什么时候不教?新课程标准指出,要培养学生形成积极主动的学习态度,学生获得基础知识与基本技能的过程同时也是学会学习和形成正确价值观的过程;要加强教学内容与学生生活以及现代社会和科技发展的联系,关注学生的学习兴趣和经验,培养学生终身学习必备的基础知识和技能;要倡导学生主动参与、乐于探究、勤于动手,培养学生搜集和处理信息的能力、获取新知识的能力、分析和解决问题的能力以及交流与合作的能力。因此,教师要不断提高和改进教学实践能力。

教师要明确以下三个方面:期望学生学习什么内容(把握重点、难点);为达到预期目标,应该如何进行教学(教学的方法手段);进行教学时,如何及时获得反馈信息(与学生互动、交换意见等)。这就相当于学生"学开车",教师是"教官",知识难点就像路面上重重的关卡,教师利用自己的教学手段,使学生学会"开车",再通过学生"独立驾驶"的反馈和教师的细心观察,找出漏洞,交流练习后的感想,使学生真正学会"开车",这样学生才会在以后的学习道路上敢于创新,越学越勇,学出精彩!

1. 现代物理教学中教师的教要体现"自主性"

(1)物理教学中教师的教学理念要体现自主性

联合国教科文组织在《学会生存》中指出:"教师的职责现在已经越来越少地传

递知识,而越来越多地激励思考;除了他的正式职能以外,他将越来越成为一位顾问,一位交换意见的参加者,一位帮助发现矛盾论点而不是拿出现成真理的人。他必须集中更多的时间和精力去从事那些有效果和有创造性的活动:互相影响、讨论、激励、了解、鼓舞。"

曾经,我把自己想象成一名演员,在课堂上尽情表演、非常投入,一堂课上下来,常常汗流浃背,十分尽兴。学生也很给力,非常配合。在那段时间里,我甚至觉得自己完全可以成为一名优秀的演员。但是后来我逐渐认识到这种想法是不对的,学生之所以会那么配合,并非是因为我的表演能力强,而是被我对工作投入的态度所感动,是我的"卖力"影响了他们,使他们也尽力"强迫"自己投入课堂中来。其实这样的教学对学生来说是被动的,对我来说也仅仅是完成了上课任务。一位著名的歌唱家在对新人点评的时候说过一句话:"唱歌一定要用心去唱。"优秀的演员在演戏的时候,感情是非常投入的,他们会把自己完全融入角色中去。这让我觉得自己对于教学的理解实在幼稚。教育的理念一定要体现自主性,我们经常说,要在教学中培养学生学习的自主性。那么,到底怎样培养?没有感情的投入是演不好戏的,没有真实经历很难有真感情的。所以说,要培养学生学习的自主性,首先我们教师在教学理念上应有自主性的体现。事情往往在有准备了以后才会向着预期的方向发展。我们要培养学生什么样的能力?一堂课,甚至是一段时期的教学想要达到什么样的效果?事先都要有一个设计。

例如,在"超重失重"的教学中有一个知识点:完全失重过程中,物体之间相互作用力等于零。对于这一点很多学生难以理解。这时,很多老师就会拿出一个可乐瓶,下面打个洞,里面装满水;用手拿着瓶子,可以看到水从孔中流出来;老师手一放开,瓶子下落,"啪"的一声掉到地上,然后问学生看到什么现象。绝大多数学生根本就没有一点反应,只有个别学生说瓶子做自由落体运动。几乎没有学生会说出老师心中想要得到的结论。然后老师忍不住了,提示一下:在我放手之后,瓶子向下落的时候,里面的水有没有流出来?接下去,学生就开始回忆实验过程。然后有的学生说"有",有的学生说"没有",等等。其实学生的这些回答非常正常,原因很简单:虽然学生对物理实验感兴趣,但瓶子释放后下落时间太短,他们根本来不及反应,光靠回忆根本不够。在学生努力回忆无果的时候,老师再次拿出这个瓶子并且站在高高的凳子上再做一遍。事实胜于雄辩,实践检验真理,结果一目了然。最后再结合完全失重的条件让学生思考:如果将瓶子向上抛出,情况会怎么样?如果斜向上抛出呢?这时可能有些老师忍不住自己又要演示,我认为,接下去的这个演示倒是可以留给学生在课后自己动手完成。学生在观看老师上课的这几次演示后早已手痒,所以一下课肯定要动手试试。

上述教学过程的设计体现了教学的自主性。教师在进行教学设计的时候预想到学生的思维难处、兴趣点以及教学的兴奋点,最大限度地设计到如何激发学生学习的积极性和主动性,这对于学生学习自主性的培养起到积极作用。可以说,这就是对"以人为本"教学理念的全面落实,真正做到了心中有学生、手上有方法,体现了现代教学的自主性。

（2）物理教学中教师的教学方法要体现自主性

毛泽东同志曾经说过:"我们不但要提出任务,而且要解决完成任务的方法问题。我们的任务是过河,但是没有桥或没有船就不能过。不解决桥或船的问题,过河就是一句空话。不解决方法问题,任务也只是瞎说一顿。"可见方法的重要性。在现代物理教学中,教师在教学过程中的教学方法还必须要体现自主性,就是教师用什么方法把自己渊博的知识和教育理念应用到教学中去。

我曾经梦想有这样一种课堂:讲述教材就好比是跟学生讨论问题,教师不是宣讲真理,而是在跟学生娓娓谈心,提出问题,邀请大家一起来针对这些问题进行思考。在分析这种课堂的时候,大家会感觉到教师跟学生之间建立了一种密切的关系。在新课程改革背景下,一个称职的教师,决不能"教书匠"式地"照本宣科",要在教学中不断反思,不断学习,与时俱进。

例如,在《人造卫星 宇宙速度》课堂教学中,一开始就可以提出问题:能否让抛出的物体不落地? 这时学生十分活跃,议论纷纷。有的会说:将物体上抛,初速度越大,上升的高度越高,当初速度大到一定的程度,物体飞到外太空,就不再回来了。有的会说:由平抛运动规律可知,物体从越高的地方、抛出的初速度越大,落地的水平距离越长,当初速度大到一定程度,物体就落不回地面了。有学生可能会进行反驳:落地的跨度长了,地表可就不是一个水平面了。也有学生说:由匀速圆周运动可知,当重力正好提供它做圆周运动所需的向心力时,物体在圆形轨道上绕地球运动就不回地面了。这样的讨论,不但能加深学生对知识的理解和掌握,还能激发学生学习的积极性。

（3）物理教学中教师的教学手段要体现自主性

"所谓教学手段,是指为了实现预期的教学目的,教师和学生用来进行教学活动,作用于教学的教育对象的、信息的、精神的、物质的形态和力量的总和。"根据特征不同,我们把教学手段分为教学信息手段、教学精神手段、教学物质手段。从狭义上说,一般的教学手段常指教学物质手段,即作为教学的实物、媒体、教具、学具、教学机器、教学仪器和附属设备等物质实体。在物理教学中要借助大量的教学手段,这是由物理学科的特点所决定的。物理是一门以实验为基础的学科,将教学内容形象化是实现教学效果的重要保证。新课程改革是应时代之需提出来的,重视实验教学及现代化信息技术的应用,积极开发和制作相应的教学辅助软件和直观性教具非常有利于教学目标的达成。演示实验、学生分组实验、投影仪、计算机等现代化教学辅助手段为教学现代化创造了良好的硬件条件,它改变了以语言传递信息为主的传统课堂教学模式,把抽象的知识转化为形象的画面刺激学生的感官,增强记忆。现代科学技术的发展,为教育提供了越来越多的应用性成果,给教学工作带来了极其深刻的变化,现代教学手段的发展和应用为中学物理教学手段充实了新的内容,带来了新的教学模式。为提高中学物理教学质量,培养新型的人才,中学物理教学手段必须在传统教学手段的基础上,结合现代化教学手段,使传统的教学手段和现代化教学手段得到有机的结合,以取得优化教学的目的。

例如,利用光学投影仪可以辅助演示实验教学。有的实验器材由于受尺寸限制,实验现象不是很明显,可见性差,实验效果不佳。此时利用投影设备把不易观察到的实验现象投影出来,提高实验效果。例如,在进行磁力线的观察,电流表、电压表的读数等实验教学时,通过投影设备的放大作用,可以提高实验的效果。还可以利用录像媒体进行物理教学,例如讲"滑动变阻器"时,先播放一段在晚会上或舞会上的录像,让学生在轻松愉快的音乐声中感受灯光的强弱变化,然后出现字幕:灯光为什么会发生强弱变化?这时学生注意力十分集中,通过短短几分钟,教师就将全班学生带入了课堂教学情境中。从传统的演示实验手段来看,有的实验无法在课堂上演示;有的实验难度大,成功率低;有的实验耗时长而又观察不清。而录像媒体所提供的画面可以快放、慢放,能把重点部分放大,也能缩小;还具有倒放、停格、快速选择等功能。而且,在播放录像的过程中还可以配上合适的音乐和相应的解说词,教师可以根据画面的情况做适当的提示,把教材中抽象的知识化为较形象的知识,把较理性的知识化为较感性的知识,从而提高教学效果。例如,卫星的发射、火箭的结构和升空情况、宇航员在飞行中的失重现象以及宇航员在月球上行走的情况,这些都是平时难以形象表达出来的而又具有教育意义的课例,利用录像就可以把知识形象地表现出来,提高实验教学效果。

现代化教学设备能使师生的感官得到延伸,能将课堂教学空间扩大,使在课堂上传递的知识信息更加丰富、生动。在物理教学中,有效利用教学手段有利于激发学习兴趣,提高教学效率,促进学生能力的提高。利用现代化教学手段,从本地区、本校的实际情况出发,考虑成本、优越性等各方面的因素,适当结合传统手段,有效提高教学质量,充分体现教的自主性。

2. 现代物理教学中教师的教要体现"针对性"

(1)教学对象因人而异体现教的针对性

因材施教、发展特长,是实施素质教育的原则和目标。在教学过程中应围绕具体教学目标,围绕学生所需掌握的新知识、新技能来组织,激发学生进行深入细致的调查研究和分析评价,促进学生对难点和重点问题的认识和掌握,从更高层次提高学生发现、分析和解决实际问题的能力。

教师在备课过程中,应对每个学生的能力、兴趣情况进行比较全面的了解,努力把握大多数学生的兴奋点,并充分考虑到学生的个体差异和互补情况进行分组,即小组内要有善辩论、善思考、善总结等各种类型的学生。有时教师自己也可作为某小组成员参与分析和讨论,或者将案例课型与其他课型结合运用,都可以收到不错的效果。在教学过程中主动地学习、探索、实践,控制好作业的"度",优化学生完成作业的方式,精心布置每一次学生作业,认真批改学生的每一次练习,激发每个学生的内在潜能,真正取得实效。

"面面俱到、一刀切"是造成学生课业负担过重的主要根源。作业要体现个性化,应注重作业的层次,有一定的灵活性,针对不同的学生设计不同的练习,让不同层次的学生在选择作业时能"爱我所爱""对号入座",调动各层次学生学习的积极性。根据不同基础有针对性地设计作业,一般采取以下四种习题:第一种是铺垫习题,这是为完成基础题有困难的学生设计的练习,这种题从学生已有的知识出发,降低起点,把基础题做分解;第二种是扩展习题,这是为学有余力的学生设计的,在做好基础题的基础上选做,是对基础题的扩充和延伸,一般来说选做题比基础题要灵活,思维难度大一些;第三种是超前习题,对智力较高的学生,在完成基础题后,可布置预习题,或要求他们对课后有关题目自行探究,找出不懂的地方,为新课质疑问难做准备,也可阅读与教材有关的材料,为突破新教材的难点做准备;第四种是特长习题,让有特长的学生"长"有所进,例如,对爱好书法的学生加强书法训练;对酷爱书籍的学生,要求他们多读几本好书并学习做读书笔记等。

(2)教学主题各不相同体现教的针对性

章鼎儿老师在"小学科学 2005 年全国年会"上所做的"科学课要向 40 分钟要效率"的专题报告中分析了影响课堂教学效率的因素:从远观,涉及教学计划以及教材内容目标,这是由科学课的发展阶段决定的,又受制于课程教材的设计、表述和完善;从中观,涉及科学课堂教学活动的变革和课堂教学活动的研究;从近观,课堂教学的实效性涉及科学教师自身,又取决于科学教师对学习主体、教师自己、教材内容目标和科学探究活动的认识。教学计划、教材内容、教学目标、课堂教学活动以及教学效果等都是我们教学的主题。

我们的教学无非就是努力完成这些主题,让学生的科学素养得到最大程度的发展,让学生的终身学习能力有最大程度的养成。有一种教法是主题式教学,这是一种有效的教学方法。它是围绕所选的主题设计相关的学习内容和活动形式,即设计一个个学习主题。学习主题是教师根据课程标准,并按照学生特点(也包括教师自身的优势、特长)所设计的引导学生能动学习,达到既定目标的,具有方法论意义的主线索以及相应的内容载体、学习策略的总和,即对学生通过学习"能够学到什么"和"怎样学才最有效"的基本定位和假设路径。

例如,物理教学中必须要有这样的一个主题,首先要考虑这个过程中的细节,如:怎样培养学生的兴趣?怎样发挥学生主体作用?如何组织学生开展课外学习活动?等等。主题确定要因人因事而异,如对于研究性学习活动,不同的研究课题、研究小组、研究阶段，会面临不同的问题、情境、经历，各有特点，设计时应选择最有收获、最具启发性的角度切入，从而确立主题。

再如，关于如何指导学生掌握物理学习方法，要把学生从"不会学"到"会学"的转变过程，特别是中间衔接的细节考虑清楚，不能只是把方法介绍一番。在设计过程中特别要考虑到心理的因素，教学的行为是表面现象，心理与思想则是教学行为的内在依据，面对同样的教学内容，不同的教师有不同的处理方式。为什么会有不同的教法？这些教法的内在心理活动和思维过程是什么？教学能够深入被教者的内心世界，让学生知其所以然，这也是教学实效所在。成功的教学必须要从教学的主体，即学生层面出发进行针对性设计。

（3）教学用具因地制宜体现教的针对性

教学用具在教学中发挥着重要作用，科学有效地使用教学用具操作，不仅能调动学生学习的积极性，激发学生的形象思维，而且能使抽象的物理知识变得直观形象，利于学生更好地理解和掌握。教师在教学过程中应结合教学的实际需要有针对性地选用教学用具，引导学生使用身边随手可得的物品进行探究活动和各种物理实验，这样可以拉近物理学与生活的联系，让学生深切感受到科学的真实性，感受到科学和社会及日常生活的关系。我们身边的许多东西都是重要的实验资源，事实上，很多廉价的日常用具在训练动手能力方面比实验室仪器要实惠得多，利用它们来做实验，可以突破时间、空间上的限制，让学生以多种形式感受物理、体验物理。而且，利用身边材料呈现物理现象更容易引起学生的关注，引发认知的兴趣和欲望，这些物理实验蕴含的丰富创新思路无不潜移默化地启迪着学生，比如利用注射器、矿泉水瓶、废旧的铁粉等可以完成许多有趣的小实验，这些实验表现出"改变""放大""借用""替代"等创新技巧，对保持学生的好奇心，培养学生终身的探索乐趣、实践能力以及创新意识无疑是一种有效的途径。

新教材不仅包含大量的信息窗、图画，而且为充分使用教学用具操作提供了依据。所以，教学中应该特别注意设计生生互动、师生互动的教学情境，给每位学生提供用学具展示自我的机会。教师使用教具，不仅是为了直观地演示给学生看，更重要的是可为学生的学具操作起到引路示范作用，学具操作最重要的是过程，它能突出课堂教学的重点，化解难点，帮助学生理解、感受知识的形成过程。在此基础上，加以归纳、总结、提炼，把感性认识上升为理性认识，学会计算方法，掌握运算法则，实现质的飞跃。首先，在课堂教学中把握好教材的重难点，提前预设操作的时机与策略，确定操作的步骤与规则，设计操作时学生要观察思考的问题；其次，在课堂中适时地引入学生动手操作，灵活引导学生处理操作过程中遇到的问题，使操作活动有针对性、有目的性，讲究实效，避免流于形式。另外，教具学具数量和操作次数宜有序递减。随着学生年级逐级升高，教具学具的数量和操作的次数应逐渐减少，以免分散学生的注意力。应尽可能利用记忆表象来帮助学生理解教学内容。

当然,对不同发展水平的学生,应该提出不同难度的操作要求,以满足每个学生的不同需求,促使他们在各自原有的水平上得到充分的发展。

3.现代物理教学中教师的教要体现"开放性"

(1)现代物理教学在教学主体上要体现开放性

教学的主体是学生,这一点我们应该明确。学生需要的是一种分析问题、解决问题的能力,而不是从教师那里被动地接受知识的能力。因此,教师在教学过程中应真正明确学生的主体地位,应把握学生这一教学主体需要什么、所应该具备什么样的能力,然后再结合教学给予引导和激发。教师应抛弃传统的"教师不可动摇、不可挑战、高高在上"的错误观念,建立师生之间和谐、平等的关系,应尊重学生的思想,允许学生这一主体以超越学生的身份与教师对话、与教师交流、向教师挑战,也允许同学之间以超越学生的身份进行学术上、思想上的讨论与交流,以此来提高物理教学的气氛,培养学生敢于挑战权威的勇气和科学精神。

在具体教学过程中,不必太拘泥于教材,更不能考什么教什么,不考就不讲。这样只能使学生感到学习枯燥,失去兴趣,从而浇灭学生思维的火花。反之,如果我们渗透开放性的教学思想,不但丰富和完善了教材体系,而且对于全面培养学生的科学素养有不可估量的作用。例如,讲述中外科技成就时,介绍著名科学家、诺贝尔物理学奖获得者杨振宁、李政道等人的事迹,可以激发学生的爱国主义情感;介绍焦耳花四十年时间、做四百多次实验测定了热功当量,法拉第经过长达十年的艰辛探索发现电磁感应现象,可以让学生学习科学家们百折不挠的科研精神;介绍牛顿总结出牛顿运动定律和万有引力定律的过程,可以帮助学生掌握科学方法;介绍伽利略反驳亚里士多德的观点,可以帮助学生树立怀疑权威、追求真理的科学意识;介绍物理现象的自然美,物理规律的科学美,公式的简洁、对称美,物理实验设计的巧妙美,微观宏观世界的和谐美,可以培养学生的审美素质。同时,当今新知识和新技术日新月异,为了使学生对新成果不感到神秘,敢学敢钻研,还可以开展物理发展前沿讲座,紧扣教材不失时机地补充现代科技内容。例如讲了"电磁波的发射和接收"后,结合电磁波在科学技术上的应用,给学生介绍电子技术在工农业生产和现代战争中的应用,等等。随着新课程标准的推广,评价方式和高考形式更是强调了理论和实际相结合,强调了人与自然、社会协调发展的现代意识,为物理教学指明了正确的方向。

(2)现代物理教学在教学时空上要体现开放性

物理是一门以实验为基础,以概念、规律为核心,以数学为依据,具有严密逻辑体系的自然科学。在物理教学中,应将物理与学生生活以及科技发展联系起来,强调学生的主体主动参与、积极探究,培养学生信息意识、创新意识。在物理的现象、过程、模型的教学过程中,可以给学生更多的时间和空间,充分发挥学生的积极性、主动性和自主性。我国的教育绝大部分受到时间和空间的限制,学生整天坐在教室里,抬头是白色的天花板,前后左右都是桌子和书,身心高度疲惫,心情非常不好,状态极度不佳,学习效率极其低下。为了能更有效、更快乐地教学,可以适当地将课堂开放。可以利用体育场上的某些运动来专门研究一些物理问题;可以将一些讨论课题放在空旷的草地上或公园里;也可以将教室做精心的布置,让学生感觉不到压力,而是让他们感到快乐和好奇,从而促使学生主动、积极地参与到教学活动中,而不只是课堂中。

在物理教学过程中,教师应充分利用各种信息创设情境激发学生的思维,引导学生提出科学的问题,鼓励学生大胆想象,开放思维。在课堂教学中,由于学生存在个体差异,所以学生提出的问题参差不齐,有的层次比较低,有的比较有价值。教师应该以鼓励为主,承认学生能力有差异,但教师必须要有价值导向,让学生明确哪个问题有价值,让他们学会如何提出有价值的问题。鼓励学生根据教学内容相互提问,然后将问题进行综合,这样不仅丰富了物理教学,更能培养学生主动参与讨论、自主钻研问题、积极参与解决问题的科学素养,为终身学习打下坚实的科学基础。

(3)现代物理教学在教学方法上要体现开放性

高中生的思维发展基本成熟,同时也具备一定的生活经历和人生体验。新课程标准指出,高中物理教学应促进学生自主学习,让学生积极参与、乐于探究、勇于实践、勤于思考,在教学过程中应通过多样化的教学方式,帮助学生学习物理知识和技能,培养其科学探究能力,使其逐步形成科学态度与科学精神。可见,培养学生积极主动的态度和精神是新课程改革的重要目标。因此,教师在教学中应以培养学生终身发展的科学素养为指导,按照一定的规律,根据具体教学内容,综合运用多种教学手段,努力提高教学效率,培养学生认识世界的科学能力。

讲授法是最常用的教学方法,这种方法的优点是简便易行、传播的信息量大。讲授法能充分发挥教师的主导作用,但也存在师生交流较少的弊端。坚持教学方法的开放性,就需要扬长避短,综合运用多种教学方法。例如,在“机械波的生成”教学中,教师用准确、通俗的语言讲解介质间的弹力将波源的振动沿介质传播出去而形成机械波的难点,再结合演示(或模拟)装置的慢镜头式操作加深学生的理解,然后再提出问题(如:波传播的是什么?),师生讨论,这样综合运用多种教学方法,坚持教学方法的开放性原则,才能取得良好的教学效果。

另外,我们还可以学习发达国家教法改革的成功经验,这是坚持教学方法开放性的重要内容。著名物理学家杨振宁教授讲过,中美双方教育方法的长短处是互补的,若能将两者和谐地统一起来,在教育上将是一个有意义的突破,这是对教学方法打破封闭、坚持开放的衷心希望。多年来,日本始终提倡并实行探究式教学法,这是日本教育成功的一个重要因素,现在探究式教学法已被我国许多教师所借鉴,为培养创造型人才起了积极的作用。

4. 现代物理教学中教师的教要体现"实践性"

(1)生活知识物理化体现教的实践性

"生活即教育",生活中蕴藏着丰富的教育资源,生活中处处有物理。在进行教学设计时,要考虑到学生关于教学内容的生活经验,包括哪些对于课程学习是不利的,如何消除其不良影响;哪些对于课程学习是有益的,如何合理利用以激发学生的学习兴趣;设置什么样的教学情境、经历什么样的教学过程可以强化学生对相关知识的理解和掌握,可以让学生获得一份积极愉悦的情感体验;让学生合作攻关哪些研究课题、从事哪些实践活动,从而提高其运用所学知识来分析问题、解决问题,乃至自主创新的能力;等等。

应该明确,课堂教学的主要目的已不仅仅局限于完成学科知识的传授这一认知性任务,而是要以学生的生活经验为基础,打破书本世界与生活世界的隔阂,唤醒学生学习的内在需要,进而有效促进学生这一生命体的自我发展、自我完善和自我实现。课堂教学生活是学生生活中具有重要意义的部分,我们不仅要关注教学活动的结果,而且应该关注教学活动的过程,尤其需要关注学生在教学活动中的体验与感受。教学过程中的师生关系不再是一种强制性的单向授受关系,而是处于同一生活世界中的不同主体之间如何由互识到共识的关系,因而课堂教学需要研究解决的是作为不同主体的师生之间是如何通过相互交流、相互沟通,达到互相影响,最终达成共识甚至产生共鸣的问题。教学和考试的落脚点不再是知识的记忆和套用问题,而是如何将知识应用于实践的问题,即如何运用所学知识来分析、解决生活世界中的实际问题。

长期以来,许多教师的教学意识被有形无形地围固于教材、教参和学生用书之中,由于缺乏新鲜感,面窄、量少,不能激发学生的兴趣。只有把物理学习和身边的自然环境、社会环境及个人特有的日常生活结合在一起,从其中学、在其中用,才可以更有效地使学生学到物理知识,领悟物理方法。例如,在自然界中,观察天空的彩虹可以了解光的色散现象;扔一块石头到水里可以研究波的形成和传播。其实,自然界中的一山一水、一草一木都可以成为物理教学的资源,可能让学生从中体会到科学的深刻。和自然环境不同,社会环境能够主动向学生传输许多对物理教学有用的信息。一切有益的书籍、杂志、广播和电视,特别是网络,提供了大量生动有效的信息,不必苛求它们提供知识的完整、系统和科学化程度,重要的是能引起学生对科学的兴趣,激发学生的想象力,特别是联想起已学过的科学知识。物理教学资源的开放就是尽可能利用一切有利于物理教学的信息、媒体和载体,发挥其最大作用。

（2）物理知识生活化体现教的实践性

生活，一般意义上指为了生存、发展而进行的各种活动。对人来说，它包括满足基本生理需要的生活和有价值有意义的精神生活。作为有意识的独特存在体，人更多的是追求具有丰富内涵的精神生活。教学的实质就是教师与学生的特殊生活过程。新课程改革强调，教学是生活的内容，学习是学生生活的方式，生活是教学的源头，这就说明教学与生活是密不可分的。可见，生活化教学就是植根于学生生活世界，关注学生现实生活，引导学生不断超越现实生活，改善当下生存状态，以提升生活质量为主旨的教学状态。通过教学，能使师生的课堂生活丰满，充实学生生活经历，丰富学生情感体验，能为学生的可持续发展奠定良好的基础。在新一轮的基础教育改革过程中，新课程标准指出："教师要紧密联系学生的生活环境，从学生的经验和已有的知识出发，创设生动的物理情境。"既然物理来源于生活，那么我们的物理教学就应该将课堂与生活紧密联系起来，体现物理来源于生活、寓于生活、用于生活的特点，引导学生把物理知识运用到生活实际中去。因此，扭转传统教学的不利局面，实施生活化教学，促进书本世界与生活世界的融通，努力唤起学生学习的内在需要，变"要我学"为"我要学"就成为目前一线教师普遍关注的问题。

例如，考虑到某些学生思维发展水平的实际状况，教师在课堂教学及作业批改中就需要注意保护学生的学习热情。从某种意义上讲，物理问题的答案虽是客观的，但从问题到答案的路径却有很多种，学生在解答问题时出现错误很可能是学生未能把握问题的核心，走"偏"了路。因此，对于学生在解题过程中出现的错误，教师不应该"一棒子打死"，尤其是学生作业中解答题的错误答案，教师不能以一个错号结束问题，而应该对学生的解题思路进行分析，帮助学生找出问题所在，纠正错误。这样做一方面可以保护学生的自尊心和学习的积极性，另一方面也可以帮助学生寻求多种解题方式，注重对问题进行分析，准确把握问题核心。

又例如，在"牛顿第一定律"新课教学中，可以根据学生的实际生活经验引入新课："同学们都有乘公交车的经历，那么请大家回忆一下，在汽车突然启动时，我们的上半身是静止不动、向前倾还是向后仰呢？在汽车突然停止时又会出现怎样的情况呢？为什么生活中会出现这类情况呢？"然后让学生展开讨论，在学生积极参与进来之后，顺势提出："要想解决这个问题，就让我们一起来研究牛顿第一定律。"给学生提供了一个思考的空间，激活他们的生活经验，激发学生积极思考，从而提高教学效率。

（3）物理课堂情境化体现教的实践性

建构主义学习理论，把创设情境看作"意义建构"的必要前提。在问题情境下学习可以使个体对客观情境获得具体的感受，激起积极的情绪，促进其潜能发挥，从而使学习者更好地利用自己已有认知结构和生活经验，对当前所学的知识进行"同化"和"顺应"，从而达到一定意义上的建构。对课堂教学而言，就是教师通过创设一种有一定难度、需要学生做出一定努力才能完成的学习任务,使学生处于急切想要解决所面临的疑难问题的心理困境中。学生要摆脱这种处境,就必须进行创造的活动,运用以前未曾使用过的方法解决所遇到的困难,使学生的思维获得富有成效的发展。物理教学情境的创设要根据教学内容的需要,以有利于学习方式的转变和三维目标的实现为目的,既要有利于学习兴趣的培养、学习动机的诱发,又要以观察、感受为基础,强化学生学习的探究性;以发展学生的思维为中心,培养学生的创造性;同时以陶冶学生的情感为动因,渗透教育性;以解决问题为手段,贯穿实践性。那么,如何创设物理课堂教学情境呢?创设的方法很多,如新闻事件法、实验法、文献法、魔术游戏法、天文地理法,等等。

在物理教学中,从一个惊异事件或现象开始教学,会使学生充满探究的欲望。环保知识、能源危机、新材料和新科学等热门话题既是社会热点问题,也是学生关心的话题,以此创设问题情境可以给学生带来极大的快乐。问题情境创设得好,可以使学生由以往的依附从属教师的地位转换成课堂学习的主体,即思维和学习的主人。学生在参与课堂教学过程中的学习兴趣、求知欲望、独立思考能力、自主学习能力和创新意识会得到充分培养与发展。在创设问题情境时,教师富有感情的描述也十分重要。而现代教学媒体,特别是以计算机为中心的现代教学媒体,能把生动的图像、清晰的文字和优美的声音有机集成并显示在屏幕上,能抛开某些表面的、次要的和非本质的因素,将内在的、重要的和本质的东西凸显出来,在屏幕上能实现微观放大、宏观缩小和动静结合,还可以跨越时空限制,从而高效率地激发学生学习的兴趣,调动学习的积极性,优化教学情境,增强其效果。现代信息技术给教学情境创设提供了新型的表现手段,可以让物理教学更加生活化、情境化,更具实践性。

5.现代物理教学中教师的教要体现"发展性"

(1)展现物理学史对人类的贡献体现教学的发展性

物理学的研究范畴十分广泛,物理学对人类社会的发展起到举足轻重的作用,对人类文明的进步做出了巨大贡献。远到宇宙深处,近到咫尺之间,大到广袤苍穹,小到分子原子,都是物理学的研究范畴,它不仅研究物体的运动规律(如:月亮为什么会绕着地球转?),还研究物体为什么会做那样的运动,即研究物体之间的相互作用的规律(如:苹果熟了为什么会从树上掉下来?)。物理学是一门以实验为基础的自然科学,它是发展最成熟、高度定量化的精密科学,又是具有方法论性质、被人们公认为最重要的基础科学之一。物理学取得的成果极大地丰富了人们对物质世界的认识,有力地促进了人类文明的进步。正如国际纯粹物理和应用物理联合会第23届代表大会的决议《物理学对社会的重要性》指出的,物理学是一项国际事业,它对人类未来的进步起着关键性的作用:探索自然,驱动技术,改善生活以及培养人才。

物理学的发展引发了一次又一次产业革命，推动着社会和人类文明的发展。可以说社会每一次大的进步都与物理学的发展紧密相连。18世纪中叶，在热学发展的基础上发明并改进了蒸汽机。蒸汽机的广泛使用，实现了手工业向机械化大生产的转变，并使陆上和海上的大规模的长途运输成为可能。古人云："一日千里。"火车、飞机的使用使地球人实现了"一日千里"甚至"日行万里"的梦想。蒸汽机的广泛使用标志着第一次产业革命的到来，大大推动了社会发展。1840年，法拉第发现了电磁感应现象，并逐渐形成了完整的电磁场理论。在此基础上发展起来的电力工业，使人类进入电气化的时代，给人类的生产和生活带来翻天覆地的变化。大家想想现在使用的电灯、电话、电视等一切的电力设施就会有深刻的体会。这是第二次产业革命。20世纪70年代，微观物理研究取得重大突破，开创了微电子工业，使世界开始进入以电子计算机应用为特征的信息时代。这是第三次产业革命。可以说，社会每一次巨大的进步都是在物理学发展的基础上完成的，没有物理学的发展就没有人类社会和文明的巨大进步。

（2）揭示物理与科技的关系体现教学的"发展性"

社会的发展为科技发展创造了有利条件，科技发展又反过来推动社会的发展。物理学与科学技术有着密切的联系，在科技发展中物理学起到了重要的推动作用。应用于社会是物理学的生命力之所在，因此在物理教学中应充分展示物理对社会、对科学技术的价值。物理学是自然科学的基础，它是在人们认识自然和改造自然的过程中发展起来的。自然科学与生产实践相结合变成直接的社会生产力，社会生产力的发展又推动自然科学向更深层次发展。也就是说，生产决定科学，科学又反作用于生产。生产力的三要素包括劳动者、劳动工具和劳动对象。劳动者的劳动能力主要取决于他的科学知识水平，一个时代的劳动能力则取决于当代科学发展的水平。正是物理学的发展使得人们的科学知识和实验技术水平得到了大的发展，推动了自然科学向前发展。作为生产力中物的因素的劳动工具、劳动对象的改革和创新也与物理学的发展密不可分，资本主义大工业生产以来所经历的三次大的技术革命，每一次都是以工具的变革为标志。正是因为出现了电子器件、半导体、激光、原子能等方面的一系列新工具，才推动了现代军事工业、信息产业、材料工业等领域的发展。同时随着自然科学的不断进步，劳动对象的范围不断扩大，开辟了新的自然科学研究领域，如太阳能和潮汐能的利用、核能的开发利用、航空和航天技术、纳米技术、超导技术等。

从更深层次上分析，物理学的发展和完善不仅推动了整个自然科学的发展和完善，同时也推动了社会的进步。物理学中的科学实验是检验物理科学理论是否正确的直接标准。毛泽东同志曾经指出："许多自然科学理论之所以被称为真理，不但在于自然科学家们创立这些学说的时候，而且在于为尔后的科学实践所证实的时候。"物理学的发展促进了辩证唯物主义的完善和发展,它每一次大的飞跃都为自然科学的发展创建了新的平台。在这个新的平台之上,社会对新技术的需求增大。正如恩格斯所总结的:"社会一旦有技术上的需要,则这种需要就会比十所大学更能把科学推向前进。"

(3)挖掘物理与生活的联系体现教学的发展性

美国教育家杜威曾把教育的本质概括为"教育即生长,教育即生活,教育即经验的不断改造"。他认为"生活就是发展,而不断发展、不断生长,就是生活"。因此,最好的教育就是"从生活中学习"。物理来源于生活,那么物理教学就应该将课堂与生活紧密联系起来,体现物理来源于生活、寓于生活,又是解决生活问题的基本工具。在物理教学中要有意识地加强物理与生活的联系,引导学生从生活走进物理。我们知道,生活中离不开物理知识,物理知识和生活息息相关。"电学"是物理中的一部分内容,每一天的生活都离不开电,没有电我们就无法正常生活和学习。家里有电冰箱、洗衣机、电吹风、电风扇、电饭锅等这些用电的设备。这些电器的用途都是各种各样的:电冰箱是用来储藏食物、保鲜食物的;洗衣机是用来洗衣服的,可以减轻劳动强度,提高工作效率;电吹风可以用来吹干头发;电风扇可以用来避暑降温;电饭锅可以用来煮饭;等等。

例如,讲"匀变速直线运动规律的应用"时可以这样设计:首先给学生放映一段两辆汽车追尾的事故现场录像。"同学们猜猜看,造成追尾的原因可能是什么?"老师提问,挑起学生的兴趣。"肯定是司机睡着了!""一定是超速驾驶!"……学生的回答各有千秋。老师再从汽车追尾事故的原因开始,让学生分析同学提出的几种可能:疲劳驾驶、刹车失灵等。再引导学生就位移、速度、加速度、时间之间的关系进行讨论,利用所学规律得出新的结论,并与交通法律和科技成果"防撞器"相联系,将物理知识与生活结合起来。

再如,为什么火箭能将航天员乘坐的神舟飞船送上天呢? 飞船为什么能平稳地在太空遨游呢? 这是物理问题。大家都喜欢看电视,那么,电视台直播间的画面和音乐是怎么即时传播的? 又是怎样在电视屏幕上显示出来的呢? 这也是物理问题。电子书籍、一盘小小的光碟可以装得下很多本书,那么电子书籍、光碟又是怎样读出来的呢? 等等。这些都是物理问题。在生活中学习物理,学好物理又服务于生活,促进社会的发展、人类文明的进步,是物理教育的真正目的。

思想是行动的指南,观念主宰命运。教育观念的转变就足以改变一位教师的命运,影响这位教师所教学生的一生。教师在处理教与学的关系时,一定要明确教师"教"是为了"不教"。也就是说,教师要改变所有课本知识都要讲且讲透的传统观念,要认识到教师是利用物理知识教会学生学习。课本不是老师"教"完的,而是学生自己"学"完的。教师在教学过程中要教给学生主动的、独立的、独特的学习方法,培养学生积极提出问题并且主动分析和解决问题的能力,让学生在学习过程中亲身体验成功与失败,这就是现代学习方式的特征。物理教师应该利用物理学与生活联系密切的特点,充分利用物理中的生活实例和生活中的物理现象激发学生学习物理的兴趣。坚持"以问题为中心的学习"和"以项目为中心的学习"的教学方式,改变学生学习过程中的传统的被动性、依赖性、统一性、虚拟性、认同性学习方式,培养学生现代的"主动性、独立性、独特性、体验性与问题性"学习方式,培养学生的自主学习能力、与人合作能力、自主决策能力、收集处理信息能力以及解决实际问题能力,引导学生关注人类面临的重大问题,以培养学生的创新精神与实践能力和对人类、对社会的责任感。使我们的学生从"课堂上被动地听老师讲,课堂外埋头于书本,做大量与实际生活严重脱离的练习"中摆脱出来,从过于沉重的课业负担中走出来,给他们应有的自由时空,让他们睁开眼睛看自然界、看社会、看生活,让他们快乐健康地度过青少年时期。因此,现代物理教学工作者要从一定深度和高度上对现代物理教学理念、教育教学方式和教育教学效能进行认识、理解和把握,并以此为方向在物理教学中让学生的科学素养和综合素质得到真正全面发展,让现代物理教学中的教与学能够真正相互促进。

第八节　物理教学中现代学习方式的培养

现行课程标准要求,教育工作者在教育教学过程中需要改变"教"与"学"的方式,使学生在学习过程中实现知识与技能并进,甚至在一定程度上对技能的要求要高于知识的掌握。教育教学工作者要在教育教学过程中改变学生传统的"被动性、依赖性、统一性、虚拟性、认同性"学习方式,培养学生的现代的"主动性、独立性、独特性、体验性与问题性"学习方式。让课堂教学能够真正体现学生的主体性,加强学生生活经验知识的利用,打破书本世界与生活世界的隔阂,唤醒学生学习的内在需要,进而有效促进学生这一生命体的自我发展、完善和实现。

应该充分利用物理与生活密切联系的特点,在教育教学过程中坚持"一切为了一切学生的一切"的原则,从根本上帮助学生改变传统的学习方式,形成学习上的主动性、独立性、独特性、体验性和问题性,即建立现代的学习方式。让学生在学校真正获得今后走向社会所需要的基本生存能力——自主学习的能力、与人合作的能力、信息收集与处理能力、学会办事的能力、独立生存的能力。

一、激发学习兴趣,培养学习主动性

1. 实验激发兴趣,培养学习主动性

人生来就对世界充满好奇,总是喜欢提出"为什么",思考这些"为什么",希望解决这些"为什么",这就是人学习的潜能,是渴望学习的本性。广大中学生正处于长身体、长智力,逐步成熟的时期,物理实验向他们有目的地展示了许多有趣的物理现象,呈现了许多真实生动的物理事实,使他们始终处在好奇而愉快的学习环境中,调动了他们的思维积极性,培养了他们的思维能力。因此,教师应有意识地利用实验激发学生的学习兴趣,激活学生的思维,创造一个良好的教学环境。

例如,在《闭合电路欧姆定律》新课教学的引入阶段,设计一个演示实验:先用一节干电池给小灯泡供电,小灯泡亮了但不是很亮;然后用两节干电池给小灯泡供电,在开关闭合之前先让学生预测小灯泡比接一节电池时更亮还是更暗,学生根据生活经验判断小灯泡应该更亮一些;闭合开关,结果发现小灯泡比接一节干电池时更暗了。此时,学生非常惊讶:为什么呢? 他们心中顿时产生强烈的求知欲望,也将会积极参与下面的学习过程。

2. 故事激发兴趣，培养学习主动性

中学生是未来社会建设的中坚力量，是促进祖国未来发展的主力军。他们要具备的是德、智、体、美等各个方面真正全面的科学素养和综合素质，在中学教育过程中应保证学生在德、智、体、美等各个方面全面的发展。为此，要树立"用多把尺子去量度每一位学生"的思想意识，要多方面、全方位有效快速地促进学生的真正发展，重智力更要重能力、重素养的培养，要尽可能地为学生的综合素质得到全面发展创设有利的条件，进而促进学生综合素质和能力的全面发展。教育应该是维持和发展学生对周围自然界的好奇心，激发学生自主探索自然界的信心和勇气，培养学生在科学上积极探索的精神，以使他们感到有信心、有能力去投入科学和技术的工作。

课堂教学中可设置题目：1912年4月14日夜12时30分，从英国的南安普敦首航美国纽约的"泰坦尼克号"，撞上一座巨大的冰山而沉入海底，这就是海难史上著名的"'泰坦尼克号'沉船事件"，也是人类航海史上最大的灾难。多年来，科学家们一直在寻找发生事故的原因。请你根据所学的力学知识，探究导致这次海难的主要原因是什么。

上述题目结合著名的"'泰坦尼克号'沉船事件"更能激起学生的学习兴趣和主动性。

3. 科技激发兴趣，培养学习主动性

课程标准指出，课堂教学过程中要以学生为主体，要让学生能够自主的学习，这就要求教师要注重激发学生的学习兴趣。爱因斯坦说："兴趣是最好的老师。"而科普知识正好是调动学生学习兴趣的一项有力武器。人类的兴趣与好奇心紧密相连，培养学生好奇心的关键是新信息的刺激。物理学与学生生活、现代社会及科技发展联系十分密切，当代科学技术发展的重要成果和新的科学思想都有密切的联系。因此，在物理教学中充分展示这种科技发展的成果来体现物理学的思想，让学生掌握物理的思维和方法。

例如，在引入新课的时候做几个现象明显的实验，或者提出几个学生感兴趣而又和我们这堂课有关的问题，很容易激发学生学习的兴趣。当然这就要求教师首先具备一定的科普文化知识。例如，生活中我们照镜子为什么能够看到自己？从一个平常的生活实例来引入"平面镜"的教学。又如，在导体的教学中引入"石墨炸弹"，在材料的教学中介绍一些高科技的材料（如纳米材料、超导体）等学生较感兴趣的东西。这样能吸引学生的注意力，有助于教学过程顺利地完成，并取得良好的效果。

二、广泛创新实验,培养学习独立性

1. 方案融入思维,培养学习独立性

物理学随着人类社会的发展而发展起来,又对人类社会的发展起着重要的推动作用。物理学知识浓缩着物理学家高度组织化的、在解决问题中行之有效的知识,物理学的思维和方法是物理学家长期以来旨在发现问题和解决问题的过程和方法。在教学过程中,应让学生充分体会科学家们长期从事研究的精神,体会科学严密的研究方法和思维方式,培养和锻炼他们自主探索和研究的思维方法和能力;应结合生活和社会的实际问题将物理学从简单到复杂、从理想到实际的科学研究方法自然有效地渗透给学生,让学生体验到科学的研究方法,培养学生在实际问题中不断研究、不断学习、不断创新的理念和能力。例如,在物理实验教学中设置题目:有一台测体重的台秤、一只篮球、一张白纸、一盆水,请设计一个实验测量篮球击地时对地的最大冲击力。由于高中男生都比较喜爱打篮球,所以学生对于这一实验的设计都表现得十分积极。

物理教育工作者应尽量挖掘实验内容,充分利用实验手段,改变传统的教学方式,以此来促进学生学习方式的改变。

2. 过程练就能力,培养学习独立性

学习本身是由易到难、由简单到复杂的循序渐进的过程,这是一条客观规律。物理教学只有从学生的实际水平出发,逐步提高学生学习的自信心和内动力,才能使他们积极主动地获取知识并提高能力。在物理教学过程中,教师应延长思维的长度、延缓思维的坡度,利用实验来锻炼学生的分析和动手能力,进而达到培养学习独立性的目的。

例如,在学习"机械振动"的时候,为了能让学生对机械振动的概念有深刻的认识,可以设计一组对比实验进行演示,在同一铁架台上组装下列各装置:①用很粗的短绳挂一个小球;②用橡皮筋挂一个小球;③用不可伸长的细线挂一个小球;④在一根细木棒下挂一个小球;⑤在一根竖直细弹簧下挂一个小球;⑥水平弹簧振子。老师分别拨动①②③④中的小球,问:小球如何运动? 往下拉动⑤中小球然后释放,问:小球如何运动? 拉动⑥中振子后放手,问:小球如何运动? 这些小球的运动有什么共同特点? 学生:都绕某一中心位置来回运动。追问:哪种运动最简单? 根据受力情况和研究习惯,可以得出最简单的是水平弹簧振子的运动,这也正是接下来要研究的问题。这样既使学生对机械振动的概念有了深刻认识,也使他们对弹簧振子的模型有了一定了解,同时也在教学中渗透了物理学的研究方法——从

简单到复杂,从理想到实际。这样的教学过程既激发了学生学习的兴趣,也培养了学生分析、解决实际问题的能力。

3. 结论促成发展,培养学习独立性

每个学生,除有特殊原因外,都有相当强的潜在的或显在的独立学习能力。不仅如此,每个学生同时都有一种独立的需求,都有一种表现自己独立学习能力的欲望。他们在学校的整个学习过程也就是一个争取独立和日益独立的过程。低估、漠视学生的独立学习能力,忽视、压制学生的独立需求,从而导致学生独立性的不断丧失,这是传统教学的根本弊端。教师应充分尊重学生的独立性,积极鼓励学生独立学习,并创造各种机会让学生独立学习,从而让学生发挥自己的独立性,培养独立学习的能力。从教与学的关系来说,整个教学过程是从教到学的转化过程,即从依赖到独立的过程。在这个过程中,教师的作用不断转化为学生的独立学习能力。随着学生独立学习能力的由弱到强、由小到大,教师的作用在量上也就发生了相反的变化,最后是学生基本甚至完全独立。所以,教师在教学过程中应该有培养学生独立学习的意识,尽最大可能让学生的独立性得到发展。实验是物理的重要组成部分,实验教学是物理教学过程的重要内容,在实验教学过程中培养学生学习的独立性是一个重要途径。所以教学过程中,我们要利用好实验的每一个环节,包括实验即将完成的最后分析总结阶段。我们不仅要分析得出实验的结论,而且要注重分析实验的过程。我们应该引导学生分析和体会实验的提出、设计、操作、得出结论等环节。最后总结实验过程的哪些地方值得肯定、哪些地方需要修改,还要总结自己的能力,包括哪些能力表现得还不错、哪些能力还需要再锻炼。这样一次次、一点点的积累就可以达到学习方式的改进和发展。

三、尊重个体差异,培养学习独特性

1. 尊重个性差异,培养学习独特性

每个学生都有自己独特的内心世界、精神世界和内在感受,有着不同于他人的观察、思考和解决问题的方式。也就是说,学生有着独特的个性,每个学生的学习方式本质上都是其独特个性的体现。实际上,有效的学习方式都是个性化的,没有放之四海皆有效的统一方式,这种方式对某个学生是有效的,对其他人却未必有效。正如多元智力理论所指出的,每个人的智慧类型不一样,他们的思考方式、学习需要、学习优势、学习风格也不一样,因此每个人的具体学习方式是不同的。这意味着,我们要倡导转变学习方式,要尊重每一个学生的独特个性和具体生活,为每个学生富有个性的发展创造空间。因此,独特性成为现代学习方式的重要特征。独特性同时也意味着差异性,学生的学习客观上存在个体差异,不同的学生在学习同一内容时,实际具备的认知基础、情感准备以及学习能力倾向不同,这决定了不同的学生对同样的内容和任务的学习效果不同。传统教学忽视学生学习的个体差异,要求所有学生在同样的时间内,运用同样的学习条件,以同样的学习速度掌握同样的学习内容,并要求其达到同样的学习水平和质量。这种"一刀切""一锅煮"的做法,致使很多学生的学习不是从自己现有的基础出发,结果是有些学生"吃不饱",有些学生"吃不了",有些学生根本不知从何"入口"。现代学习方式尊重学生的个体差异,并把它视为一种亟待开发和利用的教育教学资源,努力实现学生学习的个体化和教师指导的针对性。

2. 利用能力差异,培养学习独特性

教师是"伯乐",善于"相马"。但是,教师又不能只是伯乐,伯乐相马的目的是挑出千里马而淘汰其余的马,而教师必须对每个学生负责。学生学习能力的差异是不可避免的客观存在。教学应针对学生的共同特点和个别差异,因材施教、扬长避短、长善救失,有利于多出人才、早出人才、快出人才。从新课程标准来看,素质教育不是选拔适合教育的学生,而是创造适合每个学生的教育。在课堂教学中,教师应努力创造适合每个学生的教育,充分认识学生的巨大发展潜能和个性存在的差异,努力培养学生积极的学习态度、善于与他人合作的精神以及高度的责任感和道德感。从哲学观点来说,教与学就是一对矛盾体。这对矛盾体的产生、发展和解决,推动了教学过程,成为教学进程的动力。我们应当充分利用学生学习能力的差异性,使全体学生的学习兴趣得到最大限度地提高。

例如,布置作业是把课堂知识内化成能力的主要手段。作业首先要适量,太多的作业只能增加学生的负担;其次要适度,太难的作业只能让学生产生畏难、消极的情绪。物理教师可根据作业的知识点、知识的综合情况及学生的情况把作业分成基本型和提高型两种。基本型作业根据课程标准要求设置即可;提高型作业是指知识综合性较强、具有一定难度的作业,设置时要因人而异。对于基础知识掌握不够扎实、理解能力不很强的学生,只要求做基本型的作业题;对基础知识较扎实、理解能力较强的学生,在其完成基本型作业题基础上,鼓励其尝试完成提高型作业题,但每次提高型作业只要求1~2题的量。当然,不能在课堂上公开要求某某学生做什么类型的作业,要充分照顾学生的自尊心。教师可通过建议、班级间交流、表扬鼓励等机制,帮助学生选出适合自己的学习任务。学生通过作业的选择环节,既确保了基本物理知识的学习,又通过同学之间的竞争,激励自己树立更高的目标,增加前进的动力。

3.调整发展差异,培养学习独特性

学生能力存在差异,因此在课堂上的收获和取得的发展存在差异,不同情况下会有不同的发展。有以下几种情况:①不同的需求。因为教学不同于物质生产,教学对象(学生)是活生生的人,他们具有潜在能动性,每个人都是不一样的,每个学生都有不同的需求。这就需要教育者认真分析学生的个体差异,满足他们不同的需求,并以此为根据,选择不同的教学内容和教学方法,使他们各有所得、各有长进,以满足学生不同的需要。在教学中应多设计开放性问题,体现内容的层次性和答案的不唯一性,以适应不同学生的不同学习需求。②不同的兴趣。兴趣是行为系统中最现实、最活跃、最强烈的心理因素。因此,应因材施教,顺着学生生长、发展的趋势,及时满足学生不同的兴趣;应创设不同的问题,使每一位学生都能尝到成功的喜悦,从而激发学习的兴趣。避免"苦其难而不知其益",收到"师逸而功倍"的效果。③不同的作业。没有差生,只有差异,每个学生都是独一无二的个体,都具有自己的独特性,发展也各有不同,应使每个学生在自己的基础、起点上,得到最优发展。因为每个学生的知识基础、智力发展水平和个性特长都要有较大的不同,他们对所需知识的掌握程度也都不同。对某些学习有困难的学生,适当减少他们的作业量或适当降低作业的难度,让他们做一些简单的、有趣味的练习,让他们感觉学习物理可以这样简单快乐,激发他们学习的兴趣,以达到最佳学习效果。对学习能力较强的学生适当提高要求,设计一些具有挑战性的作业。根据不同水平的学生设计模仿练习、变式练习、发展练习,学生根据自己的实际情况自主选择自己需要的作业。④不同的评价。找到一个学生的优点,就是找到一个学生的生长点。个性化的评价,就是针对每个学生的学习潜能进行富有激励性的评价。既要善于发现优等生的问题,又要尽可能地寻找到学困生的闪光点,既要让学生体会到老师对他们的期待和希望,又要帮助他们鼓起勇气,树立学好物理的信心,提高学习物理的兴趣,激发学习的潜能,确立自己的发展优势,选择自己的最佳发展区,使不同的学生都有一种取得成功的愉悦感,真正把学习物理作为一种精神享受。

四、创造体验机会,培养学习体验性

1.树立竞争意识,培养学习体验性

创新不仅是一种意识,更是一种能力,是一种发展所必需的催化剂,随着认识的不断深入而逐渐提高和发展。恰当培养学生的竞争意识,可以激发斗志,促进创新动力的迸发。在教学管理过程中激发学生的竞争意识,可以营造良好的学习气氛,可以促使学生为了提高自己的成绩而不断改进学习方法和学习态度,从而提高

自己的学习能力,取得优异的成绩;在班级之间树立这种竞争的意识,可以提高学校教学的整体质量;在学生之间培养一种民族、科学的竞争意识,可以培养学生的爱国主义精神,不断激发学生学习的动力。中学生充满激情与活力,为了班级、学校、祖国的荣誉,他们会努力学习,努力去提高自己各方面的能力。可以说,竞争的意识可以使一个人激发出无穷的潜力,可以促使学生不断地去努力、去创新、去奋斗。比如,在"测定本地的重力加速度"实验中,可以在学生当中进行实验比赛,先让学生自己设计不同的实验方案,各自准备仪器,然后在课堂上让其他学生进行评价,或者请几位老师当评委,对学生设计的实验进行逐个评比。先在班里之间评出第一、二、三名,再在班级之间评出第一、二、三名,最后分别进行不同程度的个人奖励和班级奖励。也可以是老师围绕实验的目的和要求,先给出不同的实验方案,如:方案 1,物体竖直悬挂,由 $T=mg$,只要测出线拉力 T 和物体质量 m,就可以求出 g;方案 2,物体自由下落,由 $h=\frac{1}{2}gt^2$,测出 h 和 t 就能求出 g;方案 3,物体沿倾角为 θ 的光滑斜面下滑,由 $S=\frac{1}{2}gt^2\sin\theta$,测出 s^2、t 和 θ,就能求出 g;方案 4,单摆做简谐运动,由 $T=2\pi\sqrt{\dfrac{L}{g}}$,测出 L 和 T,就能求出 g;方案 5,带电粒子在平行板匀强电场中平衡,由 $mg=\dfrac{qv}{d}$,测出相关的物理量,也能求出 g;……再让学生对各个方案进行讨论,在讨论中明确实验的条件和方案。然后分成若干小组,按给定方案进行实验,对实验结果进行演示操作比赛,最后对比赛结果进行评奖。通过这样的竞争,学生体会到学习是一种乐趣,探索也是一种快乐,培养学生为了竞争的胜利、为了自己的发展去不断改进方法的意识,最终在不断的进步和竞争中提高创新能力。

2.加强探究兴趣,培养学习体验性

关于教学方式的考虑,也是使物理贴近学生生活,联系社会实际的一个重要方面。在教学方式生活化的道路上,陶行知先生堪称伟大的先行者。当年,在陶行知主持创办的重庆育才学校,不少课程都应用形象的教学方法讲授,如:社会时事课用话剧的形式表演给大家看;化学课也用表演的形式,创造化学之舞,将枯燥的化学变化用舞蹈表现出来,使人产生兴趣,易学易懂。像这样,把教学加以艺术化的方法,尚属破天荒之举。为了实现高中物理教学方式的生活化,广大教师需要从学生的生理、心理、知识和能力的实际水平出发,选用图表、漫画、照片、录像等多种学生喜闻乐见的方式进行教学,以激发学生的学习兴趣。丁肇中曾经说过:"对于科学研究最重要的是要有好奇心,对自己做的事情要感兴趣,要为之而勤奋与不懈地工作。"李远哲也说过:"科学家就是充满好奇心的长不大的儿童。"这些至少说明两点:一是说儿童的天性是好奇的;二是说好奇在科学发现中起着举足轻重的作用。同样的道理,中学生学习物理的动力主要应该来自对物理学的兴趣与好奇心。如果学生仅仅是为了功利目标(如:为了上一所好的大学,为了将来有一份好的工作等)而学习是远远不够的。因为只有功利目标的学生很少能够体会到学习的乐趣,更多的是感到枯燥。试想,如果让我们的学生将学习物理的过程变成一种兴趣的释放的过程,变成他们好奇心不断得到满足的过程,那么学习物理的过程将会成为他们生活的一部分,会成为一个自发的学习研究过程,这样的学习必定是积极与主动的。传统的教学任务是传道、授业与解惑,但在今天这不是全部,还应该包括激趣、启奇与求疑。要在物理教学中唤起学生对物理的兴趣与好奇心,就必须对传统的教学内容及教学方式进行调整,必须关注实际生活、生产与现代科技的发展,还原物理学科的本来面目,多一点学生生活中的模型,多一点学生身边的事物,因为学生对越是熟悉的事物,越容易产生亲切感,越容易产生兴趣与好奇心,越容易萌生学习的欲望。

3. 强化成功体验,培养学习体验性

苏霍姆林斯基曾说过:"要使每一个儿童的力量和可能性发挥出来,使他们享受到脑力劳动中的成功和乐趣。"过去的应试教育只面向一部分学生,面向的是升学有望的少数学生,对困难生歧视甚至排斥。而目前的素质教育与应试教育不同,它面对全体学生,要使每个学生都能获得学习上的成功。物理教学应由传授知识的传统模式转变为以激励学习为特征的、以学习为中心的实践模式,由学生被动听讲的课堂变成学生积极主动参与的学习环境。所以,在教学过程中应让所有学生都有思考、发言、练习、讨论和板演的机会,而不能为了课堂气氛、教学节奏、课堂密度把机会全包给优秀生,应当挑一些易回答、易解答、易操作的问题让困难生做。这样不仅可使困难生有了参与各种活动的机会而且能使他们在这些回答中获得成功的体验,使他们在成功中树立信心和决心,从而激发他们学习物理的兴趣。

课堂教学中可设置题目:如图 1.8-1,一小圆盘静止在桌布上,位于一方桌的水平桌面的中央,桌布的一边与桌的 AB 边重合。已知盘与桌布间的动摩擦因数为 μ_1,盘与桌面间的动摩擦因数为 μ_2。现突然以恒定加速度 a 将桌布抽离桌面,加速度方向是水平的且垂直于 AB 边。

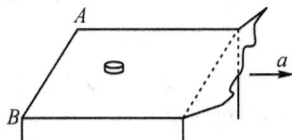

图 1.8-1

若圆盘最后未从桌面掉下,则加速度 a 满足的条件是什么?(以 g 表示重力加速度)

这是一道非常普通,可以再现场景的题目,具有很强的生活感。教师指导学生分析问题、分解过程、再现场景,最后解出问题。学生在解决问题的这一刻,提高的不仅仅是能力,还有信心和兴趣。

五、开展问题教学,培养学习问题性

1.鼓励问题意识,培养学习问题性

爱因斯坦说过:"提出一个问题比解决一个问题更重要。"这里的问题,并非是一个随意的"为什么""怎么样"。所提问题一定要与实际目的或所处场景相对应。由于传统教学主试过分注重灌输式,导致学生很多时候只是被动地接受书本或老师的观点,甚至连这些"观点"都不能掌握,近乎毫无目标的学习。学生这样学习的后果是思维日渐懒惰,无法深入到问题本质,很难提出开创性的想法,属于肤浅的学习。在物理学中,科学研究方法和科学思维始终贯穿其中,应利用对物理问题的研究和思考来培养学生对周围事物的深层次理解、对客观世界的科学质疑、对权威的勇敢挑战和对信息的准确获取和交换的能力。

根据生活实际可以设计这样一个问题:某市规定,汽车在学校门前马路上的行驶速度不得超过 40 km/h。一次,一辆汽车在校门前马路上遇紧急情况刹车,由于车轮抱死,滑行时在马路上留下一段笔直的车痕。交警调取周边的监控录像,结合现场所留下的痕迹,通过测算就可以判断出汽车有没有超速,从而对事故责任做出判定。假如你是交警,将如何进行判断? 需要做哪些工作?

引导学生进行分析讨论,根据题中描述得出可以利用的信息:汽车刹车过程中通过的位移、刹车过程中所用时间、汽车的末速度为零。然后利用匀变速直线运动的规律得出汽车的初速度,从而判断汽车有无超速。这样以实际生活情境为背景材料,培养学生利用物理知识和方法分析客观事实、提出合理科学问题的能力,让学生真正体会到物理学的实用价值。

2.指导分析问题,培养学习问题性

世界是可以被认知的,宏观世界与微观世界,人类的过去、现在和将来等都遵循时间和空间线索。在教学过程中通过生活中的一些现象、事件来反映物理问题、物理规律,同时用物理概念、物理语言对生活中的问题、现象进行归纳。物理教学的过程中应该让学生体会到物理学习是认识世界、感悟生活的过程,让学生学会用一些理论对世界、生活进行归纳,同时还要让学生体会到这些认识在整个世界领域中仅仅是一小部分,让他们感觉到未知领域的广阔,激发学生探索未知世界的勇气和信心,点燃学生开拓未知领域的欲望,树立创新意识。

课堂教学中可设置题目:人们在进行各项活动时,有大量的能量散失掉了。如何收集人体在活动时散失的能量? 这是人类开发新能源的一个有意义的研究方向。最近有报道称,美国 SRI 国际公司已开发出具有充电功能的鞋子,这种鞋的关键部分在于鞋跟,其中含有特殊的弹性聚合物材料层,它的上下两面分别与一颗内

置微型电池的两个电极相连。行走时,弹性材料层受到挤压与释放的反复作用,其正负两极之间的距离不断变化,从而产生电能。目前产品的输出功率约为 0.5 W,足以为一部手机充电。充电鞋还能作为非常规军用电源,如为士兵随身携带的枪支电子瞄准器、导航仪和无线电设备等供电。请思考并回答下列问题。

(1)这种鞋的内部结构可能是怎样的?

(2)你一天大约走路多长时间? 如果穿上功率是 2 W 的充电鞋,一天能产生多少电能?

对于这样的问题,教师可以指导学生从物理学角度大胆做出自己的设想,积极提出问题,并与其他同学进行讨论。通过这样的锻炼可以培养学生在学习中的问题性特征。

紧紧围绕"立德树人"根本任务,现行的新课程改革非常注重学生核心素养的培养。特别提出,要让学生对于科学方法进行实践,培养学生解决实际问题的能力。物理是自然科学的基础,非常注重实验功能,实验教学是物理学的一大特色,是物理教学的重要抓手,也是学生将理论知识转化为创新实践能力的重要途径。利用学生对实验完整的研究,即实验的提出、设计、操作、分析、总结、拓展等环节来提高学生解决物理问题的实验能力,从而提高学生在现实生活中解决实际问题的科学实践能力。新课程改革也提出,要在物理课程中进行科学探究,进行探究式学习,因此应利用学生对于实际生活中的问题进行探究,并促进学生的生活与物理思维相互结合,进而提高学生解决实际问题的能力。

课堂教学中可设置题目:现代家庭电器化程度越来越高,用电安全是一个十分突出的问题。

(1)表 1.8-1 提供了一组部分人的人体电阻平均值数据。

表 1.8-1

测量项目	完全干燥时		半干或潮湿时	
	电阻(kΩ)	电流(加 220 V)	电阻(kΩ)	电流(加 220 V)
手与手之间	220		5	
手与脚之间	300		8	
手与塑料鞋、衣之间	800		10	

①从表中可以看出干燥时电阻大约是潮湿时电阻的_____倍。

②在空格中填入对人体加 220 V 电压后的电流值。

③若对人的安全电流是 25 mA 以下,上述哪几项是十分危险的?

(2)洗衣机的外壳是金属的(有许多地方没涂油漆),图 1.8-2(a)表示插头没有接地线,外壳与相线(俗称火线)接触漏电,手触及外壳。试在图(a)中画出电流经过的路线(假设此时 M 为正、N 为负)。图(b)表示插头中有接地线,接在洗衣机外壳,此时发生漏电,试在图(b)中画出电流经过的路线。

(3)电路上规格为 10 A 的熔断丝(俗称保险丝),如图(c)用电器 R 的功率是 1500 W,这时通过熔断丝实际电流是多少？一个潮湿的人,手脚触电,为什么熔断丝不会断？

(4)图(d)是一种触电保护器,变压器 A 处用相线和零线双股平行绕制成线圈,然后接到用电器,B 处有一个输出线圈,一旦线圈中有电流,经放大后便能推动继电器切断电源。

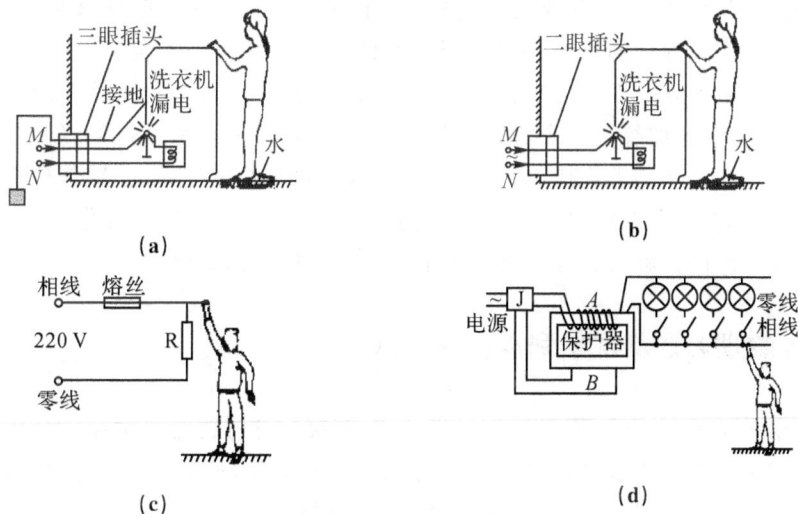

图 1.8-2

试说明:

①为什么多开灯不会使保护器切断电源？

②为什么有人"手—地"触电保护器会切断电源？

③该保护器能不能作为双手"相线—零线"触电保护器,为什么？

通过这样对实际问题的逐步分析,可以有效提高学生解决实际问题的能力。

不管教学如何改革,"一切为了学生"这一点永远不会改变。所以我们的教学的理念关键就是"学生"的理念,坚持"以人为本",坚持"立德树人",这里的"人"是指所有人,是培养能够适应未来社会,能够去创造和发展未来社会的人。所以教学过程要结合不同时期、不同需要对于不同的对象采用不同的方式进行不同的教学,只有这样才能够让不同的个体得到最大可能的发展,才能够为我们的社会培养各种类型的人才,才能真正促进我们的社会以更快的速度向前发展。我们教育工作者在教学过程中要适时改变教学方式,培养学生主动的、独立的、独特的学习方法,培养学生积极提出问题、主动分析和解决问题的能力,让学生在学习过程中亲身体验成功与失败,最终形成能够适应未来社会发展的关键能力。

第九节　从现象到本质

——论物理习题的核心素养本质

物理学与生活、社会和科技紧密联系,中学生对于中学物理充满兴趣,但由于无法灵活运用物理学的思想、方法和规律,他们面对物理习题经常束手无策,最后不得不放弃对物理的学习而选择其他学科,以至于改变人生发展的方向。在学习物理过程中,习题训练是一个非常关键的环节,通过习题训练不仅可以使学生掌握相关的物理知识和物理规律,而且可以锻炼他们科学的思维方法,培养分析问题和解决问题的能力,形成终身学习必备能力。可见,在物理习题学习中,清晰解读物理习题,学会分析、解决物理习题是当前物理学习中的重要方面。

一、物理习题从现象到本质的特点

根据多年教学实践,笔者认为学生分析、解决物理习题的关键在于认识物理习题的特点和本质。物理学是研究物质结构和运动规律的学科,与社会生活联系十分密切,物理习题的特点是以社会生活、前沿科技为背景,遵循时间和空间的发展规律,将物理学的知识、规律寓含其中。因此,物理习题学习的本质是学会客观分析现象,根据事物的因果关系认识分析事物的本质,结合物理规律列出相应方程并解出方程,在整个过程中培养分析问题、解决问题的能力,形成适应终身发展的必备品格和关键能力。

【例1】如图1.9-1所示,AMB 是一条长 $L=10$ m 的绝缘水平轨道,固定在离水平地面高 $h=1.25$ m 处,A、B 为端点,M 为中点,轨道 MB 处在方向竖直向上,大小 $E=5\times10^5$ N/C 的匀强电场中,一质量 $m=0.1$ kg,电荷量 $q=+1.3\times10^{-6}$ C 的可视为质点的滑

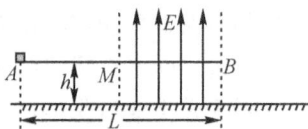

图 1.9-1

块以初速度 $v_0=6$ m/s 在轨道上自 A 点开始向右运动,经 M 点进入电场,从 B 点离开电场,已知滑块与轨道间动摩擦因数 $\mu=0.2$,g 取 $10\mathrm{m/s^2}$。求滑块:

(1)到达 M 点时的速度大小;

(2)从 M 点运动到 B 点所用的时间;

(3)落地点距 B 点的水平距离。

【参考解析】(1)在 AM 阶段对滑块分析可以得到：

$$a_1 = \frac{\mu mg}{m} = \mu g = 2 \text{ m/s}^2 \tag{1.9-1}$$

根据运动学公式：

$$v_M^2 - v_0^2 = -2a_1 x_{AM} \tag{1.9-2}$$

可得：$v_M = 4 \text{ m/s}$。

(2)进入电场之后：

$$Eq = 0.65 \text{ N} \tag{1.9-3}$$

根据受力分析有：

$$a_2 = \frac{\mu(mg - Eq)}{m} = 0.7 \text{ m/s}^2 \tag{1.9-4}$$

根据运动学公式：

$$v_B^2 - v_M^2 = -2a_2 x_{MB} \tag{1.9-5}$$

可得：$v_B = 3 \text{ m/s}$。

根据匀变速直线运动推论：

$$x_{MB} = \frac{v_B + v_M}{2}t \tag{1.9-6}$$

可得：$t = \dfrac{10}{7} \text{ s}$。

(3)从 B 点飞出后，滑块做平抛运动，因此有：

$$h = \frac{1}{2}gt'^2 \tag{1.9-7}$$

$$x' = v_B t' \tag{1.9-8}$$

可以解得：$x' = v_B t' = 1.5 \text{ m}$。

【思维解剖】

现象分析：从 A 到 M 做匀减速直线运动，加速度为 a_1；从 M 到 B 做匀减速直线运动，加速度为 a_2；离开 B 后到落地过程中做平抛运动。

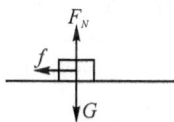

图 1.9-2

本质分析：从 A 到 M 过程中，滑块受到重力、AM 对它的弹力和摩擦力，受力分析如图 1.9-2。

从 M 到 B 过程中，滑块受到重力、AM 对它的弹力和摩擦力、方向向上的电场力，受力分析如图 1.9-3。

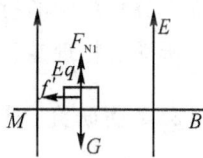

图 1.9-3

从 B 到地面过程中，只受重力，水平飞出，水平方向不受力，竖直方向只受重力。

规律分析：从 A 到 M 做匀减速直线运动，根据牛顿运动定律得式 1.9-1；根据运动学公式得式 1.9-2，可以解得 v_M。

从 M 到 B 做匀减速直线运动,根据牛顿运动定律得式 1.9-3 和 1.9-4;根据运动学公式得式 1.9-5 和 1.9-6,可以解得 t。

水平方向匀速运动、竖直方向自由落体运动。根据平抛运动规律得式 1.9-7 和 1.9-8,可以解得 x'。

【小结】物理问题的研究都是从问题所设置的情境过程分析入手,根据物体受力的特点进行运动规律的描述,在受力分析和运动分析的基础上利用运动学方程和牛顿运动定律将运动用物理公式语言进行描述。这样的过程是一个从现象到本质的动态过程,是学习物理所必须掌握的分析问题的方法。

二、物理习题的核心素养本质

物理学经历了从亚里士多德时代到伽利略时代的发展。在亚里士多德时代由于历史条件的限制,认识事物基本上靠直接观察。直到三百多年前,伽利略建立了科学的研究方法,人类才逐渐通过科学实验的手段深入认识事物的本质,从而确立了物理学利用科学手段认识事物本质的学科本质。物理学告诉人们,任何事物的发生、发展都是有原因的,认识事物不应该只停留于表面的现象,还可以通过物理学中的科学的研究方法和手段进行事物的本质的认识。学习物理学的真正目的就是要能够利用物理学的知识和方法对现实生活中的现象和运动的过程进行本质的分析,并能够利用物理思想和规律进行合理的解释。

分析物理习题,就是从习题所描述的现象、过程出发,根据因果关系进行受力分析或功能关系的分析,认清问题的本质,进一步建立模型,结合规律列方程并解出结果,最后根据实际情况进行分析讨论。结合物理习题的特点,可以总结得出物理习题学习的核心素养本质。

1. 分析现象,即物理观念运用的过程

物理习题中所涉及的现象包括一些与物理知识相关的生活现象、运动过程、相互作用以及能量关系的描述。一般选取学生熟悉的现象或者是生活经历的过程为背景。分析现象的过程就是能够从物理学的视角正确描述和解释自然现象,能够应用所学的物理知识抽象出物理模型,分析运动的过程。

2. 本质研究,即科学思维进行的过程

事物之间都是相互联系的,事物的发生和发展都有一定的因果关系。比如物体的运动总是与力联系起来,物体受到怎样的力就会做怎样的运动;又比如功是能量转化的量度,什么形式的能量转化一定联系着什么力做功;等等。本质的研究过程就是根据问题解决的需要建构合适的模型,并能够进行恰当的分析和

推理,如受力分析、运动分析和功能关系的分析等,从而找到分析问题的合理途径。

3.分析规律,即理论科学探究的过程

在厘清各种物理关系的基础上,针对各个运动过程结合相应的物理规律(运动学规律、牛顿运动定律、动能定理、机械能守恒定律等)确立相应的方程,从而得出结论。最后还要根据物理问题的特点,讨论和检验结论是否符合客观实际。也就是针对相应的现象和过程,确定相应规律和方法,确定合理研究方案的过程;列出方程即是用相应物理术语进行描述和分析的过程,最后得出结论并结合实际进行讨论,是一个对研究过程进行反思总结的过程。

4.物理习题有效培养科学态度与责任

物理习题的研究是对实际问题的一种描述分析,通过对问题的分析讨论使学生认识到物理学与社会生活、前沿科技的密切联系,激发学生学习物理学的兴趣。通过习题背景的研读,学生认识到物理学的研究是人类有意识的探究自然的过程。通过习题中各种关系的研究使学生认识到实际研究过程中需要坚持实事求是,需要团队合作,需要考虑到人与人之间、人与自然之间的种种关系,从而能够自觉遵守伦理道德规范,养成自觉保护环境、节约资源、促进可持续发展的良好习惯。总之,通过物理习题学习可以促进学生科学态度和责任的形成。

【例2】如图 1.9-4 所示是游乐园的过山车,其局部可简化为如图 1.9-5 所示的示意图,倾角 $\theta=37°$ 的两平行倾斜轨道 BC、DE 的下端与水平半圆形轨道 CD 顺滑连接,倾斜轨道 BC 的 B 端高度 $h=24$ m,倾斜轨道 DE 与圆弧 EF 相切于 E 点,圆弧 EF 的圆心 O_1,水平半圆轨道 CD 的圆心 O_2 与 A 点在同一水平面上,DO_1 的距离 $L=20$ m,质量 $m=1000$ kg 的过山车(包括乘客)从 B 点自静止滑下,经过水平半圆轨道后,滑上另一倾斜轨道,到达圆弧顶端 F 时,乘客对座椅的压力为自身重力的 0.25 倍。已知过山车在 $BCDE$ 段运动时所受的摩擦力与轨道对过山车的支持力成正比,比例系数 $\mu=\dfrac{1}{32}$,EF 段摩擦不计,整个运动过程空气阻力不计。($\sin 37°=0.6$, $\cos 37°=0.8$, g 取 10m/s²)

(1)求过山车过 F 点时的速度大小。

(2)求从 B 到 F 整个运动过程中摩擦力对过山车做的功。

(3)如图过 D 点时发现圆轨道 EF 段有故障,为保证乘客安全,立即触发制动装置,使过山车不能到达 EF 段并保证不再下滑,则过山车受到的摩擦力至少多大?

图 1.9-4

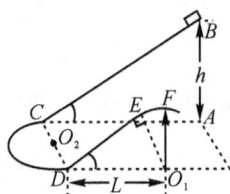
图 1.9-5

【解析】现象分析:如图 1.9-5 所示,过山车从 B 到 C 做匀加速直线运动;从 C 到 D 做加速度变化的速度减小的圆周运动;从 D 到 E 做匀减速直线运动;从 E 到 F 做圆周运动。

本质分析:过山车从 B 到 C 过程中受力分析如图 1.9-6;从 C 到 D 的过程中由于受到摩擦力的作用,引起速度变化,导致弹力也发生变化;从 D 到 E 的过程中受力分析如图 1.9-7;从 E 到 F 做圆周运动,在 F 点的时候受力分析如图 1.9-8。

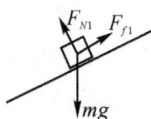
图 1.9-6

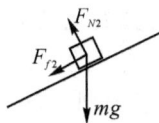
图 1.9-7

图 1.9-8

规律分析:在 F 点,根据圆周运动规律,合外力提供向心力有 $mg - F_N = m\dfrac{v^2}{r}$,由题可知 $F_N = 0.25mg$,代入数据可得 $v_F = 3\sqrt{10}$ m/s;

从 B 到 F 的过程中由于有匀变速直线运动、曲线运动,且曲线运动过程中弹力和摩擦力是变化的,故对 B 到 F 段利用动能定理有:$mgh_{BF} + W_f = \dfrac{1}{2}mv_F^2$,代入数据解得 $W_f = -7.5 \times 10^4$ J。

触发制动后恰好能到达 E 点,对应的摩擦力为 F_{f_3},从 D 到 E 利用动能定理有

$$-F_{f_3}L\cos\theta - mgr\cos\theta = 0 - \dfrac{1}{2}mv_D^2$$

未触发制动时,对 D 点到 F 点的过程,根据动能定理有

$$-\mu mg\cos\theta \cdot L\cos\theta - mgr = \dfrac{1}{2}mv_F^2 - \dfrac{1}{2}mv_D^2$$

联立方程并代入数据得 $F_{f_3} = 4.6 \times 10^3$ N

要使过山车停在倾斜轨道上,摩擦力为 F_{f_4},根据受力平衡可以知道

$F_{f_4} = mg\sin\theta = 6 \times 10^3$ N

综合上面分析可得:$F_{f_m} = 6 \times 10^3$ N

【小结】本题取游乐场过山车为背景,设置匀变速模型和圆周运动模型,圆周运动中由于摩擦使速度减小导致弹力发生变化。问题的设置遵循客观世界的时间空

间变化规律,要求学生对问题所给出的现象进行物理本质的分析,找出物理规律列出相应方程,进而解决问题。通过该问题的分析,培养学生分析问题、解决问题的能力。

物理习题的学习就像考驾照过程中上车实践练习的环节,是整个学习过程中的重要环节。物理习题的学习不仅有助于掌握新知识,更是对已掌握知识的激活与运用,促进新的物理观念的形成。在习题解决的过程中,通过分析推理、建构模型、联系规律、列出方程并计算讨论等综合分析,可以培养学生的科学思维和探究素养。物理习题坚持以客观事实为基础,联系社会生活、前沿科技,通过对物理习题的研究不仅可以激发学生学习物理学的兴趣,培养学生利用物理学去促进社会进步、科技发展的社会责任感,同时也培养学生实事求是、立足实际、自觉遵守伦理道德规范、保护环境等的良好习惯,有效促进科学态度与责任等核心素养的发展。

第十节　雁过有声,教亦有痕

——一道选考题引发习题教学对核心素养培养的思考

【例】为了探究电动机转速与弹簧伸长量之间的关系,小明设计了如图 1.10-1 所示的装置,半径为 l 的圆形金属导轨固定在水平面上,一根长也为 l,电阻为 R 的金属棒 ab 一端与导轨接触良好,另一端固定在圆心处的导电转轴 OO' 上,由电动机 A 带动旋转。在金属导轨区域内存在垂直于导轨平面,大小为 B_1、方向竖直向下的匀强磁场。另有一质量为 m,电阻为 R 的金属棒 cd 用轻质弹簧悬挂在竖直平面内,并与固定在竖直平面内的"U"型导轨保持良好接触。导轨间距为 l,底部接阻值也为 R 的电阻,处于大小为 B_2、方向垂直导轨平面向里的匀强磁场中,从圆形金属导轨引出导线和通电电刷从转轴引出导线经开关 S 与"U"型导轨连接,当开关 S 断开,棒 cd 静止时,弹簧伸长量为 x_0;当开关 S 闭合,电动机以某一转速匀速转动,棒 cd 再次静止时,弹簧伸长量为 x(不超过弹性限度)。不计其余电阻和摩擦等阻力,求此时:

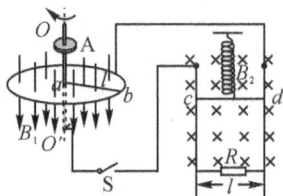

图 1.10-1

(1)通过棒 cd 的电流 I_{cd};

(2)电动机对该装置的输出功率 P;

(3)电动机转动角速度 ω 与弹簧伸长量 x 之间的函数关系。

【解析】(1)S 断开、cd 棒静止时,有 $mg = kx_0$　　　　　　　(1.10-1)

S 闭合、cd 棒静止时,有 $mg + B_2 I_{cd} l = kx$　　　　　　(1.10-2)

联立上述方程解得:$I_{cd} = \dfrac{mg(x - x_0)}{B_2 l x_0}$　　　　　(1.10-3)

(2)回路总电阻 $R_Z = R + \dfrac{1}{2}R = \dfrac{3}{2}R$　　　　　(1.10-4)

总电流 $I_Z = 2I_{cd} = \dfrac{2mg(x - x_0)}{B_2 l x_0}$　　　　(1.10-5)

由能量守恒,得 $P = I_Z^2 R_Z = \dfrac{6m^2 g^2 R(x - x_0)^2}{B_2^2 l^2 x_0^2}$　　　(1.10-6)

(3)由法拉第电磁感应定律 $E = \dfrac{\Delta \Phi}{\Delta t}$,

可得 ab 棒转动切割磁感线产生的感应电动势 $E = \dfrac{1}{2}B_1 \omega l^2$　　(1.10-7)

回路总电流 $I_Z = \dfrac{E}{\dfrac{3R}{2}}$　　　　　　　　　　　　　　　(1.10-8)

且 cd 棒有 $mg + B_2 I_{cd} l = kx$

联立上述方程可以解得：$\omega = \dfrac{6mgR(x - x_0)}{B_1 B_2 l^3 x_0}$　　　　　(1.10-9)

一、方法归纳

　　解答电磁感应综合问题一般需要搞清楚三个关系：运动过程的关系、等效电路的关系和物体受力的关系。这三个关系在具体问题的发生和发展中相互制约，呈现一个闭合三角形的过程（图1.10-2）。解决电磁感应综合题的思维过程都可以按照这个闭合三角形的过程进行分析。

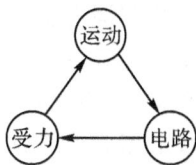

图 1.10-2

二、思维呈现

　　（1）明确运动过程

　　ab 棒在磁场 1 中匀速转动切割磁感线；cd 棒在磁场 2 中，在开关断开时是静止的，开关闭合最后稳定时也是静止的。

　　（2）画出等效电路

　　ab 棒切割磁感线相当于电源，根据右手定则可知 b 端相当于电源的正极，导体棒 cd 和电阻 R 并联，等效电路如图 1.10-3。由于棒 ab、cd 和电阻 R 的电阻相等。可以知道电路中的总电阻为

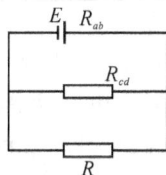

图 1.10-3

$R_Z = \dfrac{3R}{2}$，通过 cd 的电流方向是从 d 到 c，大小和流过电阻 R 上的

电流相等，都为总电流的一半，即 $I_Z = 2I_{cd}$。

　　（3）准确受力分析

　　开关断开时，cd 棒保持静止，对 cd 棒受力分析可得 $mg = kx_0$（式 1.10-1）。开关断开时，由于流过 cd 的电流方向是从 d 到 c，根据左手定则可以判定 cd 棒所受的安培力方向竖直向下，可以得到 $mg + B_2 I_{cd} l = kx$（式 1.10-2）。联立 1.10-1 和 1.10-2 就可以解得流过 cd 棒的电流。根据能量的关系可以知道，电动机对该装置提供的能量转化为电能，最终全部转化为焦耳热。根据能量守恒定律可以得出式 1.10-6，结合电路规律得出式 1.10-4 和 1.10-5，联立式 1.10-3、1.10-4、1.10-5和 1.10-6 就可以解得电动机对该装置的输出功率。第（3）小题是要找 ω 和 x 的关系，x 是弹簧的伸长量，弹簧拉着 cd，所以还是要从 cd 的受力情况入手，即利用式

1.10-2,结合电路规律(式 1.10-7 和 1.10-8),就可以解得最后结果(式 1.10-9)。

三、习题教学中核心素养的培养

总结上面的解析和思维过程可以看出,本题的解答过程无论是从内容上还是解题的方法上都体现了当前比较流行的核心素养目标要求。中小学课程发展核心素养强调培养以人为本的终身学习者,包括自主行动、沟通互动、社会参与三大方面,具体为身心素质和自我精进、系统思考与解决问题、规划执行与创新应变;符号运用与沟通表达、科技信息与媒体素养、艺术涵养与美感素养;道德实践与公民意识、人际关系与团队合作、多元文化与国际理解。因此,本题中问题情境的设置、物理知识、物理方法以及对学生的能力的要求等方面都充分体现了学科教学对学生核心素养的培养。

1. 自主行动素养

(1)身心素质和自我精进

该素养的核心内涵是具备身心健全发展的素质,拥有正确的人生观与自我观,同时透过选择、分析与运用新知,有效规划发展生涯,探寻生命意义,不断自我精进,追求至善。每次重大考试对学生的心理素质都是一种锻炼,像这样有大量文字叙述的问题对学生来说更加是一种考验,稳定健全的心理素质是解决难题的关键。能够稳定、冷静、准确地从大量文字中快速有效地找到有用的信息,做好清晰的规划,是对学生身心素质发展的目标要求。上述题目从装置的意义到装置的详细介绍都是通过大量文字描述出来,准确理解文字内容、对解题的过程做好清晰的规划,就是一个自我精进的过程。

(2)系统思考与解决问题

该素养的核心内涵是具备理解、思辨、推理批判的系统思考与后设思考素养,并能行动与反思,以有效处理及解决生活、生命问题。物理学与生活科技联系十分密切,是自然科学的重要基础。真实的生活和科技是物理学的源泉,所以在具体解题过程中应该准确把握和运用真实时空观。上述题目的时间过程有两个:第一个是开关断开,第二个是开关闭合。空间场景有两个:第一个是棒 *ab* 在磁场1中做圆周运动切割磁感线,第二个是在磁场2中 *cd* 棒静止。分清时间和空间上的这两个过程是解决问题的关键。这样的分析过程中充分体现了物理学的时空观,物理事件的发生和发展遵循时间和空间的规律,所以遵循时空发展的系统思考与解决方法是研究物理问题的最佳途径,也是学生在学习成长过程中所要掌握的终身学习必备素养。

(3)规划执行与创新应变

该素养的核心内涵是具备规划及执行计划的能力,并试探与发展多元专业知能、充实生活经验,发挥创新精神,以适应社会变迁、增进个人的弹性适应力。上述题目中,对磁场 1 中 ab 棒切割磁感线产生电动势的判断要用右手定则,而对磁场 2 中 cd 棒所受安培力的分析就需要切换成左手安培定则。在右手定则中大拇指的方向代表运动的方向,而在左手安培定则中大拇指的方向则是代表受到安培力的方向。通过这种在解题过程中对不同的场景、不同的过程进行不同方法、不同角度、不同手段的转换应用,可以促进学生的规划执行和创新应变素养的提高。

2. 沟通互动素养

(1)符号运用与沟通表达

该素养的核心内涵是具备理解及使用语言、文字、数理、肢体及艺术等各种符号进行表达、沟通及互动,并能了解与协同他人,应用在日常生活及工作上。物理问题的解决过程要求学生能够读懂文字描述,能够将文字信息转换成图象直观表达;能够将图象信息用简洁的数学公式进行表示;能够利用数学手段准确解出结果;能够用物理语言准确地将计算结果进行简洁的描述;等等。这些过程都能够帮助学生深入探究世界的本质,并运用科学符号标识自己认识的内容和过程,最终帮助学生快速有效地与他人团队、自然世界、科技媒体等进行和谐顺畅的沟通,从而促进学生科学沟通表达素养的发展。

(2)科技信息与媒体素养

该素养的核心内涵是具备善用科技、信息与各类媒体的能力,培养相关伦理及媒体识读的素养,并能分析、思辨、批判人与科技、信息及媒体的关系。在科技高速发展,信息高度发达的互联网社会,每天都有大量的信息堆在人们面前,有用的没用的、国内的国外的、近的远的、娱乐八卦的、新闻的、美食的、农业的、军事的,等等。搜寻信息并从所获得的信息中快速准确获取对自己有用的信息是非常重要的一种能力。类似上述问题,物理的习题通常以生活经历、社会科技等为背景,学生利用所掌握的知识对题中所给信息进行筛选,判断出哪些是有用的,哪些是没用的,有用信息之间又是怎样的联系,该如何去运用,等等。通过这种问题的解决,无形当中培养了学生科学地筛选信息的能力,提高了信息媒体素养。

(3)艺术涵养与美感素养

该素养的核心内涵是具备艺术感知、创作与鉴赏能力,体会艺术文化之美,透过生活美学的省思,丰富对真美善的人和事物进行赏析、建构与分享的态度和能力。能否高质量地生活,享受社会、自然带给我们的快乐,取决于一个人是否具备艺术涵养与审美素养。物理学是研究物质运动和物质结构的科学,是探究物质世界规律的学科。物理学中常用的研究方法是从简单到复杂,从理想到实际。为了研究的方便,有时将物质世界的实际物体抽象为一个简单的模型进行研究,例如质点、重心、点电荷等。这是建立物理模型的过程,也是一种大胆的艺术感知与创造。

比如上述问题中,利用等效电路将整个装置中的电路的情况表示出来,这不仅需要物理学的知识,更需要美感素养和对实际事物进行科学构建的能力。在解决物理问题的过程中,通过使用等效法、理想法、模型法、类比法、对称法等科学方法不仅可以锻炼学生科学解决物理问题的能力,还可以提升学生的艺术涵养,促进审美素养的提高。

3. 社会参与素养

(1)道德实践与公民意识

该素养的核心内涵是具备道德实践的素养,从个人小我到社会公民,循序渐进,养成社会责任感及公民意识,主动关注公共议题并积极参与社会活动,关心自然生态与人类可持续发展,展现知善、知乐与行善的品德。如何培养学生的道德实践和公民意识是当今教育的一大主题。例如,当今社会能源问题是一大主题,如何有效解决能源问题事关人类生存,每位学生都要有责任意识。物理学与社会生活科技联系十分密切,物理学的很多发展成就都是在促进社会大发展的过程中不断取得的。比如上述题目的物理背景正好是与科技有关的,电动机的转动使得 ab 棒切割磁感线,产生电动势,所以这就是一个相当于发电机的装置。那么能否在这个装置的基础上改造出一个更大的更实用的发电机以供生活所用呢?鼓励学生带着一种为社会为人类做贡献的意识,将自己所掌握的知识和能力投入到实践创造中去。

(2)人际关系与团队合作

该核心素养的核心内涵是具备友善的人际情怀及与他人建立良好的互动关系,并发展与人沟通协调,包容异己,社会参与及服务等团队合作的素养。人生来就是社会人,一定会存在与他人、社会之间关系的处理的问题。当今社会错综复杂,一个人不可能完全具备各种能力。所以,恰当处理人际关系以及与团队进行很好的合作是一种非常重要的立足社会的能力。上述问题中对文字叙述详细解读的过程犹如处理人际关系过程中理解他人一样,解题过程中对一些物理量之间关系的把握及对所列方程进行求解的过程与团队合作过程中进行自如的调动类似。从一个过程到另一个过程的自然过渡,从一个场景到另一个场景的顺畅切换,都能够给学生提供虚拟世界的模拟训练,有利于学生人际关系处理能力和团队合作能力的提高。

(3)多元文化与国际理解

该素养的核心内涵是具备自我文化认同的信念,并尊重与欣赏多元文化,积极关心全球议题及国际形势,且能顺应时代脉动与社会需要,发展国际理解、多元文化价值观与世界和平的胸怀。任何一门学科都不是独立的,物理学也不例外。对物理习题背景的理解、物理模型的抽象、物理方程的得出以及最后的求解讨论的过程等,无不要求学生运用物理知识以外的知识和方法进行解决。这就需要学生能够将物理之外的知识很好地融合进来,形成真正的跨学科的多元素养。物理学的时空观,教会学生如何进行局部与整体的把握,使学生在处理问题的过程中能够统领全局、粗中有细、科学辩证地分析问题。物理习题的多过程、多场景、多生活情境、多科技背景、多文化元素等特点,有利于促进学生未来发展中所需要的多元文化和国际视野的培养。

"教是为了不教,学是为了能够自己学",这就是我们的教育教学目标。用当下流行的说法就是,教育教学过程中要培养学生的科学核心素养,培养学生终身学习的能力。"雁过有声,教亦有痕",物理习题的教育功能也非常重要。在物理习题中,物理量之间的时间关系、因果关系、空间关联等关系都一一展现,物理事件的发生发展具有时间先后顺序、前因后果和空间上逐步迁移、环环相扣的性质。整个物理问题就是一个有机的整体,犹如被赋予了生命的艺术品。物理习题教学能够有效提高学生的建模能力、空间想象能力、实践与创新精神与能力、数学能力、艺术审美的能力,能够有效培养学生严密的思维、严谨的逻辑、科学辩证地分析问题的能力等,可以有效促进学生核心素养的提高。

第二章　物理与生活相融

　　物理学研究的是客观世界的物质结构、运动和规律。学习物理的目的是领悟物理思想、掌握物理方法，进而更好地理解生活中的现象及运动的本质。物理教学紧密联系生活中的现象或学生的亲身经历，充分体现了物理学的实用价值。将物理与生活有机相融，帮助学生形成在生活中学习物理、将物理应用于生活的意识，即"物"与"理"相济，以达到"知"与"能"齐发的目的。

第一节 从生活走向物理,从物理走向社会

"教育要面向未来、面向世界、面向现代化",随着社会的不断发展、时代的不断进步,我国的教育逐渐步入世界教育轨道,逐步实现从传统型、单向型的教育向系统型、选择型的教育转化,确立了培养学生全面自由发展的科学素养和综合素质,突出学科核心素养的教育目标。21 世纪,我国进入教育转型的关键时期,素质教育及新课程改革明确提出了对于物理教育的要求:从生活走向物理,从物理走向社会。这就要求我们物理教育工作者,特别是中学物理教师,要从一定广度、深度和高度上进行认识、理解和把握这一目标要求,并以此为方向,在物理教学中让学生的科学素养和综合素质得到真正全面的发展,培养学生适应未来社会和实现终身发展的必备品格和关键能力。

一、从生活走向物理

1. 从生活走向物理是基础教育课程改革的目标要求

当今世界,教育的发展与变革已成为各国应对日趋激烈的国际竞争的重要战略手段。经过近两百年的发展,各国的教育体制框架已经基本搭设完成,当代教育的发展逐步聚焦在变革学校课程与教学的层面上。在新中国成立后的半个多世纪里,我国进行了多次重大的基础教育课程改革,在相当程度上回应了我国教育所面临的挑战和现实问题。当前在科教兴国、立德树人的战略指导下,党和国家对基础教育工作给予了高度重视,并要求未来的基础教育应有助于培养能够适应新世纪科技革命需要的善于应对国际竞争的新型人才。这种人才培养的任务对现行的基础教育课程的发展提出了新的要求:改变以往课程内容难、繁、偏、旧的倾向和单一的课程结构,构建起能充分体现综合性、均衡性、多样性和选择性的新的基础教育课程体系。对于物理教育课程的改革突出了以人为本,注重从生活走向物理,从物理走向社会的思想,注重激发学生的学习兴趣,培养全体学生的分析、解决问题的能力和创新实践的能力。

2. 从生活走向物理是学生综合素质发展的需要

中学生是社会主义现代化建设的接班人,是祖国未来发展的中坚力量之所在。

他们需要具备的是德、智、体、美等各个方面真正全面的科学素养和综合素质,所以教师要树立"用多把尺子去量度每一位学生"的思想意识,要多方面、全方位有效快速地促进学生真正的发展。我们不仅要重智力更要重能力、重科学素养的培养,而且还应尽可能地为学生的综合素质得到全面发展创设有利的条件,促进学生综合素质及各方面能力的提高。我们的教育应该是维持和发展中学生对周围自然界的好奇心,并构筑起他们自主探索自然界的信心,培养他们热爱科学、追求科学的兴趣和情感,以使学生感到有信心、有能力去投入科学和技术的工作。

3. 从生活走向物理是由物理学本身的特点所决定的

物理学是一门以实验为基础,以概念、规律为核心,以数学为工具,具有严密逻辑体系的自然科学。物理学的应用十分广泛,与科学技术的发展和社会进步都有密切的联系,对于人们提出问题、分析问题、解决问题的科学的方法论具有科学的指导意义。在物理教学中,应将物理问题与学生生活、现代社会、科技发展联系起来,强调学生的主体地位,倡导学生主动参与、乐于探究、勤于动手、勇于实践,培养学生的问题意识、信息意识、研究意识、合作意识和创新意识。在物理现象、过程、模型的教学过程中,可以给学生更长的时间和更广的空间,充分发挥学生的积极性、主动性,帮助学生认识自我、建立自信,培养学生对科技的兴趣,激发求知欲,培养良好的科学素养。物理学与学生生活、现代社会及科技发展密切相关,与当代科学技术发展的重要成果和新的科学思想密切相关,因此在物理教学中,应充分利用这些科技发展的先进成果来体现物理学的核心思想,让学生掌握物理学的严密思维和独特的方法。

二、从物理走向社会

科学类课程的教学目标应该强调"使人们理解科学在人类发展历史上的地位和应用",这是在广大民众中改进科学认识的主要依据。为什么要在民众中进行科学教育? 人们常常借用的回答是"科学知识对人们的日常生活是有用的"。然而,由于人们受追求物质和获取功利观念的支配,加上这种说法已经被教师、家长及社会过分地加以引用,以至于当学生感到他们在学校中所学习的知识实用性不明显时,就会产生这样或那样的不满。事实上,学校课本上的知识总能在一定程度上体现出对自然界的理想化和模型化,而实际情况要比老师引入概念时的简化情况复杂得多。因此,从学习掌握物理基本概念、物理规律到应用这些概念和规律去解决实际问题,通常需经过重新加工和重新组织。例如,在现实生活中,人们几乎可以完全不懂计算机、汽车、电视机和录像机的工作原理而能熟练地应用它们。因此,21 世纪的物理教育,不应再只侧重于知识的本位,不应只注重概念和规律,而应注重概念的形成、规律的应用,应该让学生懂得科学探索是怎样进行的,鼓励他们在日常生活中提出创新的思想,做出创造性的探索。

1. 利用物理教学培养学生的创新能力

创新不仅是科学发展所必需的,而且也是科学本身所具有的基本品质。在物理教育中,如果没有使学生获得系统的物理学知识和物理学方法的启迪,这样的物理教育是不完整的。同样,在物理教育中如果没有使学生获得创新的认识和创新的经验,这样的物理教育也是不完整的。没有怀疑的目标,缺乏探索的好奇心,远离发现的乐趣,以这种方式学到的物理知识,即使是完整可靠的、非常系统的,也不过是一大堆"僵死"的现成结论。1995 年,联合国教科文组织副主席 G. 马克斯在国际物理教育学术研讨会上指出:"我们必须教育我们的孩子去尊重自然、经济和社会现象;去认清未知情况(理解);去展望从未发生过的事情(预言);如果预料正确,就去行动(发明)。但是这只是科学家们的方法,真正的科学家在他们的观察与理论不一致的时候是最为幸福的,也将是他们寻找新模型之时。"

(1)通过对学生认知能力的培养,激发学生创新意识

世界是可以被认知的,宏观世界与微观世界的发展,人类的过去、现在和将来等都在空间和时间线索(或这两者之外的线索)中有一个逐渐被认识的过程。物理学研究的是物质的结构、物质运动规律和对客观世界的认识问题,物理学的研究过程是一个认识逐渐发展的过程。在物理教学过程中,我们应该用生活中的一些现象、事件来反映物理问题、物理规律,并且用物理概念、物理语言对生活中的问题、现象进行归纳。让学生体会到物理学是人类在认识世界、感悟生活过程中逐渐形成的一些经验总结,一些用理论所表示出来的对世界、对生活的归纳,并且也要让学生体会到这些认识在整个世界领域中仅仅是一小部分,让他们感受到未知领域的广阔。同时,给予学生探索未知世界、未知领域的勇气和信心,激发学生开拓未知领域的欲望,培养开发未知科学的创新意识。

(2)培养学生的发展意识,提高学生的创新思维

社会在发展,人类在进步。学生在学习过程中不断接受了这种发展思想的教育,但很少有人形成真正的发展意识。在物理教学中我们应有目的地培养学生唯物主义科学的发展观。事物是不断发展变化的,人类的认识是一个不断发展的过程,物理学家研究物理的过程也是物理科学逐渐发展的过程。通过物理学的教学应该让学生体会到科学的发展趋势,认识到发展是需要一定条件的,而且有时很快有时很慢,甚至有些发展在表面上看来似乎是一种倒退。通过对物理学中发展的历史条件、科学条件的一些教学,培养和锻炼学生这种为发展而创造条件的能力,教会学生如何去认识和促进事物真正有效的发展,树立正确的发展观。在学生智力和认识的发展过程中,提高学生的科学创新思维,从而又反过来促进学生更进一

步的发展。

（3）树立学生的竞争意识，提高学生的创新能力

创新不仅是一种意识，更是一种能力，它会随着认识的逐渐深入不断提高和发展。恰当培养学生的竞争意识，可以激发斗志，促进创新动力的迸发。在教学中激发学生之间的竞争意识，可以营造班级的学习气氛，可以促使学生为实现自己的理想而不断改进学习方法和学习态度，从而提高自身的学习能力，实现更高的目标；在班级之间树立这种竞争的意识，可以提高学校的整体质量；如果在学生之间培养一种民族、科学的竞争意识，则可以培养学生的爱国主义精神，不断激发学生努力学习的志气。中学生是热血青年，为了班级，为了学校，为了祖国，他们可以做到努力学习，努力提高自己的各方面的素养。可以说，竞争意识可以使一个人激发出无穷的潜力，可以促使学生不断地去努力，去提高，去创新。

2. 利用物理教学，培养学生的实践能力

物理学是一门以实验为基础的自然科学，与日常生活有着密切的联系。物理教学不应以使学生学会物理学家已经创造出的知识为目的，而应该把物理学家认识世界的模式和科学思维方法贯穿在教学过程中，使学生在学习前人所创造、积累的知识基础上能创新性地去开拓前人没有涉及的知识领域，去掌握这种提出问题、分析问题和解决问题的能力。

（1）利用物理教学，培养学生提出问题的能力

著名物理学家爱因斯坦曾经说过："提出一个问题比解决一个问题更重要。"这里的问题，并非是一个随意的"为什么""怎么样"。我国在国际奥林匹克竞赛中获得的冠军金牌数量很多，可是我们培养出的诺贝尔奖获得者为何如此之少?! 诺贝尔奖获得者杨振宁感慨：祖国的人才对科学理论知识掌握得很好，可就是提不出一个像样的问题。我国许多高校毕业生在撰写毕业论文的时候都直接向导师要毕业论文的课题、题目，可见我们的人才非常缺乏这种提出问题的能力。而在物理学中，科学的研究方法、思考问题的思维贯穿始终，因此我们应利用对物理问题的研究和思考的教学来培养学生对周围事物的深层次的理解、对客观世界的科学的质疑、对权威的挑战和对信息的准确获取和交换的能力，培养学生在不同的条件下、从不同的角度提出不同深度的问题的能力。

（2）利用物理教学，培养学生分析实际问题的能力

现代社会是信息高度密集的社会，复杂程度日趋加深，辨别信息、选择信息、准确及时获取信息的能力显得越来越重要。在物理教学中，利用物理学的特点，通过对物理问题、物理规律、物理过程的分析，培养学生这种科学、辩证地分析问题的能力，提高学生在信息高度密集、复杂的社会中准确、迅速地获取有效信息的能力，并且能迅速对其进行科学的分析，做出合理的反应，为有效、合理地解决

问题打好科学的基础。学生是祖国未来发展的建设者,未来世界日趋多元化、复杂化,为了使祖国得到持续快速的发展,我们必须培养一批具有很强的分析问题能力的接班人。因此,在物理教学中应充分挖掘物理学的自身特点和潜在功能,利用解决物理问题的逻辑思维、科学的方法,培养学生能适应未来发展的分析实际问题的能力。

(3)利用物理教学,提高学生解决实际问题的能力

现行的课程标准非常注重学生各种能力的培养,针对物理教学特别提出:要让学生对科学的方法进行实践,培养学生解决实际问题的能力。物理是以实验为基础的学科,实验教学是物理学的一大特色,而物理实验与现实生活、科学技术联系十分密切,既注重实践操作,又注重理论反思。因此,在物理教学中应充分利用物理实验这一特色,通过学生对实验的提出、实验的设计、实验的操作、实验的分析等过程锻炼学生解决物理问题的能力,从而提高学生在现实生活中解决实际问题的能力。新课程改革也提出了在物理课程中进行科学探究、开展探究式学习的新要求。因此,我们也可以利用学生对实际生活中的物理问题进行物理方法探究的过程,来培养学生将生活与物理思维相互结合的意识,进而提高学生的解决实际问题的能力。

3.利用物理教学,培养学生终身学习的能力

高中物理课程的宗旨是进一步提高学生的科学素养,从知识与技能、过程与方法、情感态度与价值观三个方面培养学生,提高全体学生的科学素养,为学生终身发展、应对现代社会和未来发展的挑战奠定基础,促进学生自主地、富有个性地学习,培养学生终身学习的理念和能力。

(1)利用物理教学树立学生生存理念,建立学生终身学习动力之源

由于过去的教材内容难、繁、旧、偏,教材知识与生活实际严重脱节,很大一部分学生在学习过程中感到十分吃力。而且,人们受到追求物质和获取功利观念的影响,致使许多学生和部分家长产生"学习有什么用?""为什么要进行教育?"的想法,使学生的学习失去了原有的动力。随着现代社会的快速发展,随着社会复杂程度的急剧加深,随着科学理念的不断完善,有更多的人越来越深地认识到,一个时代、一个国家、一个社会、一个人的发展和生存,都必须进行不断的总结与学习,进而促进自身的发展。因此,在科学技术飞速发展的今天,与高科技有密切联系的物理学担负着非常重要的历史使命。在物理教学中,我们应不断加强对学生的民族意识、生存理念的教育,不断改进物理教学手段、教学方法,让物理与生活、社会联系得更加密切。让学生体会到学习物理是我们每个人的生存需要,是我们国家的发展需要。让学生从生存的角度意识到"为了生存而去学习物理",在学习过程中源源不断地产生动力。

（2）利用物理教学，培养学生终身学习的思维和方法

在物理学中，浓缩着物理学家高度组织化的、在解决问题中行之有效的、广泛的知识和方法。因此，在物理教学中，应让学生充分体会科学家的这种长期从事科学研究的科学精神，体会科学的研究方法和思维方式，培养和锻炼他们探索和研究科学的兴趣和能力。物理学具有独特的研究问题的方法，在物理教学过程中，结合生活和社会的实际问题，将物理学从简单到复杂、从理想到实际的科学研究方法自然有效地渗透给学生，让学生体验科学的研究过程，进而培养学生在实际问题中不断研究、不断学习的理念和思维方法。

（3）利用物理教学，提高学生终身学习的科学能力

社会在不断发展，时代在不断进步，所以应该培养学生能不断学习和持续发展的能力。学生不论在生理上、认知上还是思维上，都在不断成长、成熟和发展。学校教育仅仅是一个非常短暂和有限的过程和空间，要想让每一个学生有很好的发展，就必须培养学生"如何学习"及"坚持学习"的方法和能力。只有掌握了这种能力，学生才能不断学习、不断发展，也才有能力去促进社会、时代更进一步的发展。利用物理与生活联系密切的特点，以及物理的实验化研究方法，充分在物理教学中开展探究式学习，让学生针对不同的实际问题，采取不同的物理方法和手段，借助不同的有效的工具合理有效地解决。

三、整合"生活·物理·社会"，促进生活、物理、社会和谐发展

生活中有许许多多的物理现象和物理规律，可以说，物理学来自生活，而又用于生活、社会。将物理与生活、社会有机整合起来，是我们物理教育的目标，也是社会发展的需要。在生活中学习物理，又将物理应用于生活、社会的各个领域，为我们的社会发展、人类文明的进步服务，是物理教育的历史使命。物理教育是为了让物理能在社会发展、人类文明进步中发挥更好、更重要的作用，而这一作用的发挥只能依靠人这一载体。因此应将生活、物理、社会整合起来，培养和提高学生的科学素养和综合素质，帮助学生掌握和运用科学的方法和手段，有力地推动社会的快速发展，促进人民生活水平的不断提高，充分发挥物理学的历史作用。

1. 生活与物理整合，丰富生活和物理

生活与物理联系十分密切，生活中的许多现象、情境都是物理学很好的素材。从生活走向物理，让生活不断地丰富物理，使物理更加生动、自然；用物理去解释生活，可以使生活变得丰富而且更加和谐。例如，在振动教学中，我们可以把弦乐器引进来，研究振动与声波及驻波的问题；还可以结合北京的天坛公园，让学生从物理角度探究我们最感兴趣的三大声学奇迹。将弦乐器引入物理教学中，使物理有

了艺术色彩;将物理知识应用到弦乐器中,更显出其科学性,也体现出物理学丰富生活的特点。

2. 物理与社会整合,促进了社会的发展

社会的发展离不开科学技术的发展,而物理学与科学技术有着密切的联系,物理学在科技发展中起到了十分重要的推动作用。将物理学应用于社会,是物理学的意义之所在,因此,在物理教学中应充分体现物理对社会的价值。比如对于新能源的教学,我们可以先以热门话题"能源"为背景,设计一些信息题,介绍一些用物理知识解决人类未来所需能源的方法,体现了物理对人类的生存和发展有着非常重要的作用,以此激发学生学习物理的兴趣,促进学生的发展。

3. "生活·物理·社会"整合,促进人类文明的发展

生活与社会是一个整体,物理是这一整体中必不可少的一种手段,物理来自生活,而又为社会的发展服务,所以我们必须树立生活·物理·社会整合的意识,让物理在生活和社会这一大整体中充分发挥作用,为社会的不断发展服务。在物理教学中,应该让学生体会到这一点。近年来,我国航空航天事业迅速发展,成为世界上第三个载人飞船上天的国家,以此为背景,可以设计一类信息题,体现物理在我国科学技术发展中的重要作用。有机整合生活·物理·社会,可以有效地促进人类社会的高速发展。

"从生活走向物理,从物理走向社会"是物理教学的目标要求,是物理学科核心素养的综合体现,更是社会发展对物理教学所提出的历史要求。作为物理教育工作者,应随着时代的发展、社会的进步不断更新教学理念,从根本上认识物理学在整个社会发展过程中的重要性;不断改进教学方式、方法,创新教学手段,借助不同环境中不同内容的教学培养学生的核心素养。

第二节　"物"与"理"相济，知与能齐发

物理研究什么？该怎么学习物理？从物理的学习中能够获得什么？这是中学物理教学需要重点解决的问题。从学生角度来看，知道了物理研究什么就可以清晰了解物理，也就可以结合自己的情况制定学习物理的方法和途径，进而明白通过物理的学习能够获得怎样的效果和能力。从教师角度来看，了解物理的本质才能够知道在物理教学过程中利用什么样的方法和手段去培养学生的知识和能力，能够做到精准高效地教学。

物理学是一门研究客观世界的物质结构和一般运动规律的学科。其中的"物"体现了客观世界客观存在的事物、事件和因果，而"理"则体现了通过主观意识总结归纳得到的概念、规律和方法。正确理解"物"和"理"的关系可以帮助师生准确认识物理本质，能够让学生深刻体会物理思想方法，同时也可以有效促进学生物理核心素养的培养。

一、"物"中有"理"，"物"中究"理"

物理学研究的是客观世界中事物或事件的现象和规律，学习物理的过程就是对生活中的现象或者是运动进行分析研究，获得更深入的感性的认识，并能从中总结归纳得出更深刻的理论规律。物理学告诉我们，生活中的现象都蕴含着一定的物理规律，探究生活中的现象和运动可以习得物理学的重要知识和能力，掌握分析问题、解决问题的方法。

1. 归纳客观事物，形成精准物理概念

物理学与生活联系十分密切，许多物理现象、物理背景来自生活。利用学生熟悉的或经历过的生活情境作为物理学研究的切入点，可以拉近学生与物理学的距离，激发学习兴趣，降低思维坡度。物理概念是物理学家们在长期观察和分析一系列事实或实验的基础上，判断相关因素，抽象概括一系列具体现象的共同特征得出来的。可以说，物理概念是观察、实验与科学思维相结合的产物。

准确理解物理概念是学生正确客观认识客观世界的标志，清晰理解物理概念反映学生对客观世界的正确的认识，有利于学生形成正确的认识分析客观世

界的方法和思维。从学生熟悉的生活现象出发,发动学生结合亲身经历和已经掌握的相关知识对客观事物进行再认识、深分析,最后总结抽象这些具体现象的共同特征,并用简洁准确的物理语言进行表述,达到对物理概念的准确清晰的理解。

例如,在学习加速度概念的时候,可以先播放一段运动员起跑、大巴车启动、摩托车启动、飞机起飞及火箭发射等视频资料。让学生归纳总结视频中现象的共同特征:物体的运动不断加快。这里就涉及至少三个概念:第一个概念是把运动员、大巴车、摩托车、飞机和火箭统一看成物理学中的研究对象——物体,再具体一点就是在脑子当中形成质点的概念。第二个概念是运动的概念,物体的位置在不断变化,这就是机械运动。第三个概念是运动在不断加快,也就是运动的速度在不断增大。这三个概念是学生已经掌握的知识。通过观看视频,学生可以讨论得出所有物体的速度在不断增大。那么速度增大的快慢是不是一样的呢?学生结合生活经验,从感性上得出各个物体速度的增加快慢不一样。该如何去描述物体速度变化的快慢呢?这时发动学生讨论,结合上一节学过的速度概念,就可以很自然地引出加速度的概念。学生可以清晰地理解加速度是一个描述物体速度变化快慢的物理量,可以从本质上理解加速度与速度概念的不同之处。为了加深对加速度概念的理解,培养学生准确分析客观事物的能力。在学生得出"视频中的各个物体速度的变化快慢不一样"的结论后,接着问:以上哪个物体的速度增大最快?学生很容易回答:是火箭。但问题是没有统一的时间和地点进行比较,怎么办?利用对比实验。这时候就可以激发学生利用已有的知识储备,设计两个不同的物体拉动小车,利用打点计时器分别测出小车运动过程中的速度,在相同的时间内得到两者速度的变化情况,可以直观得到哪辆小车的加速度较大,从而掌握加速度的定义。还可以分别取不同的时间得出速度的变化,再求出加速度,达到进一步深入理解加速度的概念和计算方法。这样通过对生活中常见的现象进行认识分析,结合物理实验进行深入探究,不仅让学生学习了物理知识,更让学生经历了对物理知识的探究过程,同时也激活了学生已经掌握的相关知识和能力,让学生头脑中的物理知识脉络有机联结起来,让物理概念更加清晰准确。

2. 分析客观秩序,形成清晰物理规律

客观世界的秩序就是时间和空间的发展秩序。事物的发展都在连续的时间和空间范畴之内,所以时间和空间是所有事物发生、发展中必定存在的两条重要线索。研究现实生活中物体的运动和事物的变化是物理学的重要的内容,如何能够清楚分析物体的运动,准确理解物体运动的本质,掌握物理学的重要规律是物理教育教学的重要任务。

分析总结客观世界里物体的运动发展主要有两类情况:第一类是遵循时间延

伸、空间变迁而发展,按照事件发展的时间和空间顺序逐步设置问题,在物理中叫多过程问题;第二类是根据事件发展变化的需要,有几个不同的具体情境连接拼凑在一起的,为多场景问题。现实生活中事物的发生、发展都是遵循时间和空间发展的秩序,在物理的学习过程中应该培养学生遵循时空发展意识,培养学生能够准确把握时间节点和寻找空间架构的能力。客观世界物体的运动和物质的结构都是有规律的,通过对事物发生发展的时间和空间的秩序的分析,掌握现实生活中物体运动的物理本质,从而可以清晰准确地理解物理规律。

【例 1】为了提高自行车夜间行驶的安全性,小明同学设计了一种"闪烁"装置,如图 2.1-1 所示,自行车后轮由半径 $r_1 = 5.0 \times 10^{-2}$ m 的金属内圈、半径 $r_2 = 0.40$ m 的金属外圈和绝缘辐条构成。后轮的内、外圈之间等间隔地接有 4 根金属条,每根金属条的中间均串联有一电阻值为 R 的小灯泡。在支架上装有磁铁,形成了磁感应强度 $B = 0.10$ T、方向垂直纸面向外的"扇形"匀强磁场,其内半径为 r_1、外半径为 r_2、张角 $\theta = \pi/6$。后轮以角速度 $\omega = 2\pi$ rad/s 相对于转轴转动。若不计其他电阻,忽略磁场的边缘效应。

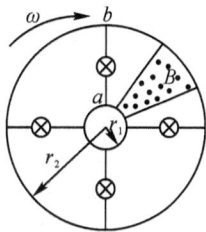

图 2.1-1

(1)当金属条 ab 进入"扇形"磁场时,求感应电动势 E,并指出 ab 上的电流方向。

(2)当金属条 ab 进入"扇形"磁场时,画出"闪烁"装置的电路图。

(3)从金属条 ab 进入"扇形"磁场开始,经计算画出轮子转一圈过程中,内圈与外圈之间电势差 U_{ab}-t 图象。

(4)若选择的是"1.5 V　0.3 A"的小灯泡,该"闪烁"装置能否正常工作?有同学提出,通过改变磁感应强度 B、后轮外圈半径 r_2、角速度 ω 和张角 θ 等物理量的大小,优化前同学的设计方案,请给出你的评价。

问题的核心事件是自行车后轮的转动,在转动过程中,4 根金属条会先后在磁场中切割磁感线。厘清过程,题(1)中问题的设置是从 ab 金属条进入磁场开始的 [如图 2.2-2(a)]。ab 进入磁场时在磁场中切割磁感线,利用右手定则不难判断电流方向由 b 到 a,电动势的大小可以根据导体棒转动切割磁感线计算,$E = \frac{1}{2}Bl^2\omega$,$E = \frac{1}{2}Br_2^2\omega - \frac{1}{2}Br_1^2\omega$,代入数据有 $E = 4.9 \times 10^{-2}$V。

题(2),根据图 2.2-2(a)和右手定则可以画出等效电路,如图 2.2-3。

题(3),只要把 ab 棒转动过程中各个时刻所对的状态搞清楚就可以求得不同过程[图 2.2-2(b)~(g)]中的 U_{ab},进而可以画出 U_{ab}-t 图象(图 2.2-4)。

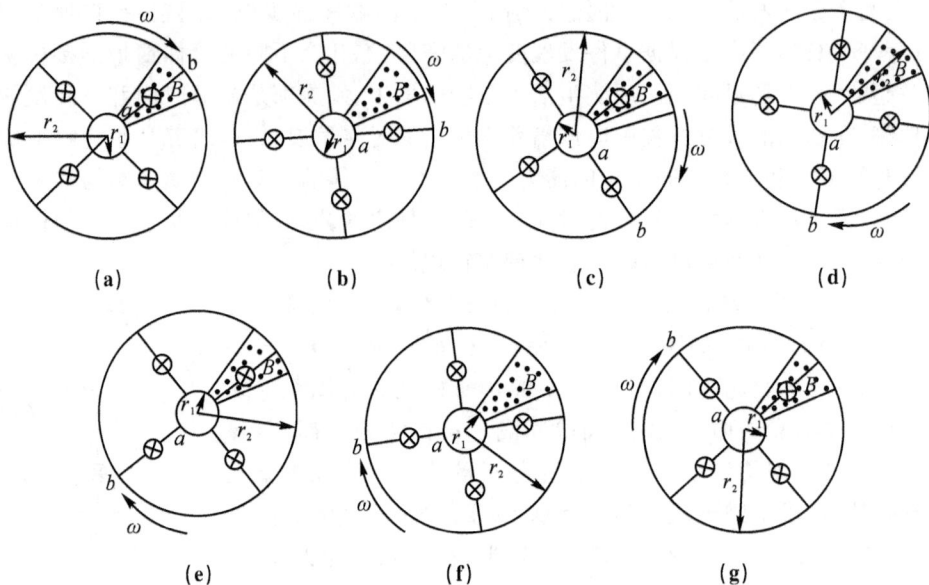

图 2.2-2

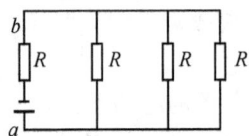

图 2.2-3

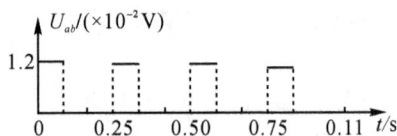

图 2.2-4

题(4),要求学生能够对生活中的问题进行物理量的估算,对真实物理世界有一定的了解,对问题解决方案进行论证,对结果进行分析评价。如果对客观世界的时空观念没有很好地把握,要完整求解是比较困难的。

整个问题的解答首先要求学生对整个空间结构很清晰,需要有将纸面上的文字转换成能够随着时间的变化空间位置建构不断变化的一帧帧图像[图 2.2-2(b)~(g)]。然后借助于已经掌握的知识,联系等效电路、电磁感应相关知识解决问题。

在物理教学过程中,让学生掌握事件发展的时空顺序,厘清物体的运动过程,是培养学生掌握分析问题、解决问题的重要方法,也能让学生更好更清晰地掌握物理学规律。

3. 探究客观因果,形成严谨物理推理

从哲学角度看,事物的发生、发展都遵循一定的因果规律,因果规律既是哲学思考也是物理学研究的重要思想方法,许多物理学的重要研究都是在寻找原因、追寻根源的过程中发现的。物理学告诉我们,事物之间都是相互联系的,事物的发

生、发展都有前因后果。对现实事物的客观原因的层层深入探究过程,其实就是一个严谨的分析推理过程。在物理学发展过程中,科学家们对力和运动之间关系的探索,就是一种对客观世界中客观因果的探究过程,并在此基础上发现力是改变物体运动状态的原因,在力和运动之间有更加具体的关系,只要探究物体运动表现出来的现象就可以推理得到物体受到什么样的力。

物理习题的研究分析过程也充分体现物理学中对客观因果的探究的过程。

【例 2】如图 2.2-5 所示,匝数为 100 匝、面积为 0.01 m^2 的线圈,处于磁感应强度 B_1 为 $\frac{1}{\pi}$ T 的匀强磁场中。当线圈绕 O_1O_2 以转速 n 为300 r/min匀速转动时,电压表、电流表的读数分别为 7 V,1 A。电动机的内阻 r 为 1 Ω,牵引一根原来静止的、长 L 为 1 m、质量 m 为 0.2 kg的导体棒 MN 沿轨道上升。导体棒的

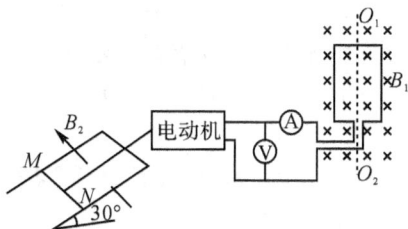

图 2.2-5

电阻 R 为 1 Ω,架在倾角为30°的框架上,它们处于方向与框架平面垂直、磁感应强度 B_2 为 1 T 的匀强磁场中。当导体棒沿轨道上滑1.6 m 时获得稳定的速度,这一过程中导体棒上产生的热量为4 J。不计框架电阻及一切摩擦,g 取 10 m/s^2。求:

(1)若从线圈处于中性面开始计时,写出电动势的瞬时表达式;

(2)导体棒 MN 的稳定速度;

(3)导体棒 MN 从静止至达到稳定速度所用的时间。

【解析】这个问题可以分为三个场景。这三个场景同时发生,相互之间有联系,相互的联系充分体现出物理学中的客观因果关系。如图 2.2-6 所示,A 区中线圈在匀强磁场中匀速转动,产生正弦式交流电,正弦交流电流过电动机使得 B 区中的电动机转动。电动机转动拉动 C 区中的导体棒。再对各个阶段列出相应规律方程,可以说这就是对应的各个阶段的因。

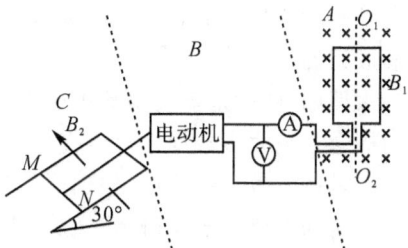

图 2.2-6

A 区:$E_m = NB_1S\omega$,其中 $\omega = 2\pi f$,代入数据可以得到:$e = 10\sin 10\pi t$ V

B 区:是电动机的问题,$UI - I^2r = Fv$(其中的 U、I 是 A 区中所输出的交流电的有效值,F 是联系 C 区中拉 MN 的细线的拉力,v 是 MN 运动的速度)。

C 区:导体棒 MN 在电动机通过细线拉力的作用下从静止到稳定的运动过程。导体棒向上切割磁感线,电流从 M 到 N,导体棒 MN 稳定,说明此时 MN 受力平衡(图 2.2-7),则 $F = mg\sin 30° + B_2I'L$。

结合上面的方程和相关数据,最后可以解得结果:$v = 2$ m/s。

另外,最后一个问题也是发生在 C 区,导体棒从静止到稳定的过程利用能量守恒定律,有:$Fvt - mgh = \frac{1}{2}mv^2 + Q$,可以得到 $t = 1$ s。

可见,对于物理问题的研究重点在于寻找客观因果,这是需要学生亲身体验的过程,也是物理学与数学不同的地方。每一个物理方程的得出都是有客观依据的,在学习过程中加强学生对客观事物的究因式的探究,可以培养学生严谨的分析推理能力,科学的分析问题、解决问题所需要的逻辑思维能力。

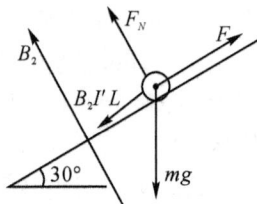

图 2.2-7

二、"理"高于"物","理"指向"物"

物理学与生活联系十分密切,可以说物理学源于生活而又高于生活。我们通过对生活中现象的分析,总结归纳出物理规律和方法,然后又用物理学的方法去研究生活中的现象,探索更深刻的规律和本质,进而又指导我们的生活实践。

1. 运用物理概念,清晰认识客观事物

物理概念是从大量同类物理现象和物理过程中抽象和概括出来的,是构成物理规律的基本单元,概念理解是否正确反映了学生对客观事物的理解是否准确。正确引入物理概念、准确理解物理概念、全面掌握物理概念,是学习和使用物理学的基础和前提。准确运用物理概念有助于学生形成对客观世界的正确认识,最终形成正确的人生观、价值观。

例如,碰撞是现实生活中非常普遍的现象,碰撞的概念是物理学中一个很重要的概念。绝大多数学生对碰撞概念的理解都会有一种非常接近但又有点朦胧的感觉。具体在教学过程中,根据碰撞前后速度方向是否在一条直线上,可以把物体分成正碰和斜碰。根据碰撞过程中机械能是否守恒可以把碰撞分为弹性碰撞和非弹性碰撞。其实不管是哪一种碰撞,在学习过程中学生头脑中的碰撞基本上局限于小球模型的碰撞,而且对于碰撞过程中的物体形状的变化和能量变化的具体过程并不十分了解。为此,可以在学习碰撞的概念之后,利用课余时间带学生到附近的娱乐场打台球,趁着打台球的时候,对于正碰、斜碰以及弹性碰撞和非弹性碰撞等概念进行实地讲解。同时,还可以拓展介绍小球与桌壁之间近似弹性碰撞的过程类似于光的反射规律,为学生以后学习牛顿的光的粒子说打下基础。为了让学生对弹性碰撞有更深刻的理解,建立小球和弹簧的模型并结合动画播放让学生理解碰撞的具体过程,再播放汽车安全检测的视频录像展示碰撞过程产生的力量和危害,最后将碰撞的过程拓展到子弹打击木块、子弹穿过物体的过程。

整个过程建立在学生对物理概念有初步理解的基础上,结合生活中的真实情

境进行深入的探究,再提炼概念的本质含义,最后对物理概念进行理论的抽象和生活实践的拓展。这样的学习能够激活学生已经掌握的知识,学生通过亲身体验深入学习未知的或还比较模糊的知识,能够更加清晰地认识客观事物,掌握事物的本质。这样的学习不仅让学生对所学知识有深刻的认识和正确的理解,同时激发了学生学习的兴趣,培养了学生正确认识客观事物的方法与能力。

2. 掌握物理规律,准确分析物体运动

物理规律是物理现象或物理过程在一定条件下发生、发展和变化的本质联系,是构成物理知识结构的砖石和框架,是物理学的核心内容,是培养学生能力、发展智力、形成技能、掌握方法的载体。中学物理教学过程无一不是以物理规律的建立、理解、运用为主线而引申、展开和深化的。物理规律教学是中学物理教学的重点也是难点。掌握规律,正确理解规律的含义,关键在于学会如何应用规律,应用规律、准确分析现实生活中的现象和运动的本质。

例如在讲"自由落体运动"时,经历如下过程。

问题:一张纸和一枚硬币同时释放,谁先落地?

学生:硬币先落地。(因为学生的生活经历告诉他们,硬币要比纸下落得快,这是纯粹的生活经验)

操作:一只手把一张纸几乎贴着地放置而另一只手将硬币高高举起。

学生:应该是从同一高度释放。(因为学生已经知道必须要在相同条件下进行实验)

操作:将一张纸揉成一小团,与硬币从同一高度同时释放。现象:纸团和硬币几乎是同时落地。学生们深度疑问。

操作:把未揉成团的纸和硬币同时释放。现象:纸片确实比硬币下落得慢。

然后让学生对这一系列的实验进行讨论总结,最后借助牛顿管得出"在没空气阻力的情况下,物体下落的快慢一样"的正确结论,使自由落体概念清晰明了。

追问:自由落体运动是匀变速直线运动吗?

学生:是。

问题:该怎么研究匀变速直线运动的性质? 匀变速直线运动有什么规律? 该怎么研究?

师生讨论,总结得出可以利用打点计时器,通过对纸带的分析来判断物体做自由落体运动的物体是否匀变速直线运动,最终得出自由落体运动是初速度为零的匀变速直线运动。通过不同小组的实验还发现,大家求得的加速度几乎是相等的。进而得出自由落体加速度也叫重力加速度,地球上同一地方的重力加速度是一样的,所以同一地点做自由落体运动的物体下落快慢是一样的。

整个对自由落体运动的研究过程,都是在掌握匀变速直线运动规律的前提下进行的。根据已知的匀变速直线运动规律,结合学习匀变速直线运动过程中的研究方法,借助实验手段准确得到自由下落的物体的运动规律。

3.学会物理方法,深入探究事物本质

教学的目的是提高学生的各项科学素养,培养学生适应未来社会所需要的必备品格和关键能力,形成正确的价值观,成为德、智、体、美全面发展的人。物理教学的目标不仅是让学生学习物理知识,更是要让学生学会一种思维,一种解决问题、分析问题的方法,然后利用这种思想,结合正确的方法,去解决实际生活中的问题,为社会服务,推动人类文明进步。自三百多年前伽利略开创实验研究的方法以来,物理学方法在各个领域显示出非常重要的作用,对人类社会的发展起到非常积极的推动作用。实验是物理学的一大特色,通过实验,既可以让学生体会真实的物理现象、物理过程,又可以让学生在分析这些现象、解决这些问题的过程中学会一种分析问题的思想和解决实际问题的方法。

在中学物理中,打点计时器是一个非常重要的仪器。利用打点计时器不仅可以记录物体运动的时间,还可以记录物体运动的位移。位移反映了物体运动的空间变化,所以说打点计时器是一个能够同时记录物体运动的时间与空间变化的仪器。理解打点计时器的原理对学会使用打点计时器有很大帮助。在速度教学中,根据速度的定义,只要测出物体运动的时间和位移就可以求出物体的速度。测量时间可以用表,测量物体的位移呢?测量位置不变的情况下只要在物体上做标记,然后利用刻度尺测出所做两个标记之间的距离就可以得出位移。但实际情况下物体通常可以看成质点进行研究,长度不会太长,怎么办?可以在物体的后面拉上一条长长的纸带,当物体运动的时候,只要让测量人员每隔相同时间在纸带上打点,那么只要数出两个点之间的间隔个数就可以得到时间,用刻度尺测量两点间的距离,就可以得到位移。可见用打点计时器打下纸带,可以读出时间,这就是打点计时器的名称的由来。借助于刻度尺可以得出位移,所以可以求得物体运动的速度。各个时刻的速度知道了,加速度也就可以求,还可以利用两点之间时间间隔相等的规律,进行匀变速直线运动规律的研究。既然利用打点计时器可以测得物体的速度,所以与速度有关的研究都可以借助打点计时器。例如,探究速度与时间的关系、探究功与速度变化的关系、验证机械能守恒定律、探究碰撞中的守恒量等。

学习打点计时器不仅是为掌握一种物理学研究的仪器,更是为学习一种研究的方法。物理学中的研究方法都是科学家们在长期研究过程中不断总结得出的科学精髓。在具体教学过程中,应当从生活实际中出发,让学生在运用方法的过程中理解物理方法并学会利用简单的仪器,一方面使物理知识得到巩固,物理问题得以解决;另一方面培养学生分析、解决问题的能力,树立物理学中理想化模型的思想,提高深入研究事物本质的能力。

三、"物""理"相济，知行合一

"物"是指客观事物或事件，是现实生活中的现象或运动的过程。"理"是人们对客观世界的感性和理性的主观意识，是对现实生活中的现象或运动的深入的认识和归纳。"知"是知识，"行"就是学习实践。知识的学习过程就是利用物理手段和物理方法，对客观世界中的现象和运动等过程进行分析研究的过程，学习的过程是一个亲身体验、全程参与的过程。物理的学习需要学生积极动脑动手，联系自身所学的知识或者是结合自己的生活经历对所研究的问题进行观念化、过程化、理论化、系统化，再利用物理学的手段和工具进行深入探究，从而获得更多的规律。高效学习物理的过程，是一个知行合一、知能并进的过程。

1."物"即"理"，究"物"为索"理"

物理学是长期以来许许多多的物理学家为了推动人类社会发展、探索客观世界的奥秘，不断总结思想、完善方法、改良工具，在遵循客观规律的情况下归纳得到的物理概念规律和方法。可以说，物理学就来自客观世界，是在对物的研究中探索理。好奇心是人的天性，看到是什么总想知道"为什么"。人们就是在这种好奇心的驱动下不断探索自然，了解自然发展所遵循的规律，掌握其中的"理"，从而更加清晰地了解客观世界，准确把握事物的本质。

在讲到"动量定理"这节课时，设计这么一个实验：用一支粉笔将一条纸带压在桌面上，先请一位女同学上来将纸带抽出来，这位女同学小心翼翼地拉纸带，结果粉笔还是倒下了；然后请一位男同学来拉，他用力猛地一拉，结果粉笔晃了几下还是倒下了；最后教师用左手拉直纸带，右手在纸带中间迅速一敲，结果纸带拉出来了，粉笔几乎纹丝不动。为什么会有这三种情况呢？发动学生讨论。提示学生根据动力学的方法，结合受力分析运动分析进行研究。研究的对象是粉笔，不管用什么方法把纸带抽出来粉笔受到的摩擦力都是一样的，所以产生的加速度是一样的。拉动的越快，力作用的时间越短，粉笔获得的速度越小，运动状态改变越小，所以不会倒下。也就是说，作用力以及作用的时间与物体的运动状态的变化是有关系的，这个关系就是动量定理。这就是通过对客观现象（即"物"）的分析研究，利用已经掌握的知识，分析得出规律（即"理"）的过程。还有一些人表演"单手碎石"，其实是在打击前的一瞬间让石块稍微抬高，然后迅速击下，作用时间越短产生的力也就越大，所以石块就被打碎了。当然这种表演其实就利用了物理学的知识，再加上适当的练习便可达到表演时候的自然流畅。接着，对学生说：江湖骗子就是利用了这种小伎俩骗取钱财，希望同学们努力学习科学知识，练就"火眼金睛"去识破这些骗术，为社会、为人民服务。以此鼓励学生努力探索真理，培养学生勇于探索的科学精神。

2."理"亦"物",行"理"究新"物"

物理学研究客观世界的物质结构和运动规律,客观世界是物理学的源泉,即"理"源于"物"。理是物的理,也就是通过对客观现象事物的研究归纳总结得出物理规律,然后运用得到的物理规律去指导新的探索,研究新的现象和运动,进而得到新的规律,这就是物理学的研究过程。

在讲"动量定理"这一节内容时,可演示"高空落蛋"实验:第一次,老师用细线一端拴牢仿真塑料鸡蛋,然后跨过几米高的支架,把鸡蛋缓缓拉至几米高后放手。放手前停顿一下,问学生:放手之后鸡蛋下落会怎样?主观意识告诉我们鸡蛋肯定是会破的。老师做好配合,在鸡蛋的正下方放上一个盆子,放手,学生发出惊呼。结果鸡蛋在惊呼声中弹了回来,原来是一个弹性仿真鸡蛋。第二次,老师偷偷换上真鸡蛋重新拉高准备放手。学生在第一次的基础上心里放松多了,结果鸡蛋落入盆里,蛋液四处飞溅,溅出了盆子。学生顿时非常安静,这是一次意料之中的"意外"。第三次,老师将真鸡蛋缓缓拉起来时,学生屏住呼吸,眼睛盯着鸡蛋,这次换了一个底部装有海绵的盆子。鸡蛋落下,结果并没有看到第二次那样"蛋液四溅"的情形,鸡蛋完好无损。总结以上三次实验:第一次为了引起更大的兴趣,第二次直接掉在盆子里,第三次利用海绵的缓冲作用。鸡蛋从同样高度下落,有海绵的没有破,说明第二次鸡蛋受到的力小一些。那为什么海绵放上去作用力变小了呢?其他的材料可不可以呢?学生讨论后得出结论:还可以是沙子、水或弹簧。老师先用沙子做实验,鸡蛋掉入沙子里完好;然后用大的玻璃水瓶装水,让鸡蛋落入水中,鸡蛋完好;再换成弹簧,鸡蛋完好。接着引导学生思考,还可以直接用细线绑着鸡蛋释放,结果线一绷紧就断了;然后把细线换成橡皮筋,结果鸡蛋上下跳动,橡皮筋没有断。最后师生共同总结得出:延长作用时间可以减小力的作用。将一类碰撞的问题放在一起研究有利于学生对动量定理的掌握。如现实生活中的蹦极模型、跳高运动员的垫子,还有安全带必须要用弹性绳等。根据物理学的知识,利用物理学的手段,研究生活中学生熟悉的问题,获得更加清晰准确的物理规律是物理教学的高效方法。

3."物""理"相济,知能并进

学习的主要目的就是通过对客观事物的研究获得更加理性的认识,既要研究物又要获得理。物理学习的过程就是一个探索客观世界、探究物理规律的过程,是一个学习物理知识同时也是获得物理能力的过程。

比如,形变是一个概念,是一个学生从感性认识上就可以轻松理解的概念。"发生形变的弹簧、气球、木板对使其发生形变的物体会有力的作用"这一点学生根据已有的知识比较容易理解。但对于"物体放在桌面上,受到桌面对它的弹力的作用是由于桌面发生形变而产生的"这一说法,学生却很难理解。为什么?因为生活中,用眼睛再怎么仔细观察都没有看到桌面发生弯曲,看不到形变。怎么办?利用物理学手段——做实验。先演示"玻璃瓶的形变"实验。先出示装红墨水的大型椭圆玻璃瓶,用教棒轻轻地敲打玻璃瓶,使它发出清脆的响声,让学生确信用来做实验的是真玻璃瓶。再让手劲比较大的学生用力挤压玻璃瓶,问:大家看到玻璃瓶发生形变了吗?学生对于手的形变很清楚,但没有看到玻璃瓶的形变。然后在玻璃瓶中装红墨水,并不完全装满,离瓶口不到一点。让学生用手捏,还是看不到。这时再加墨水,然后用插有细玻璃管的瓶塞塞住,使液面升到瓶塞上的细玻璃管的中段。先用力沿着椭圆玻璃瓶的短轴方向捏,发现玻璃管中的液面上升了。这是什么原因,瓶子形变了吗?还是由于手的温度使液体受热膨胀了?本来看不出来的,现在利用细玻璃管可以看到,这就用到了放大的思想。再沿着椭圆玻璃瓶的长轴方向一捏,可以明显看到细玻璃管中的液面下降了。这可以充分说明,玻璃瓶的容积变大了,所以液面下降了,也就是说手捏玻璃瓶,玻璃瓶也发生了形变。接着,利用激光器演示桌面的形变,进一步加深学生对固体形变的印象,使学生对弹力产生的原因理解得更加透彻。这样的研究过程中学生不断运用物理知识逐个解决新出现的问题,是问题探究式的学习过程,充分体现"物"与"理"之间的逻辑关系,是从"物"到"理",再从"理"到"物",层层推进的严谨清晰的思维分析过程。

　　物理学研究的是客观世界的物质结构和运动规律,与生活联系十分密切。"物"就是客观世界的事物,"理"就是事物发生发展变化的过程中所遵循的本质规律。学习物理需要研究客观世界的"物",目的是要掌握其中的规律形成主观意识中的"理"。物理学习过程中利用已经掌握的物理知识、物理方法和物理手段对各种客观的现象、运动进行分析研究,明确各种概念、厘清各个运动过程,找到事物发展的逻辑关系,形成发现问题、分析问题和解决问题的能力。学习的过程不仅是掌握知识的过程,更是学会学习、培养能力的过程。学会学习的关键在于能够分析客观事物的逻辑关系,通过对客观事物的研究,形成正确的观念,进而形成正确的价值观,掌握终身学习所需的各种能力。

第三节　中学物理学习路径分析

物理学是自然科学的重要基础,许多物理规律和方法都是在人们不断认识自然的过程中总结出来的,所以说物理学源于生活而又高于生活。高中学生已经具备了丰富的生活经验和活动体验,掌握了认识自然的一些方法和技能,形成了一定的思维方式和观念。但在实际物理学习过程中,许多学生在学习中都有一种上课听听能懂、想想似会、做做不动的困惑。究其主要原因是没有掌握物理学的特点,没有厘清学习物理学的有效思路。物理学的概念规律以及研究的思维方法等都有其特定的形成和发展方式,遵从其特点和规律就能找到学习物理的高效路径,从而达到精准高效的教与学的目的。

路径一:从现象到规律,分析推理路径

纵观物理学发展史可以知道,物理学的绝大部分研究都是从对现象进行观察和思考开始的。从一个现象开始,然后再去寻找大量相关的其他现象,通过对大量现象的思考分析,归纳出共性,形成简洁语言表述即为规律。也就是说,物理学中的概念、定义、规律的发生与发展有一定的路径,即从现象观察开始,然后经过分析、推理、总结和归纳而成。

步骤 1　多现象判得浅规律

以"对自由落体运动规律的研究"为例进行分析。根据已经具有的生活经验可以知道,成熟的果子会从树上掉下来,枯老的树叶也会从树上掉下来。用大量不同的物体做下落的实验,可以看到所有的物体在自由释放以后都是向下落,这是学生已经具有的一种观念。从观察中还可以看到不同物体下落的快慢是不一样的,比如,果子要比树叶下落快得多。为什么呢?经过认真对比思考发现,果子比树叶重。结合生活中的事实:石头下落也比树叶快,梳子下落比纸下落得快,等等。总结得到浅规律:落体运动中,重的物体比轻的物体下落得快。

步骤 2　细分析推得深规律

下落运动中果子和石子下落的快慢很难用肉眼进行分辨。换用更重的石子和果子(石子比果子重)相比较,换用更轻的石子与果子(石子比果子轻)相比较,发现结果也是很难分辨。那么到底是不是物体的轻重导致物体下落的快慢不一样呢?借用物理学史进行分析,亚里士多德认为:重的物体下落的比轻的物体下落得快。伽利略对此提出了反驳:按照重的物体下落得快的理论,如果把两个物体绑在一起,重的物体拖着轻的物体下落,应该是比重的物体单独下落得慢,比轻的物体单独下落得快。但是从另外一个角度来讲,把两个物体绑在一起应该是比重的物体还要重,要比重的物体单独下落得快一些,这与前面介于两者之间相矛盾。总结得到深规律:并不是物体越重下落得越快。

步骤3 小实验析得真规律

不同重量的石子下落的快慢几乎都和果子一样,是否说明了影响不同物体下落快慢的因素不是物体的轻重,而是其他因素。物理学的实验研究中常常存在实验误差,石子和果子下落的快慢会不会本来就是一样的呢? 取一张白纸,对折,从中间裁成两半,得到两张一模一样的白纸,将其中的一张揉成纸团,然后从同一高度同时释放,可以看到纸团下落的速度比另外一张纸快多了,这是因为揉成一团后空气的阻力小了很多。然后再将另一半张纸也揉成一团,再从同一高度同时释放,可以看到两者下落几乎是一样快的。总结得出结论:物体下落的快慢不同不是因为物体的轻重不同,而是因为在下落过程中受到空气阻力的影响不同。如果没有空气阻力呢? 在牛顿管(真空管)中让一块铁片和一片羽毛同时下落,可以看到两者下落的快慢是一样的。总结得出真规律:在没有空气阻力的情况下,物体下落的快慢是一样的。

遵从现象到规律的路径,就可以得到物理学研究路径:归纳现象得到初步判断,然后仔细分析推理得到基本规律,最后利用适当的方法并借助一定手段验证前面的判断,从而得到真正的客观规律。与此对应,可以总结得出学习物理的路径:利用已有的观念和知识对现象做出初步判断(即形成初步的新观念),接着运用已有的方法和思维能力进行严密的逻辑分析、推理得到正确的结论(充实得到新的观念或理解新的规律),最后结合其他生活实际确定结论的客观性和正确性(有时需要通过适当的实验手段确定规律的正确性),从而获得知识以及能力的提升。

路径二:从结果到原因,实验探究路径

实验是物理学的一大特点,实验研究是物理学研究的重要手段。实验研究的过程包含了对研究主题的确定、研究方案的制定、研究器械的配置、研究人员的安排,还有研究过程中可能出现的问题的预设,等等。实验研究的过程基本上呈现了一个完整的科学研究过程,也重现了知识构建的具体过程。利用实验研究的教与学的模式,既有利于学生掌握知识,又有利于培养学生分析、解决实际问题的综合能力。由于中学物理教学内容以及学生智力水平和生活经验的限制,中学物理教学绝大部分的实验研究内容都是针对已经知道的规律和结论,即从结果倒着推究原因,在保证大方向的前提下重走其科学研究道路,让学生领略研究道路上的美丽风景。

步骤1 遵从需要制定主题

实验研究具有很强的指向性,即研究什么要有明确的目的。许多能够自觉预习的学生都已经知道基本的结论,同时也已经知道该怎么来研究。在学习的过程中关键就是要厘清为什么要这样来研究、具体研究的操作过程是怎样的、要注意什么问题、还可以怎么进行研究等问题,比如在学习了匀变速直线运动之后,研究自由落体运动的性质。通过对自由落体运动定义的研究突出一个问题:自由落体运动是不是匀变速直线运动?其实,"自由落体运动就是匀加速直线运动"这一点许多学生已经知晓。所以这里的关键是,让学生从已经知晓的结论和匀变速直线运动的规律出发,明确该怎么去研究,为什么要这样来研究,怎么来设计实验。从而拓展思路,培养创新能力。

步骤2　结合条件践行过程

实验研究的重要部分在于学生动手操作,亲自实践。这是一个手脑并用的环节,是一个开放、变化、活跃、互动的过程。但进入实验室后制定的方案是否具有可操作性是要思考的首要问题。所以,进入实验室之后应该指导学生进入沉静的思考状态,首先结合所给的器械和实验室条件,调整好相应的研究方案,熟悉操作流程,明确相关注意事项。接着,根据事先方案进行大胆细心的操作,在实验过程中一边操作一边观察一边记录,有时需要几个人相互协作。例如,在研究自由落体运动的过程中,为了确保物体从静止释放时纸带能够竖直通过打点计时器的限位孔,特意设定用夹子将纸带上端夹住。但在实验室里如何将上端夹子固定牢需要学生自己想办法。如何减小阻力的影响?如何选纸带?纸带怎么处理?都有一定的方法,当然也不是固定的唯一的方法。除了用打点计时器进行研究之外,还能不能用其他的方法更加有效准确地进行研究?实验研究的过程遵从实验方案,但又不应该受限于方案。应该提醒学生及时把握过程中的细节,或许这就是新问题的切入点,或许这就是撬动真理的支点。

步骤3　根据结果深究原因

实验操作结束后会得到一系列实验数据,根据这些数据可以得出相关的结论。实验数据看似是实验的结束,实为研究的开始。分析实验数据、评估实验方案和过程,才能使得出的结论更具科学性,才能让实验更有收获。通过对实验结果的分析处理,可以帮助学生将前面所学的知识与方法以及规律有机融合在一起。例如,在研究自由落体运动的实验完成之后,得出自由落体运动是匀变速直线运动。通过实验发现,不同小组做实验得出的加速度值几乎是一样的。这充分说明,在没有空气阻力的情况下,物体下落的快慢是一样的,同时也说明了快慢一样的原因。生活中看到不同物体的下落快慢不一样是因为受到空气阻力的影响不同。利用对结果的分析可以更加有理有据地寻找表面现象之下的深层原因,同时也可以帮助学生将所掌握的知识、方法和规律系统化。

实验研究的路径通常是:明确研究目的—确定研究方案—根据方案进行实验研究—记录相关实验数据—对实验所得的数据进行处理得出规律。结合中学物理学习的特点可以找到物理学习的实验探究路径:根据所需要研究的结论或规律讨论确定研究的方案,根据方案结合实验条件进行实验研究并记录实验数据,最后在对实验数据处理的过程中究得形成结论的原因。方案的讨论过程是对已有知识方法的运用再创过程,实验操作的过程是实践理论提升能力的过程,最后对结果处理反思的过程是将所有知识、规律、方法及思维有机系统化的过程,整个实验探究的过程就是借实验手段将原有知识和能力进行创造提高的过程。

路径三:从物化到数化,物数本质路径

物理学习中的事物、运动、事件等多属于抽象的概念,许多学生学起来觉得困难的一个重要原因是没有找到合适的着力点和落脚点。在物理学中,许多物理量之间存在定量的关系,物理规律的深层描述也是通过量的关系体现出来的。准确表达量之间的关系必然要借助于数学语言。利用数学语言表示物理量之间的关系也是分析、解决物理问题的重要方面,是学生学习物理学的重要着力点和落脚点。

步骤1 化物现象为量关系

物理学研究的是生活中现象和规律、运动和结构,在具体研究实际问题的过程中通常需要先通过建立物理模型、除去次要因素、简化运动或力的分析,找出所要研究的物理量之间的关系,即将实际物体的运动或现象转化为物理学中物理量之间的关系,只要把物理量关系搞清楚了,就明确了研究的方向,甚至可以推出研究的结果。例如,研究自由落体运动的时候,把物体简化成质点模型即建模。要确定一个物体的运动情况,需要从位移、速度、加速度、时间以及物体受到力等各方面进行研究。要确定自由落体运动的性质,就需要确定其运动的速度随时间的变化情况,即需明确速度和时间的关系。根据匀变速直线运动是加速度不变的运动,确定了加速度与时间的关系就可以确定自由落体运动的性质。也可以从物体受力情况进行分析,若物体在运动过程中只受到重力的作用(或者是受到恒定的力的作用),根据牛顿第二定律可以得到物体的加速度恒定,则可以得出自由落体运动是匀变速直线运动。

步骤2 变量关系为数运算

物理学源于生活而又高于生活,学习物理不仅要学习物理知识,更要掌握物理学的重要方法,从而能够分析和解决实际问题。具体在解决实际问题的时候,先将问题模型化,然后根据规律得到物理量之间的关系。在确定了物理量之间的关系后,把实际问题中所涉及的数据代入方程,将量的关系转为数的运算。数的运算学生从小学就开始,学生比较具有亲切感、实在感和精确感。完整的物理量包含了数字和单位,数字的关系体现实际研究的精确程度,所以在解决实际问题过程中需要通过数的运算来厘清量的关系。解决实际问题必须要用实际测量所得数据之间关系的运算,借助于数的运算来充实和支撑物理量之间关系的真实感。运用一个规律解决实际问题,不仅要能够根据物体的运动现象得出物理量之间的关系,还必须要有相关测量数据代入运算得出的结果。

步骤 3　以数结果理物关系

物理学与数学还是不太一样,对物理学运算的结果还必须要考虑是否与实际生活相符合,是否遵循生活中的现实规律。在数学上能够成立的结论,物理学中不一定有意义。因此解决问题过程中,虽然得到了数学运算的结果,还需要理一理实际物体的运动或现象。例如,在自由落体运动中,需要研究将香蕉皮从 6 层楼上扔出来对楼下行人是否有危险的问题,单凭公式 $v = \sqrt{2gh}$ 无法做出判断。而结合具体的数值,可以得出速度大约为 60 km/h。根据常识,这个速度对人体有危险,从而也说明了高空抛物的危害。又例如,研究雨滴从 10000 m 高空由静止落下来,根据自由落体运动的公式 $v = \sqrt{2gh}$,看不出很大的问题,但代入数据可以得到雨滴落到地面的速度大约为 450 m/s,显然是不可能的。从而可以判断雨滴在下落过程中并非是自由落体运动。

利用物理方法解决实际问题的时候,需要借助科学手段建立物理模型,根据物体运动相关规律得到各物理量之间的关系,然后将物理量的关系通过数学运算得出结论,最后根据数据结论联系实际判断研究的正确性。由此可以确定物理学习的另外一条路径,即物数本质路径:对问题进行分析,根据物理规律寻找物理量的关系,然后利用数学运算代替物理量之间的关系,最后反思研究过程是否严密、合理。这一路径的学习可以让学生充分体验利用物理学知识解决实际问题的过程,体会物理学的价值,同时激发学生学习物理学的兴趣。

物理学与生活联系十分密切,在科学家们长期从事研究的过程中逐渐形成了科学的概念、规律和方法。中学生学习这些概念、规律和方法是为了掌握分析、解决实际问题的方法和能力。结合中学物理学的概念和规律、物理实验探究和物理解决实际问题三大方面的特点,归纳出学习物理的上述三条路径,以此来帮助学生建立清晰简洁的学习思路,进而可以达到高效学习物理的目的。

第四节 知识到素养的跨越

自党的十八大提出把立德树人作为教育的根本任务以来,我国的教育教学目标从根本上发生了变化。从原来的"双基目标",即基础知识和基本技能,到后来的"三维目标",即知识与技能、过程与方法、情感态度与价值观,再发展到现在的"核心素养目标",即培养能够适应个人终身发展和社会发展需要的必备品格和关键能力,形成正确的价值观,培养全面发展的人。可以说,这是教育教学目标的逐渐完善和升华的过程,完成了从知识目标到能力目标再到素养目标的发展过程,实现了"以知识为本"到"以人为本"的重大转变。

核心素养目标最核心的概念是"素养",就物理学科而言,最关键的问题是如何在物理教育教学过程中发展学生的物理素养。物理学科是与生活实践联系最为密切的学科之一,学生的许多生活经历和认识都与物理现象密切相关。然而生活经历、物理现象及物理知识与物理学科素养全面发展之间还存在着一定距离,这个距离到底有多远? 又该如何帮助学生顺利地跨越? 笔者借助学生对于一道物理习题的解答谈几点看法。

一、物理知识与物理素养有多远?

【例1】我国第 21 次南极科考队在南极观看到了美丽的极光。极光是由来自太阳的高能量带电粒子流高速冲进高空稀薄大气层时,被地球磁场俘获,从而改变原有运动方向,向两极做螺旋运动,如图 2.4-1 所示。这些高能粒子在运动过程中与大气分子或原子剧烈碰撞或摩擦从而激发大气分子或原子,使其发出有一定特征的各种颜色的光。地磁场的存在,使多数宇宙粒子不能到达地面而向人烟稀少的两极偏移,为地球生命的诞生和维持提供了天然的屏障。科学家发现并证实,向两极做螺旋运动的这些高能粒子的旋转半径是不断减小的,这主要与哪些因素有关?

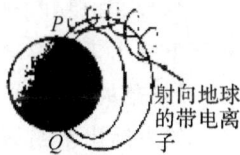

图 2.4-1

【学生解答】

学生 1:①空气对粒子的阻力;

　　　　②北极磁感线的密集度大。

学生 2:①大气层厚度;

②地磁场磁感应强弱。

学生3：①越靠近两极，地磁场越强；

②有空气阻力；

③粒子的速度减小。

学生4：①空气阻力对粒子做负功，其动能减小；

②两极磁感应强度增大，r 减小。

学生5：①受阻力影响，v 减小；

②接近地磁两极，B 变大。

学生6：①空气阻力；

②南北两极磁感应强度。

学生7：$F = vqB$，$F = \dfrac{mv^2}{r}$，高能粒子旋转的向心力由洛伦兹力提供，粒子越靠近两极，B 越大，故 F 越大，又因 v 不变，故 r 减小。

【现象和素养分析】

从学生的解答里可以知道，许多学生都提到了"空气阻力"因素，学生2提到了"大气层厚度"，其真正想表达的也是关于空气阻力的问题。粒子在运动过程中会受到空气阻力，这是一种与相互作用相关的生活经验，在这种经验基础上，学生知道，粒子的速度是会减小的，速度减小会影响到洛伦兹力，会导致轨道半径的减小。但是学生缺少整体的物理学科素养，没有利用恰当的物理语言合理地表达证据，从而更加充分地说明理由。

7位学生都提到了"地磁场的磁感应强度"的影响，这说明这些学生也都具备一定的物理知识，但是各自掌握程度是不一样的。其中学生1提到的"北极磁感线的密集度大"，主要还是脑海中具有地磁场的磁感线的分布情况，有一定的物理观念，即属于物质观。学生7虽然求解过程中有错误，但从思路上看出该同学还是具有物理素养的，他能够想到利用物理语言（物理公式）来描述物理证据，但没有注意到由于阻力的存在，将会导致速度减小的问题。

学生3把"由于受到空气阻力而导致速度减小"这个理由拆分为两个理由，这实际上是由于物理素养缺失，只停留在现象和经验层面。

【规范的解答】

笔者给出本题的参考答案如下：带电粒子是做螺旋运动的，考虑粒子做圆周运动的分运动。由洛伦兹力提供向心力，由 $qvB = m\dfrac{v^2}{r}$ 可得，$r = \dfrac{mv}{qB}$。运动过程中由于受到空气阻力的作用，粒子的动能减小，速度减小；同时越靠近两极，磁感线越密集，磁场越强，磁感应强度越大，故带电粒子运动的轨道半径不断减小。

对比学生的解答和参考答案可以看出，物理现象与物理素养之间的距离其实是"一步之遥"。因此笔者认为在教育教学过程中应该利用学生已有生活实践和物理知识,结合物理情境分析,有效培养学生的物理素养,实现从现象、经历到核心素养的跨越式发展。

二、有效实现从知识到素养的跨越

中学生有丰富的生活经历和想象力,随着所学物理知识的增加,物理观念逐渐增强。在学习过程中如何有效利用学生所具有的与物理相关的经历和知识来发展学生的物理素养,从而有效促进核心素养的发展,笔者认为可以从以下几个方面入手。

1. 强化物理量完整性描述,有效提高学生的物理素养

完整的物理量既包括数字也包括单位,但是在实际解题过程中许多学生都没有养成严格规范地使用物理单位的习惯。能否正确完整、简洁描述一个物理量是评判学生是否具备物理核心素养的一项指标,具体可以看例 2。

【例 2】如图 2.4-2 所示是实验室里用来测量磁场力的一种仪器——电流天平,某同学在实验室里,用电流天平测算通电螺线管中的磁感应强度,他测得的数据记录如下所示,请你算出通电螺线管中的磁感应强度 B。

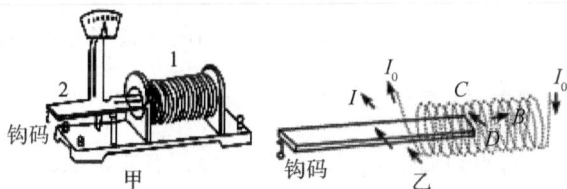

图 2. 4-2

已知:CD 段导线长度为 4×10^{-2} m;

天平平衡时钩码重力为 4×10^{-5} N;

通过导线的电流为 0.5 A。

【学生解答】

学生 1:2×10^{-3} N/(A·m)。

学生 2:2×10^{-3}。

学生 3:2×10^{-3} Wb。

学生 4:2×10^{-3} Wb/m^2。

从学生解答情况可以看出,学生 2 没有写单位,这是物理观念淡薄的一种表现,缺乏物理学科素养。学生 3 是有写单位,但是单位搞错了,说明物理素养欠缺。学生 1 和学生 4 的回答从物理量纲上来说是正确的,但具体的磁感应强度的单位

是"T",没有用最简洁的形式表示单位,这是解题意识欠缺的表现。教师在具体教育教学过程应要求学生严格使用"数字＋单位"表示完整的物理量,使学生产生一种完整使用物理量的习惯,提升学生的物理观念,进而有效培养学生的核心素养。

2. 严谨使用物理语言,有效提高学生的物理素养

物理素养的一个重要表现是能够严谨地使用物理语言描述物理过程和物理现象。具体表现在能够根据物理问题的情境,运用适当的物理规律,列出完整的、正确的、简洁的物理方程。

能否使用严谨规范的物理语言进行描述,反映出一个人是否具有科学的物理素养。一个人具有一定的生活经验,再结合物理的概念可能会有许多和物理相关的观点产生,但仅仅具备物理相关的经验和现象,没有物理素养是很难用准确简洁的语言描述物理问题的。从对例1的解答中可以看到,学生有了物理知识但没有具备真正的物理素养,在表达问题的过程中还是会感觉到语言的苍白和不着边际,显得啰唆且不着重点。教师在具体教学过程中应该培养学生严谨使用物理语言描述问题的习惯,有效促进学生的物理素养的提高。

在例1的解答中,能够根据圆周运动的半径和速度 v 以及磁感应强度 B 之间的关系,结合规范的物理语言进行严谨的描述:$r = \dfrac{mv}{qB}$,运动过程中速度减小;同时越靠近两极,磁感应强度越大,故带电粒子运动的轨道半径不断减小。

3. 规范进行物理表达,有效提高学生的物理素养

物理学有自己的特点,物理的运算、推导过程都有规范表达方式。让学生能够用物理语言规范合理地表达自己的解题思路和过程,是培养学生物理素养的重要途径。学习过的物理概念、物理规律在几年之后都会被忘记,但是在物理学习过程中习得的用准确规范的物理语言表达物理问题的能力是能受用一辈子的,而这种能力的形成也就是物理素养养成的过程。

【例3】如图 2.4-3 所示,一带电为 $-q$ 的小球,质量为 m,以初速度 v_0 竖直向上射入水平方向的匀强磁场中,磁感应强度为 B。当小球在竖直方向运动 h 高度时,球在 b 点上所受的磁场力多大?

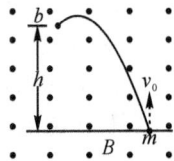

图 2.4-3

【学生解答】

学生1:$\dfrac{1}{2}mv^2 = mgh$,$v = \sqrt{2gh}$;

$\qquad F = qvB = qB\sqrt{2gh}$。

学生2:$\dfrac{1}{2}mv^2 = mgh$,$v = \sqrt{2gh}$;

$\qquad F = qvB = \sqrt{2gh}\,qB$。

学生 3：$mgh = \dfrac{1}{2}mv^2 - \dfrac{1}{2}mv_0^2$，$v = \sqrt{v_0^2 + 2gh}$；

$$F = qvB = q\sqrt{2gh}\,B。$$

学生 4：$\dfrac{1}{2}mv_b^2 = \dfrac{1}{2}mv_0^2 - mgh$，$v_b = \sqrt{v_0^2 - 2gh}$；

$$F = qvB = -q\sqrt{v_0^2 - 2gh}\,B。$$

从学生的解题过程可以看出，学生 1 和学生 2 对小球的运动过程没有分析清楚，这或许就是物理观念中的运动观不完整，没有理解小球的物理运动过程。学生 2、学生 3 和学生 4 的最后答案"$F = q\sqrt{2gh}\,B$""$F = qvB = -q\sqrt{v_0^2 - 2gh}\,B$"，这种写法不能说错误，但是不规范、不美观，通常的写法是"$F = qB\sqrt{2gh}$"和"$F = -qB\sqrt{v_0^2 - 2gh}$"。后三位同学的解法也反映出物理素养的欠缺。

从物理知识到素养的距离其实只是一步之遥，合理、规范、简洁地利用物理公式，结合简洁、准确的文字说明解答物理问题，可以帮助学生准确地分析问题和解决问题，从而可以有效培养学生的物理素养。

4.严密运用物理思维，有效提高学生的物理素养

物理问题的一大特点是生活化，具有时空性。通过学生对物理问题的分析、解决，可以培养学生严密的物理思维，从而习得更多物理知识以外的东西。

在例 1 的解答中，能够根据题意提炼出物理模型——带电粒子在磁场中受洛伦兹力做匀速圆周运动，从而根据匀速圆周运动的规律列出洛伦兹力提供向心力的方程，最后得出圆周运动的半径和速度 v 以及磁感应强度 B 之间的关系。例 3 中，通过分析也需要得出带电小球向上运动到 b 点的时候应该是有速度的，而且整个运动过程中只有重力做功，所以小球的机械能是守恒的，可以利用机械能守恒定律列出方程，求得速度。最后再根据洛伦兹的公式，求出洛伦兹力的大小。这样根据事件的发生、发展的时间和空间的变化逐步深入分析问题、解决问题的过程，可以有效培养学生的适应终身发展和社会需要的关键品格和能力，可以有效促进学生核心素养的发展。

物理学与生活联系十分密切，中学生已经具备丰富的生活经历和思考问题的方法，可见中学生在学习物理的过程中已经具备了大量有价值的想象和知识基础。但是物理知识的具备并不代表能够顺利地分析和解决物理问题，也就是说，从物理现象、知识到真正的物理素养的养成还有差距。这个差距到底有多大，不同的人会有所不同。细节决定成败，关键在于落实。我们可以从最基本、最重要的物理量的完整描述开始，要求学生严谨地使用物理语言规范地进行物理表达，从而有效促进学生核心素养的发展，培养学生适应终身发展和社会需要的必备品格和关键能力，即培养全面发展的人。

第五节　物理课堂教学中的"4R"原则

新课程改革对高中教学提出了新的指导意见,明确指出:积极改革教学方法,注意研究学生的心理特征和认知规律,善于启发学生积极思维,激发学生学习兴趣,使他们积极主动地获取知识和提高能力。意思是,在教学中既要对学生传授科学知识,又要注重开发智力、培养能力。物理教育教学的目标不仅是使学生掌握物理概念和规律,还要掌握思想方法,不仅要知道结论,还要体验知识形成过程与思维发生过程。对教学内容的处理不能局限于应试的需要,更要扩大学生的知识眼界,教会学生独立地获取知识,充分发挥学生在学习中的主体地位,探索最优化的课堂教学模式,努力提高课堂教学效果。高效精准的物理课堂教学应遵循"4R"原则。

一、丰富性原则——Richness

照本宣科的教学方法现已被无数人所否定。如何使学生在有限的一堂课中获取更多的知识,无非从提高效率入手。而提高效率的最有效方法是提高学生的兴趣,利用学生的好奇心,丰富充实课堂。

1. 丰富背景知识

所有知识的教学都不是孤立的,都有其发生、发展以及普遍应用的过程,并在其发生和发展的过程中逐渐完善,形成规律以及方法、思想。在教学过程中,应该让学生了解或体验知识的形成过程。因此对于课堂内容在本章或物理学中的地位和作用,老师都应讲清楚,帮助学生形成一个有机知识体系,促进知识的内化,实现知识的融会贯通。对于所涉及的历史事件,应该客观地介绍给学生,这样可以提高学生学习物理的兴趣,让他们了解科学家追求真理的精神并受到情感、态度与价值观的熏陶。

2. 丰富概念和规律

物理概念是从大量同类物理现象和物理过程中抽象和概括出来的,是构成物理规律的基本单元。物理规律是物理现象或物理过程在一定条件下发生、发展和变化的本质联系,是构成物理知识结构的砖石和框架。所以,及时准确清晰地引入物理概念,使学生正确理解物理概念,全面掌握物理规律,理解规律的含义,学会如何应用规律在整个学习过程中非常重要。在教学过程中,应想方设法让学生对概念、规律准确理解,通过一定的方法将枯燥的文字概念通过合理的形式,经过简单的语言加工,让学生更加容易理解。将物理规律通过一定的方法直观明了地展示给学生,让学生轻松地接受、领会和掌握。

3. 丰富表现方法

物理学中的概念、规律比较抽象,学生较难理解。在物理教学中,应通过一定的手段和方法唤起学生原有知识、经验中的感性认识,促进和加深学生对教学内容的理解,这对发展学生的思维能力及提高教学质量是极为重要的。物理教学由于其学科的特点,教学方法和手段丰富多彩,应尽量挖掘物理课本知识的应用性因素体现物理学的直观性、实用性、发展性和探索性。

二、回归性原则——Reversion

在教学过程中,根据教学的特点和学生发展的有关特征,在必要的时候对于学生已经学习过的知识、方法进行反复"滚动"是很需要的,这是教学中非常重要的环节,是有目的性、方向性的教学,不是简单的重复。

1. 知识的回归

不论是传统的授课方式还是创新的授课方式,不论是引入新课还是末尾总结,不论是实验课还是讲授概念规律课,这种对已学知识的回归都是需要的。教学过程中知识的回归不是简单的重复,而是在教师有目的、有方向的引导下,通过学生自己的质疑、讨论和思考达到在原有知识基础上的升华与提高。

2. 方法的回归

教学过程中方法的回归也是很有必要的。在科学真理的各个领域里,研究规律,探索真理的科学方法都有相似的地方,物理学的研究也是如此。在物理教学中应侧重让学生掌握这种研究规律、分析问题、解决问题的方法。所以,在教学过程中应不断加强方法论的教育,不断将有用的、有效的、科学的分析方法传授给学生,培养学生科学的方法习惯,这是教学过程中一个非常重要的方面。

3. 能力的回归

教学中的一个重要任务是培养学生的能力。在物理教学过程中,教师在教给学生分析问题、解决问题的方法的同时还要培养学生分析问题、解决问题的能力。

随着教学过程的逐步深入,学生学习层次的逐渐提高,这种科学的能力在无形中逐渐加强。因此,教师应在必要的时候给学生展现科学能力的机会,让学生的能力有一个回归的时机,这样既可以让学生体会到自己的能力,增强学习的自信心,提高学习的兴趣,又可以使学生的能力在原来的基础上加以提高。

三、关联性原则——Relation

任何一项活动都不是封闭、单一的活动。在大力提倡素质教育的今天,教学的目标不能局限于单一知识的教学上,教学不是封闭、单一的活动,它和教育文化、科技等有着非常重要的有机关联。

1. 教育的关联

我们不能只为教物理而教,应该根据学生发展的需要,根据立德树人的目标去培养全面发展的人才。根据物理教学自身的特点,通过物理学史中科学家对科学真理的探索的教学来熏陶学生,让他们体会到探索科学真理的艰辛。通过对物理实验的教学,培养学生实事求是的科学态度。对于一些现象,教师应创造条件尽可能让学生亲自动手进行探索。教学过程中要鼓励学生敢于提出问题,敢于向迷信、向权威挑战,培养学生严肃认真、实事求是、勇于创新的科学态度和良好的习惯,为今后的学习和人生道路打下坚实的基础。

2. 文化的关联

任何一门学科都不是孤立的,各门学科之间是互相联系、互相渗透的。在物理教学中我们应适当地渗透一些其他学科的知识。比如天文、地理、美学等方面的知识,一方面可以拓宽学生的知识面,另一方面可以活跃课堂气氛,这样的教学是素质教育理念所提倡的,是每位教育工作者的追求,是学生全面发展的需要。

3. 前沿科技的关联

物理学科具有很强的应用性,很多前沿科技都是与物理知识的应用有关。教师在教学过程中及时向学生介绍科技前沿知识,一方面可以让学生对课本的知识更加了解,加深记忆,不会产生"学了有什么用"的想法,使教学有实质的基础;另一方面也可以拓宽学生的知识面,让学生体会到我国科技的进步和发展,激发他们以祖国为荣的自豪感。

四、严谨性原则——Rigour

物理教学以分析、推理、实验为基础,具有非常严谨的逻辑性,关于严谨笔者认为教师应注意以下三个方面。

1. 语言的严谨性

物理教学的语言要简洁明了、通俗易懂,对物理概念、规律的描述要非常严谨。因此教师在教学中语言表达尽量不要拖泥带水。优秀教师的教学语言是非常严谨和丰富的,一堂课下来让人感觉没有一句多余的话,当然这是一种很高的境界。如果教学是一门艺术,那么语言的艺术是非常关键的。

2. 思维的严谨性

严谨的逻辑思维能力对于人的一生是很重要的。物理学中的现实与理论、实际与模型的分析对于培养学生严谨的思维能力是很有帮助的。这就要求教师在平时讲授概念、分析问题、解决问题的过程中能够尽量将一个非常清晰、严谨的思维过程展现给学生,以此来感染学生,有意识地培养学生这种严谨的思维能力。

3. 实验的严谨性

实验是物理教学的一大特色。实验教学对于物理规律的得出,物理概念、习题的教学都有非常重要的作用。物理教师要充分利用实验进行直观性教学,在实验教学过程中对实验的各个阶段,包括准备、设计、操作及实验结果的分析、讨论等,都要做到严谨仔细。通过严谨的实验教学来培养学生严谨的科学品质,培养学生对科学、生活、学习一丝不苟的精神,为学生以后的发展打下坚实的科学基础。

课堂教学中没有人拥有真理,每一个人都有权利要求拥有真理。因此,教学过程中需要学生的参与,更需要学生的挑战。应该允许和鼓励学生提出问题,允许学生与教师进行平等对话与沟通,鼓励学生去验证关于周围世界的假设,鼓励学生去探索,体现物理学的探索性和发展性。

第六节　中学物理教学培养 STEAM 素养

一、什么是 STEAM 素养

STEAM 是由科学（Science）、技术（Technology）、工程（Engineering）、艺术（Art）和数学（Mathematics）五大概念的英文名称首字母组成的，科学、技术、工程、艺术和数学是物理学的重要组成部分，也是物理学的服务对象。物理是一门学科，是一门集科学、技术、工程、艺术和数学于一身的工具、方法和思维；物理也是一门艺术，能够让学生享受到物理的快乐；物理更是一种哲学，是科学、技术、工程的核心，是数学的艺术的演绎。中学物理教学既有现实主义的色彩，也有浪漫主义的特色，教学过程中利用物理方法解决问题的过程就是培养学生的 STEAM 素养的过程。

二、物理教学培养 STEAM 素养

物理学是一门以实验为基础的学科，研究的是自然界中的现象、运动和规律。随着人类社会的发展，物理学不断得到发展并促进了科学技术的进步和人类生活质量的提高。同时，人类的智力等各方面素养的发展，又催生了新的思想，创造了新的方法和新的科学技术，进而推动整个社会不断向前发展。可见物理学对于人类发展的贡献是非常巨大的，物理教学的一个重要任务就是教育学生要有努力去推动社会发展的历史使命感，培养他们认识社会、适应社会、改造社会和创造社会的能力。

1. 物理教学培养学生科学素养

物理学知识属于科学知识的范畴，物理教学过程中所提倡的科学素养不仅包括对于物理知识的学习，还包括在学习物理知识过程中科学态度、方法和精神的形成。

（1）注重观察、尊重事实，培养科学态度

生活是物理学的一大源泉，也是物理学的最大用武之地。学习物理学的目的就是利用物理知识去解决和分析生活中的现象和问题。观察和思考是人类发展史

上最早的科学方法,许许多多的科学家正是因为有着这种尊重事实、实事求是的科学态度才取得了重大科学成就。所以,在物理教学过程中要培养学生养成注重观察、尊重事实、实事求是的科学态度。

比如在"测绘小灯泡的伏安特性曲线"实验中,分压式电路的设计和线路的连接是一个难点。有部分学生由于接线错误不能顺利得到数据,就会找边上同学抄袭,甚至编造数据;也有不懂原理的同学在描点连线过程修改数据,使得到的曲线变成了直线。这样绝对不可能养成科学的态度,殊不知许许多多的重大发现,就是源自对现象的仔细观察、认真思考。比如 1909 年卢瑟福用 α 粒子去轰击金箔,正是因为仔细观察才发现了极少数的粒子被弹回来,然后进行深入的思考研究提出了原子核式结构,这就是著名的 α 粒子散射实验。如果不尊重事实、不仔细观察,物理学中的许多的重大发现可能都会"稍纵即逝"。"机会是留给有准备的头脑的",生活中的机会也是稍纵即逝,不养成实事求是的科学的态度就很难把握住机会。

(2)严谨细致分析规律,培养科学方法

物理学对人类社会的重要贡献在于科学方法的运用,这是伽利略最早在探索自然的过程中总结出来的。科学方法就是人类在所有认识和实践活动中所运用的方法,是人们在认识和改造世界中遵循或运用的、符合科学一般原则的各种途径和手段。掌握严谨细致的科学方法可以帮助学生有效快速地认识世界、改造世界。

例如在"探究加速度与力、质量之间的关系"实验中,为了使研究的问题更加直观,这里的"力"就是小车所受的绳子的拉力即合外力,所以需要平衡摩擦力;为了能够让沙和沙桶的总重力代替绳子的拉力,需要在 $M \gg m$ 的条件下进行实验;为了能够让实验的结果更加直观,利用图象法进行处理,但是 $a - M$ 图象并不能直观反映规律,这时就利用 $a - \dfrac{1}{M}$ 的关系来反映……,这就是严谨细致的分析过程,可以帮助学生形成科学严谨分析问题的意识,掌握分析实际问题的方法。

(3)逻辑思辨、勇于否定,培养科学精神

科学精神是在长期的科学实践活动中形成的一种人生信念、价值标准和行为规范的总称,是由科学性质所决定并贯穿于科学活动之中的基本的精神状态和思维方式,是体现在科学知识中的思想或理念。事物是不断变化的,变化是永恒的主题,人类的进步就是在这种不断变化的过程中螺旋上升。自然界是可以被认知的,人们对自然的认识过程伴随着逻辑思辨、不断否定的过程。在教学过程中,需要坚持发展的观点培养学生的逻辑思辨、勇于否定的科学精神。

在物理学史中有许多这样的例子,比如在人类对天体运动的研究过程中,由于长期受宗教观念的影响,地心说在人们的头脑中根深蒂固,任何动摇地球是宇宙中心的说法都是邪说,都要受到宗教的惩罚。1600 年 2 月 17 日,布鲁诺被烧死在罗马的鲜花广场上。在生命的最后时刻,布鲁诺面对行刑的刽子手庄严宣布:"你们对我宣读判词,比我听到判词还要恐惧!"布鲁诺虽然被处死了,但他崇尚科学、与愚昧无知做斗争、为科学献身的精神永存。哥白尼就是在这样的背景下提出了日心说,可见要有多大的勇气。再如伽利略对于自由落体运动的研究,是在亚里士多德"重的物体下落得快"的观念统治人们长达两千多年的背景下开展的,他运用逻辑思辨的科学方法最后证明了物体下落快慢与轻重没有关系。这种面对权威坚持真理、勇于质疑的科学精神是值得我们学习的。

2. 物理教学培养学生技术素养

物理教学中的技术素养,包括现代教育技术、多媒体技术、实验技术以及对设备的认识和应用、信息的获取和分析、数据的整理等。

(1)分析现象、筛选信息,培养信息素养

信息素养是指人们通过主动获取、加工利用信息并准确地输出信息的一种基本素质。物理与生活联系十分密切,利用生活中的现象作为物理背景是当前物理教学过程中比较流行的一种方式。物理教学中的信息素养是指对现象、运动、变化进行分析,筛选有用的信息,建立合适的物理模型,利用恰当的方式进行解决的能力。当今社会信息高度密集,能从大量的信息中提取对自己有用的信息,从大量的方法中找到合适的方法,这是学生在以后的工作生活中所应该具备的信息素养,可以在物理教学过程中通过对实际问题的分析进行培养。

(2)设计方案、动手操作,培养实验素养

物理是一门以实验为基础的学科,实验是物理学的重要组成部分。许多生活中的现象、规律通过假设推理、归纳演绎变成定律和定理,但都必须要通过实验的验证,可见实验对物理学的重要性。完整的实验过程是针对研究的主题合理设计实验方案,选择合适的实验器材,简洁、有效、安全地进行实验操作,并且得到足够的有效的数据,然后对数据利用恰当的方法进行处理,通过分析归纳得出结论,最后能够对整个实验进行合理的整体分析,包括误差来源等问题。

在整个实验研究的过程中需要解决这些问题:"要研究什么主题?""实验的原理是什么?""实验所需器材有哪些?""实验操作步骤怎样?""得出的数据是否合理?该怎样处理?""得出什么结论?""实验的误差多大?引起误差的因素是什么?""这个实验结论的作用是什么?"等。可见培养学生的实验素养就是培养学生分析问题和解决问题的能力,学生在实验的过程中得到的不仅仅是实验的结论,更是对一个完整的科学研究的体验,是一种科学家角色的融入,是一种能力的提高。

(3)多元化、多样式阐述,培养跨学科素养

生活中处处体现着物理,物理来源于生活又为生活解决问题。多元化是当前社会的一大特征,根据问题的特征利用数学、化学、哲学等知识,从多元化的角度,用多样化的方式对一些现象和规律进行阐述,这就是跨学科素养。当前错综复杂、

瞬息万变的多元化社会里,从任何纯粹单一的角度考虑问题都是不全面的,只有多角度多样化阐述一个问题才可以使学生看待问题更加全面。在物理教学过程中,应该利用物理学科与语文、数学、哲学、化学等学科之间的联系培养学生跨学科素养。

比如在对物理实验数据进行处理的时候通常利用的是图象法,图象法属于数学方法,可以直观形象地展现两个物理量之间的关系。然后将由图象得到的规律转化成物理的语言进行归纳,最后利用数学公式将两个物理量之间的关系定量化表示。像这种先定性分析再定量研究方法是物理学的重要分析方法,这样的研究方法能够让问题的研究更加全面,也会使学生对问题的认识更加深入。

3. 物理教学培养学生工程素养

物理教学的工程性体现为活动的单元设计,一节课、一个研究活动等都是一个工程的体现。物理教学过程应该要有一个工程的意识,从问题的提出、展开到最后的解决是一个工程。培养学生的工程素养就是培养学生的实践素养、团结协作的素养和跨界整合素养。

(1)联系实际方法探究培养实践素养

物理教学内容通常来自生活,学生通过物理学习可以掌握分析解决实际问题的方法和能力。学生在解决问题的时候需要充分将物理知识和自己的生活经验联系起来,用物理的方法去解决生活的问题,学会用生活的眼光去理解物理。这就是理论联系实际,实际反作用于理论。在这个过程中学生理论联系实际的能力得到提高,探究实际的科学方法得到了锻炼,综合实践能力得到了发展。人的创造力要在创造活动中表现出来,在教学过程中要利用物理学科的特点积极让学生参与实践活动。物理教学从生活中来又到生活中去的特点非常有利于学生实践素养的培养。

比如研究性社会实践活动,有相同兴趣的同学组成一个小组,围绕某一个热点问题,各小组成员做好分工,利用课外时间实地进行考察访问、调查研究、讨论方案,最终形成学术报告,最后给出相关意见并提交相关部门。这样的研究是高层次的研究,在实践研究的过程中不仅解决了实际问题,提高了自身的综合实践素养,同时将物理知识转化为生产力,对社会做出了重大贡献。

(2)团队协作、共同探究,培养团结协作素养

工程最大的特点是团体协作性,任何一个工程的完成都是许多人完成各自工作的结果,所有人必须相互协作、相互配合,只有这样整个工程才能够顺利完成。物理课堂是一个有机整体,从课堂的引入到新课的展开,从老师的演示实验到同学的分组实验,从问题的提出到最后的解决都是有机整体所不可缺少的部分。整个过程中,学生和老师相互协调、相互讨论,构成整个教学不可缺少的环节。

在学习过程中,学生需要借助前辈们总结归纳出来的知识和方法来学习,需要老师的指导,需要和同学们一起讨论,需要借助实验仪器进行更进一步的探索,还需要通过老师设置的练习来巩固所学知识。在这些协作中,有的是直接的,有的是间接的,但一定是必要的。在教学过程中,应当尽量给学生创造这样的机会,培养他们的团结协作素养。

(3)开阔视野、拓展能力,培养跨界整合素养

物理学是在人类发展过程中产生并发展起来的,目的在于提高人们认识自然、改造自然的能力,进而推动人类社会向前发展。在物理教学过程中,应该有一种超越物理学科知识的意识,开阔学生的物理视野,培养学生不断开拓自己各方面能力、整合除物理方法以外的其他方法等的素养。

物理学是一门实用性很强的自然科学,最早源于哲学。为了提高生产效率,人们努力寻找新的工具和方法,由此产生了物理,可见物理就是一门服务于生活和生产的实用学科。人类的生活和生产与哪些方面有关系,物理学就联系着哪些方面。学习物理不应该局限于纯粹的物理理论,应该有一定的目的性,比如哲学目的、生活目的等。有一句话说:一个人可以走得更快,但一群人可以走得更远。对于物理的学习也是这样,纯粹的物理学习可以使学习更快,但跨界的物理学习可以使学习物理变得更加有效,学得更多。所以在物理教学过程中应该尽量开阔学生的物理视野,开拓各方面的能力,培养学生的跨界整合素养。

4. 物理教学培养学生艺术素养

物理与艺术都是只有人类才拥有的文明现象,两者之间由一个共同的基本点紧密地联系在一起,这就是真理的普遍性和人类揭示真理的创造力。凡是前卫性的艺术创作、革命性的物理研究,都会探究到宇宙间万事万物的本性,都对世界进行精确而细致的观察与描述。两者同来源于实践,同植根于人脑,同来自人脑对实践的反映以及对反映的加工。教学本身就是一种艺术,物理教学与生活密切联系,物理教学的艺术是来源于生活的艺术,是一种实用的艺术。利用物理教学联系生活中的美,锻炼学生发现美的能力,培养学生的艺术素养。

(1)以人为本、突出主体,培养人文素养

人文素养的灵魂是以人为对象、以人为中心,其核心内容是对人类生存的意义和价值的关怀,是一种为人处世的基本的德行、价值观和人生哲学。物理教学过程中不仅要传授人类长期积累的人文知识,唤醒潜藏在学生内心深处的人文需求,还要培养他们的人文理解、人文关怀的意识和能力,形成高尚的人文素养,确立正确的人生观、世界观和价值观。

物理学的发展史就是一部科学家的奋斗史,有着丰富的人文内涵。物理学家的科学精神、献身精神对学生人文素养的培养意义深远。比如从一只苹果的传说

引出一个伟大定律的发现——万有引力定律;哥白尼的《天体运行论》是人类历史上最具革命性、最震撼心灵的著作,它向统治了西方思想千余年的"地心说"发出了挑战,动摇了"正统宗教"学说的基础,是人类思想史上的巨大进步。在教学过程中,坚持以人为本的思想,构建师生之间的平等地位,关爱每一位学生,给每位同学尽情展示的机会,让每位同学都能体会到自己的重要性。让学生的学习在和睦、友好的氛围中进行,营造一个平等、信任、理解、尊重、和谐的课堂环境,培养全体学生的人文素养。

（2）发掘艺术美学,培养艺术审美素养

物理学本身与美紧密联系,艺术的美突出在形象性和情感性,以形象思维为主。物理的美是理性美,内容的"真"与形式的"美"相结合,以知识为基础,主要靠抽象思维,也离不开形象思维。在物理教学过程中,应构建审美的方向和法则,将非审美因素转化为审美因素。

从物理教学的内容上看,物理学的美主要体现在简单、对称、和谐、统一。物理学的发现、逻辑、实验等方面也都有艺术美学的体现。物理学家坚信:自然界的一切都是简单和谐的,包括从运动到能量、从概念到规律、从哲学到物理。从简单到复杂、从理想到实际一直以来都是物理学研究中最重要的方法。从宏观到微观、从低速到高速,物质的运动纷繁复杂,千变万化,但物理学家都能巧妙地从复杂的真实世界中把研究的对象一一分离出来,抽象出简单的物理模型,如质点、弹簧振子、单摆、点电荷、点光源、电场线、磁感线等。物理学告诉我们自然界的存在都是以简单的方式呈现并发展着,因此应利用物理教学培养学生用欣赏的眼光去发现美、感受美的能力,提高他们的艺术审美素养。

（3）不断改变、尊重变化,培养创新素养

创新是民族的灵魂,是科学发展的动力,是技术革命的生命。物理学原理告诉我们,变是永恒的主题。创新是在智力发展的基础上形成的一种综合能力,是人们发现新问题、解决新问题、创造新事物的能力。培养具有创新能力的人,是时代赋予全社会的使命。在物理教学中,必须严密组织学生有计划地进行发明创造的思维训练,培养学生的创新素养。

在物理教学中,要注意采用灵活多样、科学的管理措施,训练学生独立分析问题、解决问题的能力。加强实践型的作业训练,改进和提高实验教学水平,把知识运用到社会生活中去。要将教育的重点放在寻求获得知识的方法上,使学生具有获得"点石成金"本领的愿望和思维。教学中应该创设能够刺激学生创新思维的环境,逐渐培养他们多方向、多角度认识问题、解决问题的习惯。可以通过班级建设、课堂教学、课外活动、家庭教育等多种形式,搞好思维训练,尽可能按照分析、综合、比较、概括等一般规律进行。在分析问题、解决问题和创造信息上表现出思维的广阔性、逻辑性、独创性、灵活性和敏捷性。教学过程中还可以根据学生的心理特征,通过自学辅导,组织交流讨论,设计探索性实验,组织智力竞赛,制作物理板报、组织小论文答辩等训练方法,培养学生的创新素养。

5.物理教学培养学生的数学素养(详细内容参见第二章第七节)

第七节　物理教学培养学生数学素养

　　物理学研究客观世界中物质的基本结构、相互作用和运动规律,研究自然界中最基本的运动形式、最基本的现象、最基本的规律和最基本的方法。物理是一门学科,更是一种工具、一种方法、一种思维,在中学物理教学过程中要让学生学会利用物理知识分析、解决实际问题,形成科学的核心素养。数学是研究数量、结构、变化、空间以及信息等概念的一门学科,从某种角度看属于形式科学的一种。借用《数学简史》的说法,数学就是研究集合上各种结构(关系)的科学。可见,数学是一门抽象的学科,严谨的过程是数学抽象的关键。数学在人类历史发展和社会生活中发挥着不可替代的作用,也是学习和研究现代科学技术必不可少的基本工具。数学素养指的是学生用数学观点和思维方式对多种情境下的问题进行分析、推断和表达的能力,包括问题素养、逻辑素养和语言表达素养等。利用物理与数学相互交融的特性,在物理教学中培养学生科学的数学素养是顺其自然的事情。

一、科学的物理数据分析培养数学中数的素养

　　物理中有关数字之间关系的运算问题对学生来说是一个相当大的问题。很多学生在每次考完试的时候都说很多错题失分是由于粗心计算造成的,或许这里面有心理素质的原因,实际上主要是因为数的素养不够。数的素养包括有效数字、数的运算、字母的运算、式子的简化和对数字的敏感程度等。

　　在物理学里面有关仪器的读数问题,一般都有有效数字的要求,而且关于怎样去读取数据都有一定的规则,包括什么时候该怎么读数,后面的单位是什么,要有几位有效数字,这是一种数的素养。在理工科的学习过程中离不开数学运算,物理运算格式和数学运算格式又不完全一样。物理中完整的物理量包括数值和单位,怎样能够简洁而准确的书写需要各方面的素质,包括对美的感受和数的素养。数的素养在生活中具体的体现为是否有规律的生活习惯,甚至包括能否很好地整理自己的物品,有时可以反映在对错题的整理收集等方面。在物理教学中的训练,利用物理生活背景,让学生讨论分析,最后自己总结,并且根据问题的特征得出简洁的表述。在物理学中,实验是重要的教学内容,在实验教学中进行实验方案的设计、实验步骤的规划、实验数据的获得和处理、实验结论的归纳得出等都体现出数的素养的培养。

【例1】(1)图 2.7-1 是实验中打下的一段纸带(不完整)。算出计数点 2 对应的速度大小为_____m/s,并在图 2.7-2 中标出,其余计数点 1、3、4、5 对应的小车瞬时速度大小在图 2.7-2 中已标出。

图 2.7-1

(2)作图并求得小车的加速度大小为_____m/s²。

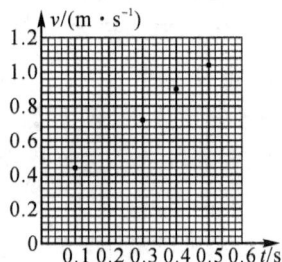

图 2.7-2

这是关于打点纸带的问题,打点计时器是中学里非常重要的仪器,许多物理实验都需要用到打点计时器进行研究。利用刻度尺进行测量涉及有效数字的问题,还要对测得的数据进行计算处理,题(2)中利用图象法对数据进行处理是物理学中常用的方法,这是数据处理的重要方法,体现出学生对数据的统筹的观念,是数的素养的综合体现。

二、抽象的物理思维培养数学逻辑素养

逻辑思维是以抽象的概念、判断和推理作为思维的基本形式,以分析、综合、比较、抽象、概括和具体化作为思维的基本过程,重在揭示事物的本质特征和规律性联系。物理学科研究客观世界的物质结构、物质运动的形式和规律,研究对象来源于社会和生活。物理思维注重事物的发生、发展、变化的逻辑性,遵循时间和空间发展的客观规律。数学具有抽象性、严密性和应用的广泛性等特征。在物理问题的研究过程中要抓牢关键要素,然后进行抽象概括,运用逻辑推理确定其主体的运动或变化过程,详细了解它的本质。

在物理教学过程中,应重视学生逻辑思维能力的训练,让学生亲身体验各种思维形式,即概念、判断和推理,遵循思维的规律,保证思维的确定性、一贯性和不矛盾性,让学生在已有知识的基础上合乎逻辑地获得新知识。在物理教学中,通常选取实际生活中学生经历过的有关问题作为分析的主题,把形式逻辑知识和辩证逻辑知识贯穿其中。例如,关于伽利略对自由落体运动的研究过程,教材中首先详细介绍了伽利略如何根据亚里士多德的观点提出疑问,如何提出自己的观点,如何从理论上进行推导,如何有利用实验进行证明,等等,这样的思维过程发展非常自然,而且逻辑性非常强。应该让学生体会这样严谨的逻辑推理过程。通过强化逻辑思维教学,使学生能够科学地把握概念、准确地进行判断、严密地进行推理,从而提高数学逻辑素养。

【例 2】如图 2.7-3 所示，在某段平直的铁路上，一列以 324 km/h高速行驶的列车某时刻开始匀减速行驶，5 min 后恰好停在某车站，并在该站停留 4 min，随后匀加速驶离车站，经 8.1 km 后恢复到原速 324 km/h。

图 2.7-3

(1)求列车减速时的加速度大小。

(2)若该列车总质量为 8.0×10^2 kg，所受阻力恒为车重的 0.1 倍，求列车驶离车站加速过程中牵引力的大小。

(3)求列车从开始减速到恢复原速这段时间内的平均速度大小。

在这道题中，首先要明确列车的运动过程：匀减速→停车(静止)→匀加速。理解这三个过程是解决问题的第一步，也是最重要的一步。通过教学让学生能够独立准确地把握事件发展的逻辑关系，快速清晰地对问题中的过程进行"切块"，并能相应找到各物理量之间的逻辑关系，培养学生独立分析问题和解决问题的能力。利用物理问题的时间空间发展的逻辑关系，分析和各个物理量、物理过程之间的逻辑关系，培养学生的数学逻辑素养，进而提高学生的数学素养。

三、严谨的物理表达培养数学语言素养

语言素养通俗讲是指口头表达能力，也就是利用语言或其他适当的方式将一件事情表达清楚，包括口头表达能力、文字表达能力、数学或物理表达等，深层次包括思维分析的能力。许多学生缺少严密的思维，跳跃式的思维以及书写问题是很多同学的通病。在物理教学中我们通常关注物理语言表达能力，所谓的物理表达包括文字描述、符号表达、图象绘制等。用简明准确的物理语言(包括文字、符号、图象)来表达有关的概念、规律、现象、过程等系列物理问题的能力，是应该在物理教学过程中帮助学生形成的语言素养。

符号和图象语言是物理中的重要数学语言，是数学素养的表现。简洁准确、严谨富有逻辑是数学的一大特征，也是物理学的精髓。长期以来，物理学家们坚信自然的和谐统一，所以物理学家的研究过程都追求用最简单的语言、最严谨的式子、最直观简单的图象符号来表达现象、过程和规律。在实验研究中对实验数据的处理通常利用图象法，直观准确地表达物理量之间的关系。图象法还是解题过程中常用的方法，往往可以使问题的解决变得简单。可见在物理教学中可以运用简洁准确的数学表达来有效培养学生分析问题、解决问题的能力，提高数学语言表达的素养。

例 2 的解题过程如下：

【解析】(1)$v_0 = 324$ km/h $= 90$ m/s，设匀减速的加速度大小为 a_1，则 $a_1 = \dfrac{|\Delta v|}{\Delta t} = \dfrac{90 \text{ m/s}}{300 \text{ s}} = 0.3 \text{ m/s}^2$。

(2)由运动学公式 $v^2-v_0^2=2ax$，可得 $a_2=0.5$ m/s；

根据牛顿运动定律 $F-f=ma$，有 $F=1.2\times10^3$ N。

(3)列车匀减速行驶的时间 $t_1=300$ s；

列车匀减速行驶的位移 $x_1=\frac{1}{2}a_1t_1^2=13500$ m；

列车在车站停留的时间 $t_2=240$ s；

列车匀加速行驶的时间 $t_3=\frac{v_0}{a_2}=180$ s；

列车匀加速行驶的位移 $x_2=8100$ m；

$\bar{v}=\frac{x_1+x_2}{t_1+t_2+t_3}=30$ m/s$=108$ km/h。

这是多么简洁的物理语言！也可以说是非常科学的物理数学表达方式。科学严谨的物理语言必须要包括研究对象、研究过程、运用的物理规律、物理方程（数学表达）、最后结果（有单位）和必要的讨论。当然假如研究的对象、过程非常明确，可以省略。例如题(1)和题(2)研究的对象非常明确，是列车，研究的过程也非常清楚，分别是匀减速和匀加速过程。所以可以直接写"根据××规律，得出××方程"，最后解出结果。题(3)中"列车减速行驶的时间""列车减速行驶的位移""列车在车站停留时间""列车加速行驶的时间""列车加速行驶的位移"这些都是物理语言。$x_1=\frac{1}{2}a_1t_1^2$，$t_3=\frac{v_0}{a_2}$，$\bar{v}=\frac{x_1+x_2}{t_1+t_2+t_3}$ 这些都是物理量之间的关系式，也就是物理语言的数学表达式。利用数学将各物理量之间的关系表示出来，这就是数学语言。物理学研究物质世界的现象、运动和规律，研究事物的本质。物理学家们始终相信物质世界的和谐、简洁，能用最简洁的物理语言进行归纳和描述物理量之间存在着的关系。将一个物理问题的运动过程通过物理的语言，利用数学式子逐个表示出来，可以培养学生严谨的数学语言表达素养。

物理学是自然科学的核心，是推动社会发展的重要力量，是解决生活、生产中的实际问题的思想的源泉。数学是人们深层次思考和理解现实的方法，具有严密的思维逻辑。在物理教学过程中，要重视学生已有的经验，让学生体验从实际生活中抽象出数学元素，提炼物理数学模型，寻找严谨的结果和解决问题的方案，锻炼培养学生的数学交流素养和数学建模能力。数学是物理学的重要工具，数学的素养是每个人的发展过程中所必须具备的基础素养，是核心素养的重要组成部分。物理与生活联系十分密切，是分析解决实际问题的重要工具，数学是人们将实际生活转化为科学语言，将生活现象转化为数学公式、数学语言，从而帮助学生进行模型分析研究的重要工具。数学和物理之间有机融合、相互辅佐，利用物理教学进行学生数学素养的培养是非常自然的活动，有利于核心素养的整合内化，有利于学生各方面素质的全面发展。

第八节 电磁感应习题教学的物理功能

《高中物理选修 3-2》第四章"电磁感应"在整个高中物理的学习中的重要性应该引起我们全体教师的注意。从教学广义上看,电磁感应现象的研究是从有特殊性的静电场和静磁场的静场课题进入运动的、变化的场的动力学课题;从教学内容上看,电磁感应问题中包含着动力学问题、能量问题、动量问题等,是整个高中物理的重要内容;另外,电磁感应现象在电动机、发电机、变压器等方面的重要的应用,充分体现物理知识从生活中来到生活中去的知识循环链。在教学过程中,我们要让学生在掌握电磁感应知识的同时,充分体验电磁感应的从静到动的变化,充分了解电磁感应现象中的动力问题、能量问题和动量问题,充分感受电磁感应所带给人类的巨大的历史功能。这是物理学科核心素养的体现,是学生综合素养发展所必需的。下面以具体问题为例做简要分析。

【例】如图 2.8-1 所示,匝数为 100 匝、面积为 0.01 m² 的线圈,处于磁感应强度 B_1 为 $1/\pi$ T 的匀强磁场中。当线圈绕 O_1O_2 以转速 n 为 300 r/min 匀速转动时,电压表、电流表的读数分别为 7 V、1 A。电动机的内阻 r 为 1 Ω,牵引一根原来静止的、长 L 为 1 m、质量 m 为 0.2 kg 的导体棒 MN 沿轨道上升。导体棒的电阻 R 为 1 Ω,架在倾角为 30°的框

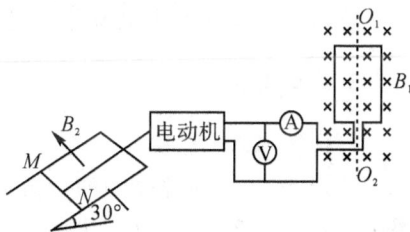

图 2.8-1

架上,它们处于方向与框架平面垂直、磁感应强度 B_2 为 1 T 的匀强磁场中。当导体棒沿轨道上滑 1.6 m 时获得稳定的速度,这一过程中导体棒上产生的热量为 4 J。不计框架电阻及一切摩擦,g 取 10 m/s²。求:

(1)若从线圈处于中性面开始计时,写出电动势的瞬时表达式;

(2)导体棒 MN 的稳定速度;

(3)导体棒 MN 从静止至达到稳定速度所用的时间。

这是一道典型的电磁感应综合应用题,它可以体现出电磁感应的诸多物理功能。

一、电磁感应的动力功能

1. 运动功能

(1)线圈在匀强磁场中匀速转动。
(2)电动机转动。
(3)细线拉着导体棒 MN 向上滑动。
(4)导体棒 MN 向上切割磁感线。
在教学过程中应该让学生将这些运动过程分析出来。

2. 电动功能

(1)线圈匀速转动产生感应电动势,闭合电路中产生感应电流。
(2)电流流过电动机驱动电动机转动。
(3)细线拉着 MN 棒在磁场中切割磁感线,产生感应电动势。
(4)MN 棒中产生电流,其在磁场中受到安培力。
这些由于运动产生电流并受到力的过程应该让学生分析出来。

3. 力学功能

导体棒 MN 受到拉力在磁场中沿导轨向上运动,最终达到稳定状态,此时棒受到的合力为零。导体棒稳定时的受力分析如图 2.8-2 所示,可以得出如下关系: $F = mg\sin 30° + B_2 I'L$

"稳定"是个关键词,其中隐含的平衡条件需要学生明确。

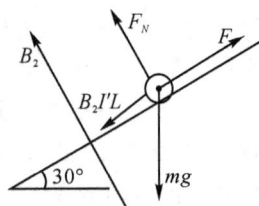

图 2.8-2

二、电磁感应的能量功能

1. 动能生电能

线圈在磁场中绕垂直磁场的轴匀速转动,在线圈中产生正弦式交变电流,线圈克服安培力做功,动能、磁场能转化为电能。

上述题目中问题(1):

$E_m = NB_1 S\omega$,其中 $\omega = 2\pi f$,代入数据可以得到:

$e = 10\sin 10\pi t$ V。

2. 电能生动能

线圈中产生的交变电流通过电动机使电动机转动，电能转化为机械能和内能。可以得出如下关系：$UI - I^2r = Fv$。其中 UI 是电动机输入的总功率，I^2r 是电动机内阻所消耗的电功率。由于电动机是通过细线拉动导体棒，所以电动机输出的机械功率就等于细线拉动导体棒的功率。Fv 是电动机输出的机械功率，F 是细线拉动导体棒的力，v 是导体棒运动的速度。这个式子也充分体现了能量转化与守恒的关系。

3. 力生动能

导体棒在细线拉力的作用下沿导轨向上运动，细线拉力做功使得导体棒的动能和重力势能增加。同时由于棒要克服安培力做功，部分能量转化为电能最终转化为内能。根据能量转化与守恒有：$Fvt - mgh = \dfrac{1}{2}mv^2 + Q$。其中 Fvt 是细线拉力在 t 时间内所做的功，$-mgh$ 是重力所做的功，$\dfrac{1}{2}mv^2$ 是导体棒所获得的动能，Q 是导体棒所产生的焦耳热。

三、电磁感应的情感功能

1. 强化时间与空间观念

物理是一门与实际生活联系十分密切的学科，物理学中所研究的问题符合事物发展的客观规律。事物的发展都在连续的时间和空间范畴之内，所以时间和空间是所有事物发生、发展过程中必定存在的两条重要线索。

在上述题目中空间场景可以理解为三个：一是线圈在磁场中；二是电流通入电动机；三是细线拉着导体棒在导轨上运动。而这些空间场景又是通过"电流产生→电流流入电动机→电动机带动绳子拉着导体棒运动"这样的时间线索串联。所以，整个物理过程充分体现出时间和空间的关系、体现因与果的思想，是物理学科核心素养的体现。

2. 培养局部与整体观

科学解题方法中有一种方法是整体法和隔离法。通常有物理过程的整体与隔离法，有物理情境中局部与整体的关系，有哲理中的个人与集体的关系，等等。应根据研究问题的需要来选择整体法或者隔离法，这充分体现了物理学科核心素养中"物"的思想，也能反映如何客观辩证地看待问题。我们的学生需要学会与他人、与集体和谐相处。教育的目的应该是培养真正的社会人,让学生能够认识到个体与集体、局部与整体之间的重要关系,进而培养学生的创造能力、创新思想和创造精神。例如本题中线圈转动、电动机转动、导体棒向上滑动都是局部过程,而整个过程中涉及的能量问题是一个整体,体现出整体法和隔离法的思想。

3. 激发兴趣力与潜力

如何有效激发学生学习物理的兴趣和动力,有效培养学生的科学素养,电磁感应的教学是一个很好的手段。电和磁本身就很神秘,两者的结合更是神秘,所以教师在电磁感应的教学中应充分挖掘其教育功能,提高学生的学习效率。

在电磁感应的学习中学生不仅可以经历人类探索丰富多彩的自然现象的奥秘历程,体会自然界中的各种不同形式的运动形态,还可以培养学生的高度创造力和想象力。另外通过电磁感应的学习可以使学生对于牛顿的动力学理论、能量守恒和动量守恒等物理学的重要思想和方法有一个更加全面和具体的把握。

第九节　论物理实验的功能

物理学是一门以实验为基础的学科。实验可以真实地展现过程,有助于我们抓住现象的本质,把握运动的主要特征,认识运动的基本规律。通过实验还可以用生动活泼的形象激发学生的学习兴趣,形成良好的学习动机,促进学生智力的发展。我们应该改变传统的教学模式,瞄准立德树人根本任务,体现素质教育理念,从物理学的基础入手,利用物理本身以实验为基础的特点,激发学生的兴趣,激活学生的思维,在学生思维高度活跃的环境下进行教学,提高教学效率,达到事半功倍的效果。

一、利用实验,激发学习兴趣

人生来就对世界充满好奇,总是喜欢提出"为什么"、思考这些"为什么",希望解决这些"为什么",这就是人学习的潜能,渴望学习的本性。中学阶段不仅是学生身体生长的旺盛期,也是思维成长的关键期。利用物理实验有目的地展示了许多有趣的物理现象,呈现许多真实生动的物理事实,使学生处在好奇而愉快的学习环境中,可以充分调动学生思维的积极性,有助于培养学生的思维能力。因此,教师应有意识地利用实验激发学生的学习兴趣,激活学生的思维,调动学生积极性。

例如,讲"动量定理"这一节内容时,通过表演"单手劈砖"来吸引学生:与电视里看到的一样,一手拿砖,另外一只手劈下去的瞬间将砖块一端稍微抬高,手掌击下瞬间,砖块与地面发生作用,产生较大的力,砖块一分为二。这样一来,学生的兴趣几乎顷刻间被调动起来了。

二、利用实验,明晰物理概念

物理概念是从大量现象和过程的观察和归纳中抽象和概括出来的。物理规律反映了有关物理概念之间的相互联系和严格的数量依赖关系。引入物理概念,正确理解物理概念,全面掌握物理概念是建立物理规律的基础和前提。实验是准确高效进行概念教学的有效可行的方法。

例如,在"自由落体运动"教学中,先用生活中的不同物体演示物体下落的情况,既体现落体运动的普通性,又体现物理研究的生活化。接着借助大小不同的纸张进行实验演示。然后让学生对这一系列的实验进行讨论总结,最后借助牛顿管得出"在没空气阻力的情况下,物体下落的快慢一样"的正确结论,使自由落体概念清晰明了。如果有条件也可以利用抽气机设计教学过程。这样一堂课下来,学生就可轻松接受自由落体的概念,既激发了学生的兴趣,又培养了学生分析问题、解决问题的能力,培养了学生利用物理思维去分析生活问题的意识。

对于"超重和失重",学生一般对这两个概念认识比较浅,如果有条件,可以将学生带到一架升降机里,用弹簧测力计下挂一物体或用较精密的秤称物体,观察在升降机启动、匀速运动和停下来这三个过程的不同读数。然后再对物体进行受力分析,最后得出超重和失重的概念。这样学生对这两个概念就会有深刻的认识和正确的理解了。

三、利用实验,巩固物理规律

物理规律是物理现象或物理过程在一定条件下发生、发展和变化的本质联系。物理规律是物理学的核心内容,是培养学生能力、发展智力、形成技能、掌握方法的载体。物理规律的教学是中学物理教学的重点,中学物理教学过程通常以物理规律的建立、理解、运用这条主线而展开、引申和深化的。掌握规律,正确理解规律的含义,学会如何应用规律在整个学习过程中非常重要。利用实验将所学的规律进行再现,让学生直观地认识规律的本质,是巩固规律的一种十分有效的手段。

例如,在"牛顿第三定律"教学中有一个关于马拉车的问题,要求用牛顿第三定律解释马拉车的力与车拉马的力的关系,并说明马为什么可以拉动车。这是一个关于牛顿第三定律的应用的问题。为了搞清楚这个问题,使学生对牛顿第三定律有一个深刻的认识,可以组织一节"用人拉三轮车"的活动课,用测力计将两个力的大小显示出来,并现场解释:在人拉车的任何时候,车与人所受到的力大小相等,但大小相等的力的作用效果却可以不同,车是否被拉动取决于车的受力情况。

再比如,在学习圆周运动中"向心力"一节后,为了使学生对向心力的方向是指向圆心的这一规律有更深刻的认识,可设计如图 2.9-1 所示这样一个实验:

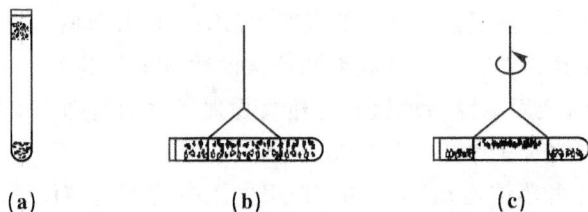

(a)　　　　　(b)　　　　　(c)

图 2.9-1

把一个小试管装满水,在水中放一些密度大于水的物质颗粒(如把绿色的细塑料导线剪成一些很短的小段),再在水中放一些密度小于水的物质颗粒(如红色的蜡烛颗粒或红色的塑料小球)。这时,可看见红色的蜡烛颗粒浮在水中,而绿色的塑料导线小段沉于水底[如图2.9-1(a)],然后用胶木塞塞住试管口,将试管水平放置,系好绳子[如图2.9-1(b)],顺着某一方向将绳绞紧,松手后,试管将反向旋转[如图2.9-1(c)],这时可以发现密度大于水的绿色颗粒向两边分开,而密度小于水的红色颗粒向中间靠拢。然后请学生讨论,调动学生思维的积极性,促使学生经过一系列符合逻辑的比较、分析和综合的过程弄清楚规律的本质,从而促进学生思维的发展。

四、利用实验,强化教学重点

教师都很注重对教学重点的讲解,教学重点是教学的核心,真正的好教师在教学过程中都强调突出重点,使学生在学的过程中能直接体会到,让学生领悟到教学重点是教学的重要目标。虽然几乎很多教师都在花很大的力气去强化教学中的重点,但效果并不明显。实践表明,利用实验强化教学重点,让学生在直观的现象观察中真正领会教学重点是一种十分有效的途径。

例如,学习"力的分解"这一节时,学生对"合力不一定大于分力"不甚理解,为此可引入一个这样的实验:取一条比较结实的线,请学生检验其强度,再在其中间挂一较重的砝码,在线的两端系上测力计,手提两测力计将砝码提起来,然后将两手逐渐分开,发现测力计的示数逐渐增大。当两手分开到一定程度时线被拉断。接着让学生对这一现象进行分析总结,学生可以轻松理解。

再比如,在讲力矩平衡的问题时,为了强调力臂在力矩中所起的重要作用,可做这么一个实验:取一根一端粗一端细的长木棍,用两手将木棍托起(如图2.9-2),然后两手指逐渐向中间靠拢,由于杆比较粗长,有点像杂技表演,学生很感兴趣,很担心杆会翻倒、掉下来,结果两手指稳稳地移

图2.9-2

到了一起,杆非但没有掉下来,非常平衡稳定。让学生分析原因,学生都知道是因为手指放在杆的重心上了。追问:如果从重心处将杆锯成两段,那么两段杆的重力如何?"相等"几乎所有学生都这么回答。"真的相等吗?"我口气一变问道。接下去请学生思考讨论,最后在黑板上画图,对杆进行受力分析,最后得出结论。学生对这个实验非常感兴趣,科学与经验产生了矛盾,通过对力矩平衡公式的应用,加深了对力矩平衡的理解,既培养了学生的兴趣,提高了思维的积极性,又强化了"力矩平衡"这一教学重点。

五、利用实验，突破教学难点

物理教学中许多问题比较抽象、复杂，学生比较难理解。因此教师应尽量利用实验将物理现象、规律中的最本质的问题、过程直接展示给学生，让学生从现象中去总结，在总结中去体会、领悟。

比如，在"弹力"的教学中，"手拉弹簧，弹簧伸长；手压气球，气球变扁；大秤锤放在两端被垫起的薄木板上，木板被压弯曲。发生形变的弹簧、气球、木板对使其发生形变的物体会有力的作用"，这些生活中常见现象学生比较容易理解。但对于"物体放在桌面上，受到桌面对它的弹力的作用是由于桌面发生形变而产生的"学生却很难理解。怎么办？通常利用玻璃瓶演示形变实验。出示装红墨水的大型椭圆玻璃瓶，用教棒轻轻地敲打玻璃瓶，使它发出清脆的响声，让学生确信用来做实验的是真玻璃瓶。再让手劲比较大的学生用力挤压玻璃瓶，并问：你感觉到瓶发生了形变了吗？学生回答：没有！玻璃瓶受到外力的挤压，有没有发生形变呢？将红墨水灌满，使液面升到瓶塞上的细玻璃管的中段，用手沿玻璃瓶的短轴向里挤压瓶壁，学生看到细玻璃管中的液面突然上升了，松开手液面又降回原来的高度。意外的现象激发了学生的思维，有的学生认为：瓶子发生了形变。但有的学生认为，这是由于手的温度使瓶中的液体发生了热膨胀而造成的。无须正面回答，然后用手沿着长轴的方向挤压玻璃瓶，学生突然看到液面又下降了。又一次意外的发现，学生的"热胀冷缩"的说法不攻自破。这种使问题逐渐深入的实验方法，既能活跃课堂气氛，又能使学生的思维得到很好的训练。

又如，讲到"摩擦力"这一节时，摩擦力方向的判断是一个难点，为了突破这一教学难点，可设计如下实验：取刷毛较硬长的板刷。首先，将板刷刷毛朝下放在水平面上，用力 F 推它[如图 2.9-3(a)]，可以看到 F 逐渐增大，刷毛逐渐倾斜，直到推动板刷。接着，依次按图 2.9-3 中的(b)(c)(d)做演示，然后让学生对实验观察到的现象进行总结。通过这个实验，学生对摩擦力的方向这一问题理解更加深刻。这样教师教得轻松，学生学得愉快，又达到了突破教学难点的目的，一举多得。

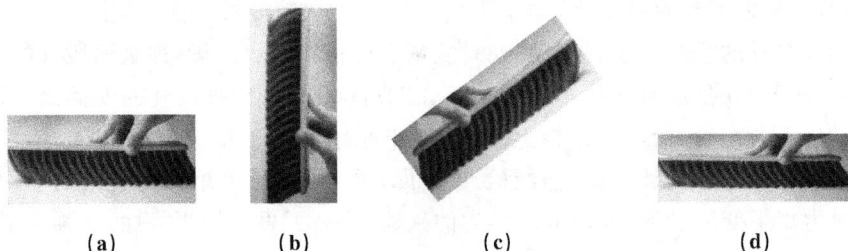

(a)   (b)   (c)   (d)

图 2.9-3

六、利用实验,解决物理难题

物理本身比较抽象,物理问题中所包含的物理规律、物理情境比较复杂。因此学生对于解决这种包含多种规律、多个过程、联系生活实际的问题感到非常困难,而且这些问题教师利用三言两语很难讲清楚。如果利用实验将题目中所包含的物理过程、现象展示出来,既可以给学生的思维以很大的启发,又可帮助学生在头脑中建立起正确、清晰的物理模型,形成正确的解题思路。

比如,有一道题目:如图 2.9-4(a)所示,在行驶中的密闭的车厢顶棚浮有一氢气球,若乘客发现氢气球向车厢后面移动,则说明车厢运动情况是怎样的?

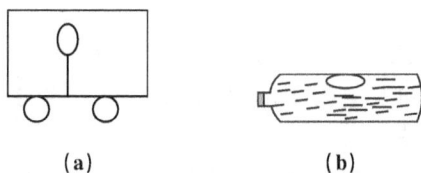

(a)　　　　　　(b)

图 2.9-4

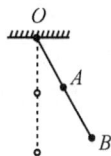

图 2.9-5

对于这一问题部分学生很难解答。在此可以设计实验进行分析,如图 2.9-4(b)所示。在一密闭的可乐瓶中装满水,其中留有一个汽泡。然后演示可乐瓶向前、向后、向左、向右运动,让学生观察汽泡的运动情况,分析汽泡的运动方向与瓶子运动方向的因果关系。然后再回过头来看题目中的问题,学生就很容易理解了。

再比如,在机械能守恒中有一道题目:如图 2.9-5 所示,一根长为 L 的轻质细杆的中点和端点处,分别固定一个质量均为 m 的小球 A 和 B,将杆拉至水平位置,由静止开始释放后,绕转轴 O 转动,求杆转至竖直位置时两球的速度是多少。

许多学生凭直觉认为,杆转动过程中只有重力对 A、B 两小球做功,因而对 A、B 两球的速度分别应用机械能守恒定律求解。结果是错误的。若直接从理论上入手分析引起错解的原因,颇费口舌,学生也会感到难以理解。因此,可采用实验的方法,用丝线代替细杆后仍然按题设的条件让两个小球自由下摆,让学生真切地看到两个小球在下摆过程中与 O 轴并不共线,而是一前一后,表明两球绕 O 轴转动的过程中 A 球的角速度应大于 B 球的角速度。然后演示题设中细杆的情况,可以看到两个小球确实一直都与 O 共线的,说明这时 A、B 球的角速度是相同的,那么为什么会相同呢?学生很容易想到是由于杆的作用的缘故。这样的演示实验既给学生提供了效果鲜明、令人信服的事实,又使学生进一步理解了机械能守恒的物理规律的真正内涵。

七、利用实验，丰富物理思想

所有的教学都是为了提高学生的各项科学素质，都是围绕素质教育而展开的。物理教学的目标是教会学生一种思维，一种解决问题、分析问题的方法。然后利用这种思想，结合正确的方法去解决实际生活中的问题，去为社会服务。通过实验，既可以使学生体会真实的物理现象、物理过程，又可以让学生在分析这些现象、解决这些问题的过程中学会一种分析问题的思想和解决实际问题的方法。

例如，在"牛顿第一定律"教学中，可设计如下实验：

第一，演示如图 2.9-6(a)的情况，让小球从静止滚下，可以发现 $s_1 > s_2$。为什么？因为阻力不同。这一点学生很好理解。

第二，演示如图 2.9-6(b)的情况，让小球从静止滚下，可以看到 $h_1 > h_2$。为什么？还是阻力不同的缘故。因为玻璃也是有阻力的，那么没有阻力的情况下会怎么样呢？$h_1 = h_2 = h$。这一点学生很容易理解。

第三，演示如图 2.9-6(c)的情况，如果没有阻力，则 $h_1 = h$。如果减小 θ，同样的道理 $h_2 = h$。比较 h_1、h_2 两种情况，可以知道，角度 θ 越小则球在斜面上滚过的距离越大，目的是达到同样的高度。

第四，演示如图 2.9-6(d)的情况，在两个斜面之间加了一段水平面，同样的道理 h_2 也应等于 h。这一点学生很容易理解。那么，在两个斜面底端的速度有什么关系呢？根据初中学过的机械能守恒定律可以判断速度大小应该相等。如果把 s 从很小逐渐增大，可以知道在水平面上小球的速度都应大小相等。那么当 s 是无穷大的时候，可以理解小球从第一斜面滚下来之后在水平面上是一直做匀速直线运动。然后结合受力分析就可以自然地导出牛顿第一定律，学生很容易理解。

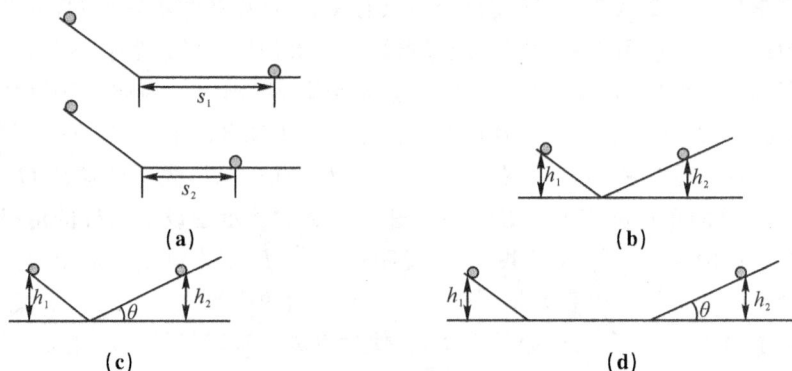

图 2.9-6

这种从生活实际中出发，利用简单的仪器和物理方法，一方面可以使学生的物理知识得到巩固，物理问题得以解决，培养了学生分析、解决问题的能力，另一方面也强化了物理学中这种理想化模型的思想,使学生的科学思维得到了锻炼。

八、利用实验,培养科学精神

实验是物理教学中的重要部分,它既可以加深学生对概念和规律的理解,又可以培养学生严肃、认真、实事求是的科学态度和良好的作风。因此教师在教学中应转变观念,为学生创造一切可能的条件,鼓励学生亲自动手,自行设计实验,在实验中多问"为什么要这样?""换种方法行不行?"的问题,从实验中去体会方法,体会思想,培养科学精神。

例如,在测量匀加速直线运动的加速度的实验教学过程中,笔者就鼓励学生自行设计"利用打点计时器测匀加速直线运动的加速度"的方案,写出实验步骤,设计数据记录的表格,然后让学生自己动手实验。对于实验中所出现的问题,鼓励学生自己去讨论、查资料解决,老师可以适当地给予指导。最后对实验结果进行分析,要求写出实验报告,特别要求写出总结、体会。经过这样的锻炼,一方面加深了学生对匀加速运动规律的理解和对实验仪器的应用能力,另一方面提高了学生对实验的兴趣和信心,培养了他们设计实验的能力、实验动手能力、创造思维的能力及分析问题、解决问题的能力。在讲完"牛顿第二定律"之后,可再让学生自行设计实验验证牛顿第二定律,结果学生积极性很高,都很有信心。学生对于实验方案的设计,仪器的选择及实验过程中问题的分析都相当规范,效果也不错。可见,改变传统的实验教学模式,鼓励学生真正动手参与到实验中去,一方面巩固所学的知识,另一方面提高学生解决问题、分析问题的能力,让学生体验了进行科学研究的艰辛,培养了高尚的科学精神。

可见,在物理教学中充分利用实验这一有效的教学手段,有利于激发学生的学习兴趣,提高学生思维的积极性;有利于教学目标的实现;有利于学生各方面能力素养的提高,符合新课程改革的要求。在中学阶段,物理实验教学是受教育者接受素质教育的重要途径,它为创设良好的教学环境进行素质教育提供了其他学科不可替代的重要条件,它的教育功能已经越来越被广大物理教育工作者所重视。

第十节　静悄悄的革命

——论学习主动性的培养

这些年来课堂教学中存在一种奇怪的现象,就是在小学课堂上,同学们的发言非常积极,不断举手,抢着发言,课堂由此显得"闹哄哄";但是到了中学,特别是到了高中的时候,学生面对老师提出的问题经常是事不关己、面无表情,更不要说是积极地举手发言,而且越到高年级学生就越是懒得回答老师提出的问题,少了学生参与的中学课堂显得"静悄悄"。

造成这一现象的原因可以归纳成以下三点:

一是教师实施统一化的教学模式,忽视了学生的个性差异。教师在教学过程中忽视学生的个体差异,只注重教学的内容。这样的教学,对思维发展还不是很完善而又对教师充满崇拜心理的小学生来说是没有什么影响的。在小学生的思想中就是要不断地配合老师听老师的话,只要老师提问的,都应该积极回答。当然也有许多学生根本就没有这个概念,只要老师提出了问题他都要回答。这样的课堂只要是老师抛出了问题,学生们就会争先恐后地回答,显得非常的热闹。但到了中学,随着思维能力的逐渐发展,学生有了自己的思考判断能力。面对这种大一统的教学模式,许多学生感觉到事不关己、无从入手,所以也就不怎么参与进去。

二是教师上课过于注重教学进度,忽视了学生主体。新课程标准明确指出,教师在课堂上起主导作用,学生才是课堂的主体。在实际教学过程中,随着学段的逐渐升高,学习的内容逐渐丰富以及难度大幅提高。许多老师在上课过程中过于注重教学内容和教学的进度,无视学生对所学知识的反应,忽略教学知识目标以及学生的能力素养目标达成情况。这样的教学无形之中在老师和学生之间、教学内容和学生之间造成巨大鸿沟,学生和老师以及教学知识根本没有互动的机会,使得课堂的四个要素"教师、学生、教材、环境"支离破碎,根本不能达到有效的互动与和谐统一,这样的教学只会造成学生远离课堂、远离教师、远离教学内容的局面,势必造成"静悄悄"的课堂。

三是教师过于注重课堂表象,忽视教学的价值和品位。许多教师在教学过程中过于注重形式,而忽视了问题的时效性和价值性,是否符合当前的品位。由于小学生认知水平的局限,只要老师提出的问题他都积极地参与回答,甚至根本就没有经过思考便脱口而出。但是随着年龄的增长,学生的认知水平不断提高,对于老师提出的问题学生会在回答或举手之前先进行判断。如果老师提的问题没有注重其价值,学生感觉到这样的问题过于简单甚至是幼稚的话,他就不会参与回答。当然有时候也会参与,比如外校老师来听课的时候,学生为了自己老师的荣誉也会假装积极回答问题,所以上公开课的时候一般都是显得很热闹的。但是这样的无效问题和形式主义多了,会使学生越来越不想参与课堂中来,造成到高年级的课堂就"静悄悄"了。

教育教学的目标是培养学生分析、解决实际问题的能力,帮助学生形成适应终身学习和发展所需要的素养,培养适合时代发展和社会需要的正确的价值观、必备品格和关键能力。为此,课堂教学过程中应该充分利用可用的教学资源,调动学生学习积极性,发动学生主动参与到学习活动中来,形成积极主动的学习态度,养成努力探索不断实践、坚持批判与创新的科学思维习惯。课堂教学应该注重时效性、注重教学的价值,只有这样才能够将教师、教材、学生和环境有机结合起来,形成课堂的真正和谐统一。进行课堂教学的动静结合,做到"动得有度、静则有效",实现课堂教学"静悄悄的革命"。

一、注重问题品质,激发学生主体意识

"问题链"的教学方式,是教师教学过程中最常用的有效的教学方式。但如果不注意问题的品质,不但达不到课堂教学的目的,还会削弱学生对问题的敏感度,降低学生回答问题积极参与课堂的主动性。所以在教学过程中教师应该在提高问题意识的同时,更加应该注重问题的有效性,注重问题的价值。

1. 关注问题自然生成,注重问题有效性

课堂提问是贯穿于教学始终的常用的教学手段之一,是启发式教学的一种主要形式,是实施有效教学的重要环节。教学过程中一定要关注问题的自然生成,最好的问题是从学生的学习过程中来,在学生的认知冲突、矛盾中自发形成。这样的问题是学生有自己真正的思考,可以体会到研究的成分,激发研究的冲动,形成积极主动的学习态度。

比如在讲"动量"的时候,提出问题:一个球以 5 m/s 的速度向你飞过来,你会怎么做? 这是一个比较开放的问题。许多女学生都说:伸手接住。部分男学生说:用头顶(估计是足球迷)。还有部分学生说:打回去。为什么会有这么多答案? 原因是不同学生的生活经历不同,对球有不同的感觉,反应自然不一样。

教师追问 1:如果飞过来的是铅球呢? 这时学生们都知道不能用手去接了,更加不能用头去顶了。这个问题使学生的脑海中留下了"质量"印象。

教师追问 2:假如一颗子弹向你飞来,你会怎样? 学生们都说:肯定死了。接着,教师抛出一颗玩具子弹,学生们很顺利地接住了。同时对刚才的回答有了新的

看法。

教师追问 3：如果这颗子弹是从枪里发射出来的，你敢接吗？

通过这样的有效提问，激发学生主动思考讨论，学生的头脑中动量的概念便自然形成。

2. 关注问题发展动向，注重问题的价值

课堂教学过程是有目的有任务的活动，提出问题的目的是辅助教学的顺利展开，不能过于随意。根据教学目的和教学发展的需要提出有价值的问题，可以有效推动教学的严谨发展，还可以帮助学生形成积极主动的学习态度。

例如在"磁现象"的教学过程中，为了说明磁铁对铁块具有吸引力的性质，在小学科学的教学过程中可以提问"磁铁能吸引铁吗？"，但是到了中学特别是在高中教学过程中，提这样的问题是丝毫没有价值可言的。在高中的"磁现象和磁场"的教学中，为了说明磁铁对铁有吸引的作用，简单的磁铁吸引铁块的实验是不可能引起学生的兴趣的，但假如说老师通过魔术师一样的形式展示出来，不仅可以达到说明磁铁吸引铁块的效果，更能激发学生学习物理应用物理的兴趣。再比如在"磁现象"中进行多个磁铁吸引铁块的实验毫无意义，但是在"磁感应强度"的教学中为了说明磁性的强弱，利用不同磁铁对不同的物体进行吸引从而说明磁铁的磁性强弱是不一样的，这样的问题就能自然推动教学的顺利发展。可见问题的设置应该根据教学的发展动向来确定，同样的问题在不同的情境之下具有不同的价值，教师应该充分结合教学需要，有效设置情境，使得问题发挥最大的价值。

3. 关注问题的时效性，注重问题的品质

由于学生在不同的年龄段具有不同的生活经历，思维判断的能力也不相同。在小学阶段由于生活经历的缺乏和思维能力发展的不完整，学生学习的动力主要来自老师的鼓励。随着年龄的增长，思维能力的增强，学生的价值观也发生了变化。但是有一点基本没有变化，那就是希望自己能够得到老师和同学的肯定，都具有表现的欲望。但假如在学习过程中一次又一次地受到打击，或者是让学生感觉到他所参与的问题都是非常幼稚甚至是毫无价值的，学生根本体会不到研究的成分，那么学生的参与问题解决的动力、表现的欲望就会慢慢减退，长此以往，也会失去主动参与学习的信心和勇气。反之，让学生在研究问题的过程中感觉到研究的价值，体会到研究的乐趣的话，学生就会不断产生参与问题解决的动力和信心，就会形成更加主动学习的冲动，养成敢于质疑敢于创新的精神。

例如在"伽利略对自由落体的研究"的教学过程中，在小学教学过程中提问"重的物体和轻的物体谁下落得快"，然后请学生进行讨论，设计实验进行验证，最后让学生上台展示。这样的课堂教学学生能够积极参与，而且能够收到很好的效果。

但是到高中如果让学生这样研究的话,学生会感觉到很幼稚,被叫到的同学不但不会感觉到解决问题的成就感,反而感觉没有被重视,甚至可能拒绝回答。可见课堂问题具有实效性,不同的问题适合不同的年龄段、不同的情境。老师不能一味地为了课堂展示的效果和形式而忽略学生的感受,让学生研究其感觉毫无品质的问题,这样无形之中压制了学生参与科学研究的积极主动性,长此以往可能形成拒绝回答老师提出一切问题的严重后果。

二、重新定位教师角色,变"教"为"学"

《师说》曰:"师者,所以传道受业解惑也!"但随着时代的不断变化,人的观念也不断发生变化。在大力提倡民主平等和谐的时代,只靠师道尊严要求学生、为学生提供学习的动力是不够的,也是没有底气的。教育是为了时代的发展、人类的进步服务的,教师在教育中所起的作用是推动教育的可持续发展。为了能够适应当前快速发展的社会、培养未来社会的创造者和建设者,教师一定要重新定位自己的角色,不断加强学习,要主动融入学生当中,及时准确掌握学生的思想动向,用心倾听学生的声音,感受学生的需求,从而能够达到精准教学,有效培养学生学习积极性、主动性。

1.教师要反省自身无知,主动探究课堂要素

有人说,在人类发展过程中最大的突破就是,人类能够认识到自己的不足,能够认识到自己的无知,从而能够不断地去探索,获取更多的认知,这也是人类不断发展的动力。课堂教学也是如此,课堂教学具有动态变化发展的特点,有目标但不是绝对的,有许多不可预见的状况,会有许多新的问题的生成。教学的对象是人,人有思想,不同的人具有不同的个性,具有活动的、变化的、复杂的、多样的特点,教师无法预料到将来课堂中的全部状况。教师应该要认识到自身的不足,认识到在自己的教学过程中还有许多因素是自己无法预料或许也是无法掌控的,因此教师需要不断研究教学的各种情况,不断提高自身的教学水平,从而使得教学更加具有针对性,实现精准教学。只有经过不断的反思和主动探究教学的原理和实践,才能顺利有效完成教学内容,才能充分利用各种有利的条件培养和发展每个学生的各种能力和素养。同时也能够有效提高自身教学理念和技能,从而可以及时适应时代发展对教育所提出的新要求。

2.教师主动融入课堂,与学生平等互动

教学研究犹如医生看病,得先问清楚病因,然后对症下药。在教学中,课堂是一个整体,但学生都是独立的个体。教学的目的并非是完成教学的内容,而是要激

发每个学生学习积极性,帮助学生形成适应终身学习和发展所需的能力与素养。这就需要教师能够像老中医一样,对每个学生进行"望、闻、问、切",准确掌握每个学生的情况,然后因材施教。如何能够在一个大课堂中做到掌握每个学生情况,这就需要教师主动融入课堂,能够从学生的角度出发,从学生的角度思考问题,用学生的方式去分析、解决问题。这样的教学方式中,教师可以从教材里跳出来,可以从老师的位置上走下来,能够和学生一起进行平等的学习和研究;能够让学生真正体会到学习主人翁的地位和研究的感觉,从而能够充分地培养学生积极学习的热情,形成主动探究的欲望;同时拉近师生之间、生生之间的距离,有助于教学目标顺利实现,形成和谐统一的高效课堂。

3.教师要用心倾听学生的声音,构筑"用心相互倾听的课堂"

教学是由学生、教师、教材、学习环境四个要素组成,教学活动是根据学生学习的需要在教师指导下展开的师生之间、生生之间、学生与教学内容之间的有效的对话。我们应该追求的不是"发言热闹的课堂",而是"用心相互倾听的课堂"。只有在"用心相互倾听的课堂"里,才能通过发言让各种思考和感情相互交流,才能安心、轻松自如地构筑人与人之间的关系,构筑一种基本的信任关系。为了能够很好地培养学生积极主动的学习态度,保护学生独特个性的发展,教师在课堂上应该以慎重的、礼貌的、倾听的姿态面对每一个学生,倾听他们有声和无声的语言,竭力以自己的身体语言和情感去与学生的身体动作和起伏的情感共鸣。有人说,用心倾听学生的发言就好比和学生玩棒球投球练习。老师如果能够把学生投过来的球准确接住,即便不说什么,投球的学生的心情也是非常愉快的。老师如果接住了学生投偏了的球的话,学生就会奋起投出更好的球来。用心倾听学生的发言,准确理解学生有声的无声的语言,可以有效激发学生学习的积极性,帮助学生形成更加主动的学习态度以及努力进行科学探究的精神。

三、明确学生主体地位,尊重学生个性差异

必须明确一点的就是,教学的目的是帮助学生掌握知识的同时培养他们分析、解决实际问题的能力,发展适应终身学习和发展所需的必备品格和关键能力,形成正确的价值观,即培养学生的核心素养。但是每个学生的情况各不相同,不同的学生在上课过程中对教师教学的反应是不一样的,一些人外在表现出来的不足和缺陷或许正是他对问题的真实反应。教师应该从保护学生个性发展的角度出发,认真对待学生在学习过程中的迟缓的反应、模糊的回答,甚至是要认真对待学生所犯的错误,真正用心去关心、帮助和欣赏学生,促进学生健康阳光的发展。

1. 尊重学生能力差异，允许"慢"思维

教学中经常有这种情况：老师给出一个问题，部分学生已经得出答案，但还有许多学生没有得出。这时许多老师认为这些学生不能独立解决这个问题，更有甚者认为这些学生"理解迟缓"或是"发言不积极"。其实在这些学生当中有一部分学生是在思考问题，只是踌躇不定、没有把握，或者是内心有思考的矛盾冲突。但是这不能代表思考不积极，也不能代表理解缓慢。要知道在信息高度发达、快速变化的时代，养成认真细致、缓慢但又严密的思考方式也是极为宝贵的。人的思维发展需要一个过程，严密的逻辑思维是需要一定的时间来训练的。学生在老师提出问题之后就脱口而出的答案要么是肤浅的，要么就是错误的，或许是问题本身缺少深度和广度。培养学生严密的逻辑思维和严谨的推理能力就应该允许学生进行"慢"思考，对学生的"慢"反应教师需要用心去观察，要耐心等待，不能否定和打击。允许学生的"缓慢"理解、"缓慢"应答就是尊重学生的个性差异，保护学生严密的逻辑思维能力，从而可以有效促进学习的主动性，增进学生深入研究的信心和勇气。

2. 尊重学生思维差异，允许"模糊"意见

许多老师有一种信念，认为思考或意见都应该清楚、明晰地表达出来，所以他们对学生给出答案的要求只有对或错、是或非，这些老师是不可能理解那些孕育着微妙的，不确定的，模糊的思考，矛盾、冲突的复杂情感的价值的。而在教学中价值最高的也许恰恰是这种模糊的多义的意见，尊重这些模糊的多义的意见，树立尊重个性多样性的意识，从而在相互的交流中，能使每个人的认识更加丰富、深刻。学生在认识事物过程中的"模糊"还表现在思考的不确定性，不确定的思考和表现往往在创造性的思考和表现中更能发挥"威力"。一切创造性行为都是发自不确定的语言和探索行为。因此，教师在教学过程中应鼓励学生从多个方面、各个角度进行思考和分析，重视思维模糊之处，学生的思维从模糊变成清晰的过程也正是学生学习进步的过程，在变化过程中得到的不仅仅是正确的认知，更能体会到成功的喜悦和快乐，激发进一步学习的内动力。

3. 尊重学生个性差异，允许"错误"应答

在学习过程中最难以避免的就是"错误"，"错误的想法"或"错误的答案"等。当然"错误"的后果是让人得不到高分，但绝非一无是处。学生做出了"错误"的应答，并不代表他什么都不懂，其实"错误"的真正价值就是告诉学生在这里的认识存在不足，或者是思维认识和实际传统认识之间存在着冲突。如果说对某一次的练习学生得了一百分，那么这次练习对这位学生来说也就没有太大价值。假如全班学生都得了满分，那么这次练习就是一次无效的练习，说明教师和学生的工作是毫

无意义的。面对学生的"错误",老师要做的就是鼓励学生对"错误"的地方进行再认识,帮助学生从各个方面深刻地认识错误的根源在哪里,是知识点的漏洞还是粗心大意,或者是有新的意义。许多学生在总结自己错误的时候简单归纳为粗心,没有引起足够的重视。其实粗心的最终根源还是解题时思维习惯的问题,或者是能力的欠缺。如果没有足够的重视势必会一错再错,这样的后果不仅造成知识点上的漏洞,更让人失去信心。因此在学习过程中教师面对学生的"错误"应答不要打击,要鼓励学生认真全面客观地分析"错误"的根源,及时做出准确的修正。这样不仅可以帮助学生习得正确的知识,更能激发学生正确面对"错误"的信心和勇气,形成正确的人生观、价值观。

教学的对象是人,人的发展有着一定的规律。教育对人的功能就像是农民种植庄稼一样,需要用心去呵护,让庄稼能够很好地适应生长的自然环境,能够充分吸收太阳给予的能量,能够自由呼吸新鲜空气,同时也放出氧气并生成果实,以供人们生存之需。教学需要遵循人成长发展的客然规律,结合教学内容,利用一切可以利用的资源培养学生积极主动的学习态度,形成不断学习和研究的内在动机,促进学生不断参与实践和创新。为此,教师要改变传统的教育教学模式,主动参与到学生的学习活动中去,尊重学生的个性差异,发自内心地欣赏每一位学生,让每位学生的核心素养都"静悄悄"地发展。

第三章　思维方法归纳

　　学校教育绝不是给人生画上句号,而是给人生准备好必要的"桨"。物理教学,不仅要传授物理的知识,更要在演绎物理知识的过程中展示物理学科学的方法,体现物理学的思想,激发学生积极主动的学习态度,培养学生科学的创新意识和能力。物理的学习,有助于学生掌握研究实际问题的科学方法,形成客观认识现实世界的思维方式,帮助学生成长为适应未来社会的新型人才。

第一节　物理习题的时空观

　　物理学研究的对象来源于生活中的各种现象、事实和规律,它来源于生活而又应用于生活。物理学的研究方法是人类发展过程中历史经验的高度总结,是人类智慧的结晶。中学物理与生活密切联系,生活中的时空观在中学物理学习中显示出突出的地位。

　　然而由于学生思维能力发展和知识储备的局限性,大部分中学生对于学习物理,特别是利用物理知识解决物理问题,感到十分困难。因此利用物理知识解决生活中的问题也就成了一句空话。在解决物理问题时快速准确地找到问题的切入点,准确地列出方程是快速有效解决物理问题的关键,这也是我们学生所要掌握的一个重要的诀窍。笔者认为应当充分利用物理问题的时空特点,将具有时间、空间的多维问题变成仅有时间或仅有空间的问题进行解决。

　　首先必须明确物理是一门与实际生活联系十分密切的学科,物理学中所研究的每一个问题都符合事物实际发展变化的规律。事物的发展都在连续的时间和空间范畴之内,所以时间和空间是所有事物发生、发展中必定存在的两个重要维度,也是我们研究问题的两个重要线索。物理问题特别是较难的大题通常也是按照这种线索设置的,主要有两大类:一类是根据时间线索设置的,按照事件发展的时间空间发展顺序逐步设置问题,这是物理中的多过程问题;一类是根据事件发生的需要,由几个不同的物体连接在一起的,我们可以理解为多场景问题。下面笔者就这两类问题简单举例分析。

　　第一类:多过程问题(即物理解题的时间观)。这是一类根据事件发展的时间顺序引起物体在时间和空间上的变化所设置的问题。对于这类问题学生往往厘不清题意,不知该如何下手解决。其实只要找到时间发展的主线,顺藤摸瓜,根据问题列方程就可以解决这类问题。

　　【例1】如图 3.1-1 所示,在倾角 $\theta=37°$ 的足够长的固定斜面上,有一质量 $m=1$ kg 的木块,木块与斜面间动摩擦因数 $\mu=0.2$。木块受到沿斜面向上的轻细线的拉力 $F=9.6$ N 的作用,从静止开始运动,经 2 s 细线突然断了。求细线断后多长时间木块速度大小为 22 m/s。(已知 $\sin 37°=0.6$,g 取 10 m/s²)

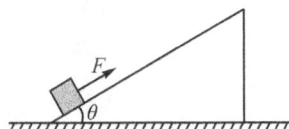

图 3.1-1

读完题目,首先可以明确研究对象在拉力作用下的运动情况:木块先在拉力 F 作用下沿斜面向上做匀加速直线运动;细线断后,木块沿斜面做匀减速直线运动。具体分析如下:

第一过程:结合受力分析可以得出,在拉力 F 作用下,木块沿斜面向上做匀加速直线运动的加速度是 2 m/s^2,细线断时物体向上的速度是 4 m/s。

第二过程:木块沿斜面向上做匀减速直线运动。根据受力分析可以知道,木块的加速度是 7.6 m/s^2,可以得出经过 0.53 s 物体的速度为零,达到最高点。结合 $\mu < \tan \theta$,可以推断木块应该还有后续的运动过程。

第三过程:木块沿斜面向下做匀加速直线运动。根据受力分析可得,木块沿斜面向下运动的加速度是 4.4 m/s^2,再结合运动学公式可以得出木块沿斜面向下运动 5 s,即可达到速度 22 m/s。

综上可得,细线断后 5.53 s 木块的速度达到 22 m/s。

这是一个典型的动力学问题,是一个关于斜面上物体运动的多过程问题。对于此类问题,通常只要根据事件发生、发展的时间顺序进行运动、受力情况的分析,再结合相关规律就可以解决。

第二类:多场景问题(即物理解题的空间观)。这类事件在发生时有多个场景,在各个场景里有着不同的问题,但相互之间又有桥梁和纽带。对于这类问题,往往是针对各个场景列出方程,再结合相互之间的桥梁关系进行解决。

【例2】在"探究电磁感应的产生条件"实验中,实验连线后如图 3.1-2(a)所示,感应线圈组的内外线圈的绕线方向如图 3.1-2(b)粗线所示。

(1)接通电源,闭合开关,G 表指针会有大偏转,几秒后,G 表指针停在中间不动。将滑动变阻器的触头迅速向右滑动时,G 表指针_____;迅速抽出铁芯时,G 表指针_____。(以上两空选填"不动""右偏""左偏"或"不停振动")

(2)断开开关和电源,将铁芯重新插入内线圈中,把直流输出改为交流输出,其他均不变。接通电源,闭合开关,G 表指针_____(选填"不动""右偏""左偏"或"不停振动")。

(3)仅用一根导线,如何判断 G 表内部线圈是否断了?_____。

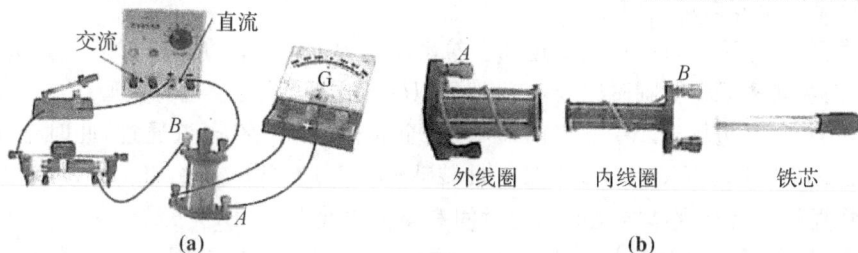

图 3.1-2

这是一个多场景问题,设备装置可分为两部分:一是 A 线圈和 G 表(灵敏电流计);二是 B 线圈、滑动变阻器、开关和电源。这两个部分即为两个场景,相互之间有联系,其中一部分发生变化将会引起另外一部分的变化。对于此类问题,一定要明确相互之间的联系,明确其中一部分发生变化后将会引起另一部分发生怎样的变化。此题中电源开关闭合,会引起 B 线圈磁通量变化,进而导致 A 线圈中磁通量变化,此时 A 线圈中产生电动势,所以 G 表指针发生偏转;改变 B 线圈中的电流大小和方向将会使 A 线圈中产生方向不同的感应电流。然后,结合楞次定律和电流流过引起指针偏转方向的关系可以求解此题。

与此类似的电磁感应问题还有很多:如图 3.1-3 所示,用手摇动导线,会使接在闭合电路中的灵敏电流计的指针会发生偏转,导线是场景一,灵敏电流计是场景二;如图 3.1-4 所示,线圈中磁通量发生变化,会使电路中产生感应电流,导体棒 CD 会受到安培力的作用,线圈是场景一,CD 导体棒为场景二。

图 3.1-3

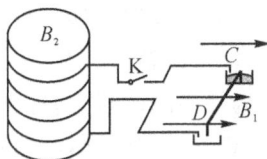

图 3.1-4

【例3】某同学设计一个装置如图 3.1-5 所示,一个半径为 R 的圆形金属导轨固定在竖直平面上,一根长为 R 的金属棒 OA,A 端与导轨接触良好,O 端固定在圆心处的转轴上。转轴的左端有一个半径为 r 的圆盘,圆盘和金属棒能随转轴一起转动。圆盘上绕有不可伸长的细线,下端挂着一个质量为 m 的铝块。在金属导轨区域内存在垂直于导轨平面向右的匀强磁场,磁感应强度 B。a 点与导轨相连,b 点通过电刷与 O 端相连。

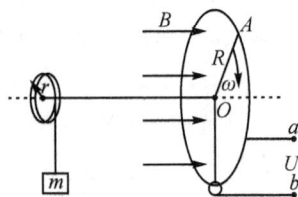

图 3.1-5

这是一个双向可逆模型。

模型一:左边场景一中铝块运动会拉动轴转动,进而带动场景二中金属棒 OA 转动,使金属棒 OA 切割磁感线,a、b 端可以输出电压,此为发电机模型。

模型二:右边场景二中 a、b 间通电,则金属棒 OA 中有电流通过,此时金属棒 OA 在安培力作用下发生转动会带动轴转动,进而向上提升铝块,此为电动机模型。

物理问题具有遵循客观世界的时间和空间维度的特征,充分厘清并把握这两个维度,找到时间和空间中所对应的关系就可以将物理问题解剖开来,变陌生为熟悉,进而轻松解决它。

第二节　论物理习题教学的层次

物理习题集物理现象、物理思想、物理方法于一体,在物理习题教学过程中尽量发挥学生主动性,给学生尽可能多的参与体验的机会,发展学生的核心素养,促进学生的全面发展。纵观当前的物理习题教学,笔者认为教学模式可以分为四个层次,第一个层次是纯粹教给学生知识,这其实是教学的最低层次;第二个层次是除了教学生知识,还教给学生分析问题的方法;第三个层次是在将知识通过科学的方法分析教给学生的过程中培养学生的能力;第四层次是鼓励学生利用学过的知识,结合科学的分析方法自主解决问题,从中得到能力的提升,这是教学的最高层次,也是核心素养目标对教学的最高要求。

【例】在材料科学研究中,某仪器用电场和磁场来控制电子在材料表面上方的运动,如图 3.2-1 所示,材料表面上方 $PP'NN'$ 区域存在竖直向下的匀强电场,PP' 与 NN' 的距离为 s;矩形 $NN'MM'$ 区域充满垂直纸面向里的匀强磁场,磁感应强度为 B,NN' 为磁场与电场的分界线,$N'N$ 长为 $9s/4$,MN 长为 $5s/4$。一个电荷量为 e、质量为 m、初速为零的电子,从 P 点开始被电场加速后垂直进入磁场,最后电子从磁场边界 $M'N'$ 飞出。不计电子重力,请回答:

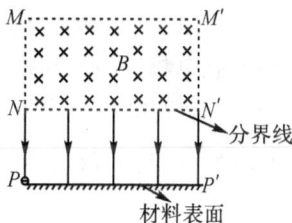

图 3.2-1

(1)若电场强度 $E = \dfrac{eB^2 s}{8m}$,求电子在磁场中运动的半径;

(2)若电场强度 $E = \dfrac{eB^2 s}{8m}$,求电子从 P 点入射到 $M'N'$ 离开磁场经历的时间;

(3)要使电子最后仅能从磁场边界 $M'N'$ 飞出,求电场强度的取值范围。

【解析】层次一:直接给出参考答案

(1)电子从 P 到 N 运动,有 $\dfrac{1}{2}mv^2 = eEs$,得 $v = \dfrac{eBs}{2m}$;

在磁场中运动,有 $evB = m\dfrac{v^2}{r}$,得 $r = \dfrac{mv}{eB} = \dfrac{s}{2}$。

(2)电子在电场中来回运动 5 次,每次的时间为 t_1,有 $s = \dfrac{1}{2}vt_1$,$t_1 = \dfrac{4m}{eB}$;

磁场中运动的周期 $T = \dfrac{2\pi m}{eB}$,可得:$t_总 = 5t_1 + \dfrac{7}{6}T = \dfrac{20m}{eB} + \dfrac{7\pi m}{eB}$。

（3）要使电子从 $M'N'$ 射出，根据电子运动轨迹的分析，可以知道电子则在磁场中运动的轨道半径 $R < \dfrac{5s}{4}$，又因为 $evB = \dfrac{mv^2}{R}$ 且 $\dfrac{1}{2}mv^2 = eEs$，可得：$E \leqslant \dfrac{25esB^2}{32m}$。

【总结】分析以上解析过程，可以看到基本上没有过程的分析，只是给出了参考答案，这样的教学是层次最低的教学，学生基本上就只是获得了一个答案。如果学生的基础不是很好，或许根本就无法知道中间为什么会有这个方程，最后的答案又是怎么出来的。

层次二：根据简单物理过程，进行重点列方程求解

（1）电子从 P 到 N，做初速为 0 的匀加速直线运动，根据动能定理有 $\dfrac{1}{2}mv^2 = eEs$，又因为 $E = \dfrac{eB^2s}{8m}$，可得 $v = \dfrac{eBs}{2m}$。

电子进入磁场后开始做匀速圆周运动，磁场对电子的洛伦兹力提供向心力，可得：$evB = m\dfrac{v^2}{r}$，$r = \dfrac{mv}{eB} = \dfrac{s}{2}$。

（2）电子在电场中从 P 到 N 先做匀加速直线运动，在磁场中经过半圆后回到电场，在电场中做匀加速运动刚好到 PP' 速度减到 0，然后又从静止开始向磁场做匀加速直线运动，后又进入磁场，像这样在电场中匀加速、匀减速共来回运动 5 次，每次的时间为 t_1，有 $s = \dfrac{1}{2}vt_1$，$t_1 = \dfrac{4m}{eB}$。

电子在磁场中做匀速圆周运动，周期 $T = \dfrac{2\pi r}{v} = \dfrac{2\pi m}{eB}$，且总共运动 $\dfrac{7}{6}$ 个周期，可得：$t_{总} = 5t_1 + \dfrac{7}{6}T = \dfrac{20m}{eB} + \dfrac{7\pi m}{eB}$。

（3）要使电子从 $M'N'$ 射出，电子做圆周运动的的轨道半径应该满足 $R \leqslant \dfrac{5s}{4}$，又因为：$evB = \dfrac{mv^2}{R}$，且 $\dfrac{1}{2}mv^2 = eEs$，可得：$E \leqslant \dfrac{25esB^2}{32m}$。

【总结】这是解题分析的第二层次，在这个层次的分析中，有分析问题的过程，而且也有相应过程中所需要的方法、规律的应用。例如，明确从 P 到 N 是从静止开始的匀加速直线运动，要用到匀变速直线运动的公式 $x = \dfrac{1}{2}at^2$；在磁场中做匀速圆周运动，要用到向心力的公式 $evB = m\dfrac{v^2}{r}$。这个层次的教学，基本上可以使解题有困难的学生弄懂解题思路，这也是许多教师在平时用的比较多的习题教学方式。但是这样的教学过程重点在于方程的求解，而不是科学的分析，导致学生缺少具体分析问题的思维体验，"学"与"用"之间还有很大的距离。

层次三：根据物理过程结合物理规律、方法进行分析，学习方法、培养能力

分析物理问题关键在于物理过程的分析。要明确任何事物都有其各自的特点，物理学的过程也是这样。什么样的物理过程就会有什么样的规律，相应需要有什么样的方程进行求解。

对于该题关键在于先明确电子的运动过程和受力情况。电子在电场中只受到电场力的作用，从 P 到 N 做匀变速直线运动。从 N 进入磁场后，在洛伦兹力的作用下做匀速圆周运动，经过半个圆周，从磁场中垂直 NN' 进入电场。电子进入电场后受电场力的作用做匀减速运动到 PP' 时速度刚好为零。然后在电场力的作用下又从静止开始向上做匀加速直线运动，然后重复前面运动的过程，但是具体什么时候到达磁场边界 $M'N'$ 需要先求出电子在磁场中的半径，然后再通过几何作图来确定。

（1）电子从 P 到 N 从静止开始做匀加速直线运动，有 $2as = v^2$，$a = \dfrac{eE}{m}$

又因为 $E = \dfrac{eB^2 s}{8m}$，可得 $v = \dfrac{eBs}{2m}$。

电子进入磁场后做匀速圆周运动，磁场对电子的洛伦兹力提供向心力，有 $evB = m\dfrac{v^2}{r}$，得 $r = \dfrac{mv}{eB} = \dfrac{s}{2}$。

小结 1：本小题直接体现了运动和力之间的关系，物体受到什么样的力就会做什么样的运动；或者说，物体做什么样的运动就意味着物体受到了什么样的力。对于直线运动的问题，要求学生能够熟练掌握运动学的相关公式，对于圆周运动的问题，关键在于找到向心力。

（2）根据运动分析可以知道，电子在电场中从静止开始匀加速和匀减速到零，共来回运动 5 次，每次的时间相等都为 t_1，且有 $s = \dfrac{1}{2}vt_1$，$t_1 = \dfrac{4m}{eB}$。

电子在磁场中做匀速圆周运动，周期 $T = \dfrac{2\pi r}{v} = \dfrac{2\pi m}{eB}$，由几何关系可知电子在磁场中运动的时间为 $\dfrac{7}{6}$ 个周期，可得：$t_总 = 5t_1 + \dfrac{7}{6}T = \dfrac{20m}{eB} + \dfrac{7\pi m}{eB}$。

小结 2：本小题是带电粒子在电场和磁场中运动的问题的重要模型。带电粒子在电场中运动的问题，中学阶段通常涉及三种：一种是平衡的问题，即静止或匀速；第二种是匀变速直线运动；第三种是类平抛运动。带电粒子在磁场中的运动通常涉及两类问题，一类是平衡问题即匀速直线运动，还有一类是匀速圆周运动。对于平衡和匀变速运动的问题都要进行受力分析，列出相应合力等于零或合力等于 ma 的问题。对于匀速圆周运动的问题也需要进行受力分析，找到指向圆心的合外力，列出合外力等于向心力的式子，就可以解决相关问题。另外，对于运动学的问题，物体运动过程的分析是非常重要的。本小题中对于电子在电场和磁场中的运动过程的分析,即几何轨迹的画出是解题的关键。

(3)要使电子从 $M'N'$ 射出,电子做圆周运动的轨道半径应该满足 $R \leqslant \dfrac{5s}{4}$,

又因为: $evB = \dfrac{mv^2}{R}$,且 $\dfrac{1}{2}mv^2 = eEs$,可得 $E \leqslant \dfrac{25esB^2}{32m}$ 。

小结3:解决该小题的关键就是要找到电子在磁场中运动的时候能够不会从 MM' 飞出磁场的临界的轨迹。带电粒子在磁场中运动的问题是中学物理学习的重点、考试的热点。通常有两种类型的问题,一种是从同一点射出的粒子速度方向不变,大小不断变化(类似于本题),解决该种问题的最好方法就是利用圆规画圆,逐渐增大圆周的半径找出临界条件;还有一种是速度大小不变,方向不断变化,解决这类问题可以事先用稍硬一点的纸做出一个半径比硬币稍大一点的圆周,在圆周上标出相互垂直的直径,在半个圆周上还可以相应标出角度,然后在草稿纸上做辅助图,将该硬纸板圆周置于磁场中,根据速度的方向逐渐转动该圆周,找到符合问题的情况。

【总结】物理学源于生活又用于生活,学习物理学就应该让学生学会分析问题解决问题的方法和能力。让学生不仅知道物理学的知识,更要掌握物理学科学的分析问题的方法与思路,能够独立发现问题和解决问题。学习物理的过程不是一个打开瓶盖喝水的过程,而应该是一个主动发现"水源",并且能够利用科学的方法获得"清水"的过程。所以在教学过程中应该在教给学生物理知识的同时,教给学生分析问题的方法,培养他们的能力。

层次四:学生自主分析、充分体验,发展核心素养,培养全面发展的人

最高的层次是要体现物理学的真正精髓,那就是培养学生主动发现问题,自主分析并解决问题,能够利用已经掌握的知识和科学方法去解决生活中的实际问题。通过物理学习形成正确的物理观念,能够对生活和生产中的实际问题进行自主的科学探究,形成科学的态度和责任,成为一个真正全面发展的人。

教学过程:

(1)学生独立思考问题。要求能够厘清电子运动的过程,将电子的运动过程进行分割,分析出各个阶段的受力情况,根据运动和受力的特点及规律,列出相应的方程。

(2)小组之间相互讨论。让解题的细节更加清晰,方法更加具体。展示各自的方法,理出最简洁的方法。"简洁"是物理学一直所坚持的原则。物理学家们始终坚信,自然界是和谐统一的,任何事物都有简洁统一的规律,比如说时空对称性、辩证统一性等。坚持简洁统一的思想,科学家们在研究中取得了很大的成就。要求学生在小组讨论过程中积极发表自己的看法,并在小组内部进行适当的辩论式探讨。

(3)同学上讲台讲解分析过程。展示是必不可少的,展示过程需要学生有严谨的思维能力、科学的语言表达能力和优雅的表现艺术。给学生以展示的机会,不仅可以培养学生分析问题、解决问题的能力,更是给了学生直接应用所学物理知识的机会。台上展示的同学不仅展示了自己的解题的过程和方法,而且收获了自信,锻炼了逻辑思维的能力。另外,由于学生上台展示,所以台下的同学更加专注,更加敢于提出自己的想法,能够更加主动参与到整个学习过程中去。这样的展示过程能够激发学生学习热情、增强班级的活力和凝聚力,有助于形成相互讨论、积极向上的班级氛围。

(4)学生集体讨论,统一意见,获得发展。在学生讨论的基础上老师进行适当的点拨,最后请同学进行总结,最后得出简洁的解析过程。课堂应该是活泼的、民主的,教学的目的是让所有的学生都能够尽可能多地得到适合自己的发展。传统的课堂缺少民主意识,主要由老师按照自己备好课的意愿满堂灌,最后的结果是学生厌学、老师很累,效率极其低下。要知道学生的能力是在其积极主动参与的情况下发展起来的,给学生展示的机会,让全体同学参与讨论不仅激发全体同学积极学习的热情,更体现了一种民主集中的人文理念。

【总结】在该教学过程中,通过学生的思考、展示、讨论,最后全体同学理解了电子的运动过程,包括电子的各个运动过程中所受到的力,所需要运用的方法、公式,相互之间如何联系,以及具体分析的过程。从而轻松得出"层次三"中的解析过程,学生不仅收获了一种自主思考、集体讨论的体验,更是收获了一份被广大同学和老师认可的喜悦,这是教育教学的最高层次。

【结束语】"教学有法,但教无定法"是所有教师都应该铭记于心的,但如何理解这句话,关键还是要抓牢教育教学的目的,即培养具有清晰的物理观念、能够积极主动进行科学实验和科学探究、形成科学的态度和责任的人,培养能够适应当前社会、具有创新和改造当前社会能力的全面发展的人。所以教学过程中应该给学生更多参与的机会,让学生亲自体验,从而促进学生核心素养的发展,这是教学的最高层次。

第三节　物理习题类型的分析

物理学是自然科学的基础,与生活联系十分密切,它源于生活而又高于生活。物理学的思想和方法是科学家们长期从事科学研究的经验概括和总结。物理的习题既要反映物理学的知识,又要体现物理学的思想和方法。通过习题的训练不仅要帮助学生巩固所学的物理知识,更要让学生领会物理学的思想方法,培养学生创新的意识和能力,形成正确的人生观、价值观。应对不同的学生针对不同的知识点设定不同的目标要求,习题的要求不一样,所达到的目标效果也是不同的。根据物理习题的特点,笔者从背景、要求等方面将物理习题分成四大类,并从习题、学生、目标和效果方面做了具体分析。

一、直接经验型习题

有些习题直接来源于生活,学生对此有一定的亲身经历和体验,有一种亲切感。对于此类问题,通常可以让学生自主解决,如有问题可以发动同学相互讨论,经过讨论基本上可以让问题变得清晰,得到解决。

【例1】假设洒水车的牵引力不变且所受阻力与车重成正比,未洒水时,车匀速行驶,洒水时它将(　　)。

A. 做变加速运动 　　　　　　B. 做初速度不为零的匀加速直线运动

C. 做匀速运动 　　　　　　　D. 继续保持匀速运动

1. 综合分析

对例1进行综合分析,如表3.3-1所示。

表 3.3-1

	习题内涵	学生储备	目标要求	效果达成
特点	以生活中常见的洒水车为背景	具有直接经验	提高解决简单问题的能力	会分析交流有合作
分析	涉及力、匀速运动、匀变速运动、变加速运动的概念,需要进行模型构建、受力分析、运动分析,最后根据运动和力之间的关系进行推理分析	头脑中具有洒水车清晰模型,知道匀速运动的概念,具备力与运动之间关系的知识,具备函数运算能力	激活学生已有的知识体系,合理建构清晰的实物模型和过程模型,准确进行受力分析,规范研究问题的思路和方法,形成严密的逻辑思维	能运用所学知识解决实际问题,建构模型,确定物理量之间的关系,利用数学推理,得出正确的结论。具有相互协作精神

2.解决步骤

一般解题步骤如图 3.3-1 所示。

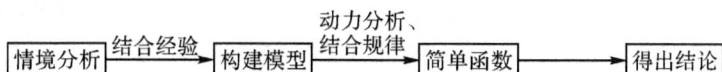

```
情境分析 →(结合经验) 构建模型 →(动力分析、结合规律) 简单函数 → 得出结论
```

图 3.3-1

3.总结

直接经验型习题的特点是取生活中常见的现象事件为背景,学生对于此类背景现象比较熟悉,有一种亲近感,第一时间克服了心理上的恐惧,有利于调动已有知识进行分析。在解决此类习题的过程中,学生能够比较轻松地联系已经掌握的物理基本知识和方法,基本上能够自主分析,能够根据问题提出自己的解决方案并能与别人进行交流。此类问题从难易度上来讲一般属于容易题,但非常有利于学生学习的兴趣、信心的激发,有利于学生建构物理模型能力的提高,有利于加强物理知识与实际应用的联系与迁移,有利于培养学生勇于探索自然的科学精神。

二、间接拐弯型习题

一些习题相关背景取材于生活中常见的现象,但根据直接生活经验或是简单运用物理所学知识往往容易出现错误的判断,可以把此类习题称为间接拐弯型习题。解决此类习题需要"适当拐弯",深入分析其各方面现象规律,综合各种因素环节,最后求出结果。

【例 2】如图 3.3-2 所示,A、B 两物体叠放在一起,以相同的初速度竖直向上抛出(不计空气阻力),下列说法正确的是(　　)。

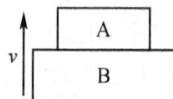

A. 在上升和下降过程中 A 对 B 的压力一定为零

B. 上升过程中 A 对 B 的压力大于 A 物体受到的重力

C. 下降过程中 A 对 B 的压力小于 A 物体受到的重力

D. 在上升和下降过程中 A 对 B 的压力都等于 A 物体受到的重力

图 3.3-2

1.综合分析

对例 2 进行综合分析,如表 3.3-2 所示。

表 3.3-2

	习题内涵	学生储备	目标要求	效果达成
特点	以生活中常见的竖直上抛为背景	具有直接经验	提高客观分析实际问题的能力	能综合,会推理,抓本质

续　表

	习题内涵	学生储备	目标要求	效果达成
分析	涉及力、竖直上抛运动的概念,需要合理地选择研究对象,需要进行受力分析、运动分析,最后根据牛顿运动定律进行推理分析	头脑中具有竖直上抛的运动模型,知道物体的具体运动情境,具备力与运动之间关系的分析能力,能够根据牛顿运动定律求解问题	知道力和运动之间有一定关系,需要根据运动分析得出受力情况。改变只凭感觉没有推理的判断的习惯。合理建构模型,准确受力分析,形成科学规范的物理解题意识	能比较规范地分析研究问题,分析运动背后的力本质,综合运用所学知识方法有效解决问题。合理建构模型,确定多个对象之间的关系,根据动力学方法结合数学推理,得出正确的结论

2. 解决步骤

一般解题步骤如图 3.3-3 所示。

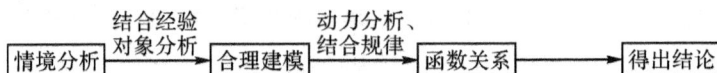

图 3.3-3

3. 总结

间接拐弯型习题一般稍有难度,学生如果直接根据生活经验很可能造成错误的判断。解决这类问题需要学生积极调动所掌握的物理知识,按照科学研究的方法,合理建构模型,并能对模型进行运动分析和受力分析。能够正确运用牛顿运动定律或能量的方法分析各物理量之间的关系,并转化为数学运算,最后得出结论,并根据实际情况判断客观合理性。整个过程需要学生具有一定的物理素养,需要学生能够像科学家一样对问题进行分析,有助于培养他们客观准确分析问题解决问题的科学素养。

三、深研细究型习题

有一类问题一开始展现给学生的就是一个非常正规的浓厚的物理问题,运动的过程的描述、物理量的假设都相对清楚。解题中学生并不能直接清晰地获得答案,而是需要深入细致地分析问题的各个情境,有时根据需要对问题进行时空上的分块研究。需要建构合适的模型,进行正确的受力分析和运动过程分析,找到相关物理量的关系,然后根据规律得出结论。

【例 3】在液体中下落的物体最终会达到一个恒定的速度,称为收尾速度。一小铁球质量为 m,用手将它完全放入水中后由静止释放,最后铁球的收尾速度为

v。若铁球在水中所受的浮力恒为 F,重力加速度为 g,关于小铁球,下列说法正确的是(　　)。

A. 若测得小铁球从被释放至达到收尾速度所用的时间为 t,则小铁球下落的位移为 $\dfrac{vt}{2}$

B. 若测得小铁球下落 h 时的加速度为 a,则小铁球此时的速度为 $\sqrt{2ah}$

C. 若测得某时刻小铁球的加速度大小为 a,则小铁球此时受到的水的阻力为 $m(g+a)-F$

D. 若测得小铁球下落 t 时间通过的位移为 x,则该过程的平均速度一定为 $\dfrac{x}{t}$

1. 综合分析

对例 3 进行综合分析,如表 3.3-3 所示。

表 3.3-3

	习题内涵	学生储备	目标要求	效果达成
特点	动力学相关的动态变化问题	具有分析问题的能力和相关的动力学知识	提高合理准确研究物理问题的能力	灵活运用,综合分析
分析	涉及动态变化的过程、收尾速度的概念,需要能够合理地选择研究对象,建立过程模型,针对不同过程准确做出分析,最后根据相关律进行分析求解	基本上能够根据问题的描述分析物体的运动过程,能够想象出物体的具体运动情境,具备力与运动之间关系的分析能力,具备运用牛顿运动定律解决问题的能力	准确理解力和运动之间的关系,能够根据问题的描述合理建构模型,能够熟练运用运动学的相关公式和准确受力分析,熟练运用牛顿运动定律解决问题。基本掌握科学规范的研究思路	可以准确理解问题描述语言,在头脑中形成清晰的物理过程,建立合理的物理模型,进行准确的物理分析,根据相应的物理规律,选用恰当的物理方法,得出客观的物理结论,并做出客观的评价

2. 解决步骤

一般解题步骤如图 3.3-4 所示。

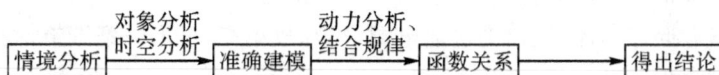

情境分析 →(对象分析 时空分析) 准确建模 →(动力分析、结合规律) 函数关系 → 得出结论

图 3.3-4

3.总结

"深研细究"其实是解决物理问题的重要方法。物理习题中通常包含了各种运动的过程,反映了事件的发生和发展过程(运动的过程),隐藏着事件的原因(受力情况)。在具体解题过程中需要学生认真审题,仔细分析题中所描述的物体运动的过程和现象。根据问题的类型合理建立物理模型,深挖题中隐含的条件或者是找到解决问题的突破口,进而运用相关规律和方法进行分析和推理,得出正确的结论。此类问题对学生前面所掌握的物理能力有一定的要求,要求学生已经熟练掌握运动学规律和牛顿运动定律以及相关的分析问题的方法和能力。通过此类问题的解决可以让学生已经掌握的知识和方法得到充分的运用,使学生掌握的知识更加系统,进而培养学生认真细致的科学研究素养。

四、科学探究型习题

物理是以实验为基础的学科,是科学研究的重要手段,实验教学是物理教学的重要抓手。为了指导学生从实验角度进行分析推理,强化实验探究意识,规范实验探究的过程,通常根据不同的研究角度设置相应的科学探究型习题。科学探究型物理习题也是习题中重要的一类。

【例 4】为了探究物体质量一定时加速度与力的关系,甲、乙同学设计了如图 3.3-5 所示的实验装置。其中 M 为带滑轮的小车的质量,m 为沙和沙桶的质量,m_0 为滑轮的质量。力传感器可测出轻绳的拉力大小。

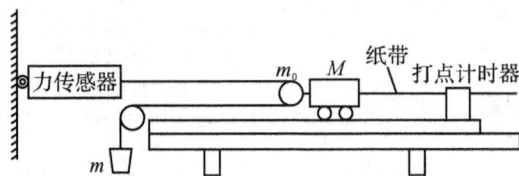

图 3.3-5

(1)实验时,一定要进行的操作是_____。

A.用天平测出沙和沙桶的质量

B.将带滑轮的长木板右端垫高,以平衡摩擦力

C.小车靠近打点计时器,先接通电源,再释放小车,打出一条纸带,同时记录力传感器的示数

D.为减小误差,实验中一定要保证沙和沙桶的质量 m 远小于小车的质量 M

(2)甲同学在实验中得到如图 3.3-6 所示的一条纸带(两计数点间还有四个点没有画出),已知打点计时器采用的是频率为 50 Hz 的交流电,根据纸带可求出小

车的加速度为_____m/s²（结果保留三位有效数字）。

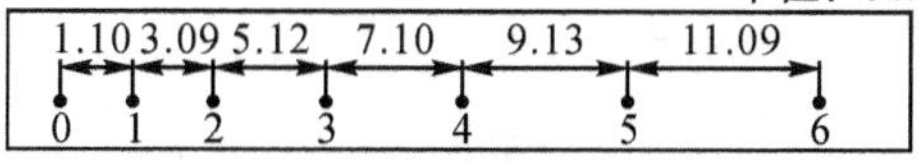

单位：cm

图 3.3-6

（3）甲同学以力传感器的示数 F 为横坐标，加速度 a 为纵坐标，画出的 a-F 图象（图 3.3-7）是一条直线，图线与横坐标的夹角为 θ，求得图线的斜率为 k，则小车的质量为_____。

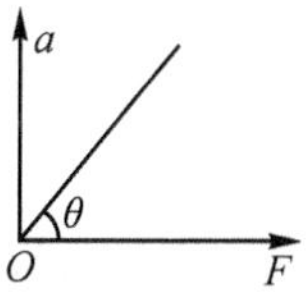

A. $\dfrac{1}{\tan\theta}$ B. $\dfrac{1}{\tan\theta}-m_0$

C. $\dfrac{2}{k}-m_0$ D. $\dfrac{2}{k}$

图 3.3-7

（4）乙同学根据测量数据做出如图 3.3-8 所示的 a-F 图象，该同学做实验时存在的问题是_____。

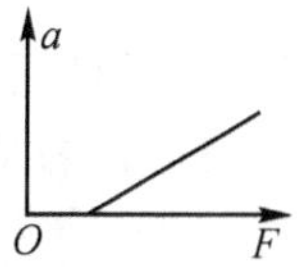

图 3.3-8

1. 综合分析

对例 4 进行综合分析，如表 3.3-4 所示。

表 3.3-4

	习题内涵	学生储备	目标要求	效果达成
特点	熟悉的实验规律为习题背景	具有一定实验能力	体验不同方法进行探究，准确理解物理规律	掌握科学研究的方法，培养创新意识和科学探究的能力
分析	涉及实验的基本要素：目的、方案、装置、操作、数据处理、误差分析等。对质量一定时，a 与 F 的关系的实验的创新探究。体现不同的科学研究方案	知道控制变量法研究物理量之间关系的实验方法；知道书本上的探究 a-F 的实验方案；能使用打点计时器；会对纸带进行分析研究；能结合图象法处理实验数据，得出结论，并进行相应的误差分析	在已有知识的基础上，确定该方案中涉及仪器的作用，明确该方案的创新优点，能够根据实验目的结合题中所给出的实验装置推出实验方案和操作细节，确定实验过程中的注意事项以及需要得出的数据。能根据问题设置做出合理的分析	明确实验研究方法的基本程序：明确实验目的，确定研究方案，设置实验装置，具体操作步骤，做出数据处理，进行误差分析，得出客观的结论。培养学生的创新意识和能力，培养尊重事实、实事求是的科学态度

157

2. 解决步骤

一般解题步骤如图 3.3-9 所示。

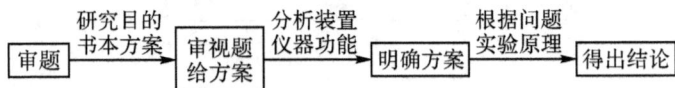

图 3.3-9

3. 总结

实验方法是科学研究的重要方法,实验教学体现一种操作性、实践性和思考多辩性。学生非常喜欢实验室的实验操作,但往往由于缺乏理论推理,很难形成完整的科学研究思维。利用探究型的物理习题,既可以帮助学生掌握科学的探究方法,也可以培养学生的创新意识和科学精神,培养学生严密的逻辑推理分析能力,从而反过来促进学生严谨地进行实验操作,指导实践。

物理学就是在人们认识自然探索世界的过程中逐渐发展和完善起来的,对人类的进步起了非常重要的推动作用。物理习题教学需要挖掘物理学科与生活联系密切的特点,充分利用学生生活经历,调动学生已有知识和能力。习题教学不仅能巩固学生所学的知识和方法,而且有助于激发学生学习的热情,有助于学生更加客观辩证地认识客观世界,有助于学生掌握终身发展和适应未来社会所需的关键能力和必备品格,形成科学的人生观、价值观。

第四节 把好"三关"解物理

　　物理学源于生活而又用于生活,生活是物理学的出发点、着力点,也是落脚点。学习物理学目的是认识研究客观世界,形成正确有效的研究方法,从而能够更加深入有效地研究客观世界。由于中学生的思维能力以及认知水平的限制,学习过程中很难把握问题的关键,造成思维混乱、思路不清,以至于很难正确解决问题,很难形成有效分析问题的基本思路和方法。事实上,中学物理学非常注重与生活的密切联系,注重物理知识和学生生活经历相结合,注重利用物理学研究的基本方法来培养学生分析解决问题的基本方法和基础能力。因此,在具体教学过程中应抓住问题的根本,遵循客观事件的发生发展过程,从受力和能量角度理解事物的本质原因,即把好"运动关、受力关和能量关"准确系统分析问题,理解现象之下的本质,从而掌握分析解决问题的思路和方法,形成能够适应未来社会发展和满足终身发展所需要的必备品格和关键能力。

　　【例】如图 3.4-1 所示,一个无风晴朗的冬日,小明乘坐游戏滑雪车从静止开始沿斜直雪道下滑,滑行 54 m 后进入水平雪道,继续滑行 40.5 m 后减速到零。已知小明和滑雪车的总质量为 60 kg,整个滑行过程用时 10.5 s,斜直雪道倾角为 37°(sin 37°=0.6)。求小明和滑雪车:

图 3.4-1

　　(1)滑行过程中的最大速度 v_m 的大小;

　　(2)在斜直雪道上滑行的时间 t_1;

　　(3)在斜直雪道上受到的平均阻力 F_f 的大小。

一、情境分析

　　这是一个有关游戏场滑雪项目的问题,部分同学或许有滑雪经历,但绝大部分同学没有。另外当前新兴起来的滑草游戏、滑沙游戏比较普遍,与此非常类似,故此问题的物理情境来源于生活,注重生活实际贴近学生经历,有利于学生思维的切入。

二、"三关"分析

1. 运动关

(1)过程分析:从斜坡上由静止开始下滑做匀加速直线运动,进入水平滑道做匀减速直线运动,最后停在水平滑道上。可以建立如图 3.4-2 所示的物理过程模型。把人和滑雪车整体看成质点,滑道看成是斜面 AB 和水平面 BC 的平滑连接。人和车从 A 点由静止开始匀加速滑下,从 B 点进入 BC 做匀减速直线运动到 C 点停止。从 B 点进入水平面的时候,人和车的速度大小不变、方向发生改变,可以知道运动到 B 点时速度最大。

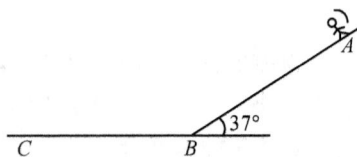

图 3.4-2

(2)量间关系:

从 A 到 B:位移关系,$x_1 = \dfrac{1}{2}at_1^2$;速度关系,$v_m = at_1$。

从 B 到 C:位移关系,$x_2 = v_m t_2 - \dfrac{1}{2}a_2 t_2^2$;位移关系,$O = v_m - a_2 t_2$。

从 A 到 C:时间关系,$t = t_1 + t_2$。

2. 受力关

(1)受力分析:如图 3.4-3 所示。

(2)量间关系:

从 A 到 B:$mg\sin 37° - F_{f1} = ma_1$

从 B 到 C:$F_{f2} = ma_2$

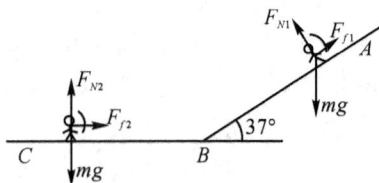

图 3.4-3

3. 能量关

(1)能量分析:从 A 到 B 的过程中,人和车整体沿斜面下滑,重力势能减少,转化为动能和克服斜面阻力产生的内能。从 B 到 C 过程中,人和车整体克服阻力做功,动能全部转化为内能。

(2)量间关系:

从 A 到 B:$mgx_1\sin 37° = \dfrac{1}{2}mv_m^2 + F_{f1}x_1$。

从 B 到 C:$\dfrac{1}{2}mv_m^2 = F_{f2}x_2$。

厘清物体的运动过程,分析清楚物体运动各个阶段所受到力的情况和能量情况,就可以清晰准确解决物理问题。把好"运动关"是分析问题的重要过程,是解决问题的重要基础,是培养清晰严密思维的重要保障。把好"受力关"是深刻理解运动本质的过程,是掌握物理分析方法、培养物理思维的重要途径。把好"能量关"是对事件的更加全面系统的理解和把握,可以更加全面地培养学生分析解决实际问题的思维和能力。把好"运动关、受力关和能量关"是一个由表及里、从点到面、从个体到整体的把握和研究过程,是一个系统培养学生分析问题、解决问题能力的有机工程。

【牛刀小试】某校科技节举行车模大赛,其规定的赛道如图 3.4-4 所示,某小车以额定功率 18 W 由静止开始从 A 点出发,加速 2 s 后进入光滑的竖直圆轨道 BC,恰好能经过圆轨道最高点 C,然后经过光滑曲线轨道 BE 后,从 E 处水平飞出,最后落入沙坑中,已知圆半径 $R=1.2$ m,沙坑距离 BD 平面高度 $h_2=1$ m,小车的总质量为 1 kg,$g=10$ m/s²,不计空气阻力,求:

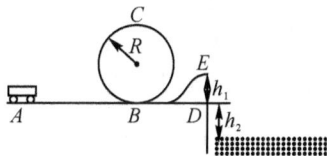

图 3.4-4

(1)小车在 B 点对轨道的压力大小;

(2)小车在 AB 段克服摩擦力做的功;

(3)末端平抛高台 h_1 为多少时,能让小车落入沙坑的水平位移最大? 最大值是多少?

"三关"分析:问题以科技节车模大赛为背景,把小车看成质点,轨道以图示给出,过程以物理过程模型给出。小车从 A 到 B 做变加速运动,从 B 到 C 到 B 做圆周运动,从 B 到 E 做曲线运动,离开 E 到沙坑过程做平抛运动。从 A 到 B,发动机牵引力做功,用来克服摩擦力做功和使得小车的动能增加。从 B 到 C 小车动能减小,部分动能转化为小车的重力势能。从 B 到 E 小车机械能守恒,部分动能转化为重力势能。

运动关:离开 E 点做平抛运动,水平位移 $x=v_E t$,竖直位移 $h_1+h_2=\dfrac{1}{2}gt^2$。

受力关:受力分析如图 3.4-5 所示:从 A 到 B,$F-F_f=ma$;

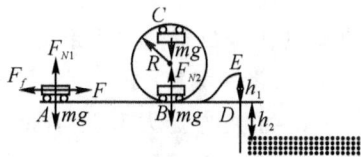

图 3.4-5

在 B 点,$F_{N2}-mg=\dfrac{mv_B^2}{R}$;

在 C 点,$mg=\dfrac{mv_C^2}{R}$。

能量关:从 A 到 B,$Pt=W_f+\dfrac{1}{2}mv_B^2$;

从 B 到 C，$\dfrac{1}{2}mv_B^2 - \dfrac{1}{2}mv_C^2 = 2mgR$；

从 B 到 E，$\dfrac{1}{2}mv_B^2 - \dfrac{1}{2}mv_E^2 = mg(h_1 + h_2)$。

物理学是研究自然界的物质结构、物体间的相互作用和物体运动规律的自然科学。物理学随着人类社会的发展而发展，为人们探索研究自然提供了科学的思想方法和研究手段。中学生学习物理学的目的在于认识和探究客观世界，解释生活中的现象，掌握相关的规律，形成相应的能力，同时形成正确的人生观、价值观和世界观。把好"三关"学物理，清晰准确分析解决问题，培养学生认识客观世界的思路和方法，提升学生严密的逻辑思维能力，最终使学生掌握科学研究的方法和能力。

【课后实战】某沙场为提高运输效率，研究沙粒下滑的高度与沙粒在传送带上运动的关系，建立如图 3.4-6 所示的物理模型。竖直平面内有一倾角 $\theta = 37°$ 的直轨道 AB，其下方右侧放置一水平传送带，直轨道末端 B 与传送带间距可近似为零，但允许沙粒通过。转轮半径 $R = 0.4$ m、转轴间距 $L = 2$ m 的传送带以恒定的线速度逆时针转动，转轮最低点离地面的高

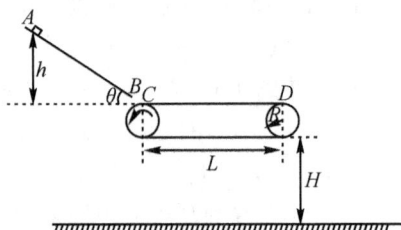

图 3.4-6

度 $H = 2.2$ m。现将一小物块放在距离传送带高 h 处静止释放，假设小物块从直轨道 B 端运动到达传送带上 C 点时，速度大小不变，方向变为水平向右。已知小物块与直轨道和传送带间的动摩擦因数均为 $\mu = 0.5$。（$\sin 37° = 0.6$，g 取 10 m/s²）

（1）若 $h = 2.4$ m，求小物块到达 B 端时速度的大小；

（2）若小物块落到传送带左侧地面，求 h 需要满足的条件；

（3）改变小物块释放的高度 h，小物块从传送带的 D 点水平向右抛出，求小物块落地点到 D 点的水平距离 x 与 h 的关系式及 h 需要满足的条件。

【参考答案】

对物块的受力和运动情况进行分析，如图 3.4-7 所示。

（1）从 A 到 B 有：

$2ax_{AB} = v_B^2$，$x_{AB} = \dfrac{h}{\sin\theta}$（运动关）

$mg\sin\theta - \mu mg\cos\theta = ma$（受力关）

解得 $v_B = 4$ m/s。

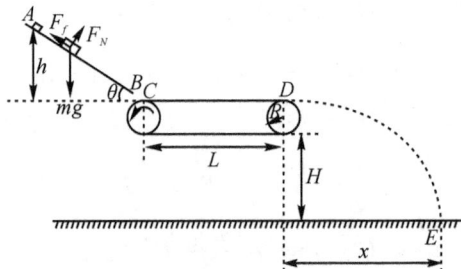

图 3.4-7

（2）要使物体从左侧离开，则物体在传送带上向右匀减速到零时未到 D 点，临界点刚好位于 D 点，此时对应高度 h_1。（运动关）

$$mgh_1 - \mu mg\cos\theta\,\frac{h_1}{\sin\theta} - \mu mgL = 0\,（能量关）$$

解得 $h < 3$ m。

（3）从 D 到 E 做平抛运动，有 $x = v_D t$，$H + 2R = \dfrac{1}{2}gt^2$；（运动关）

从 A 到 D，有 $mgh - \mu mg\cos\theta\,\dfrac{h}{\sin\theta} - \mu mgL = \dfrac{1}{2}mv_D^2$；（能量关）

在 D 点，$mg \leqslant \dfrac{mv_D^2}{R}$；（受力关）

解得 $h \geqslant 3$ m。

第五节　物理解题"四字诀"

对许多同学来说,高中学科中最难的就是物理。结合物理学科的特点,不难发现,解决物理问题是有章可循的。无非就是按照四个步骤逐渐推进,这四个步骤可以用四个字来归纳,也就是解决物理问题的"四字诀"。解决问题过程中特别是解物理大题时,利用好这"四字诀",要想不得分确实是一件十分困难的事情。下面结合一道物理题对如何利用"四字诀"解决物理问题做一个阐述。

【例】如图 3.5-1 所示,有一个桌面边长为 $L = 1.4$ m 的正方形桌子,桌面离地面高度为 $h = 1.25$ m。一个质量为 m 的物块可从桌面中心 O 点以初速 $v_0 = 2$ m/s 沿着桌面任意方向运动直至落地。设动摩擦因数 $\mu = 0.2$(g 取 10 m/s²)。

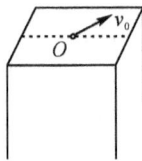

图 3.5-1

(1)设物块在桌面滑动距离为 s,求物块刚离开桌面时的速度 v 与 s 的关系。

(2)物块在桌面滑动距离 s 为多大时,物块水平运动距离最大?最大距离为多少?

一、"审"

解题的第一步是审题,审题的第一步就是阅读题目。在阅读题目的过程中将题目中的隐含条件、关键词句逐一标注出来,这是解决物理问题的第一部曲。

即在上述题目主干中突出"沿着桌面任意方向运动""直至落地""动摩擦因数";在问题设置中要突出"在桌面滑动距离为 s""刚离开桌面时""v 与 s 的关系""水平运动距离""最大"。

二、"析"

物理的最大难点就是物理问题联系着实际的情境,将物理问题准确转化成情境,物理题就解决了一半,这是解决物理问题的第二部曲。

事情的发生发展有一定的顺序或者说是线索,在物理问题中通常就有两条线索,一是空间线索,另一条是时间发展线索。转化情境就是按照这两条线索将冷冰冰的词句转化为一目了然的物理情境。

在审题结束后,按照题目中所描述的过程将题给的已知量用图象表示出来,如图 3.5-2 所示。然后结合"直至落地"可知,物体从桌面上离开后要做平抛运动,再结合问题最终得到图 3.5-3。

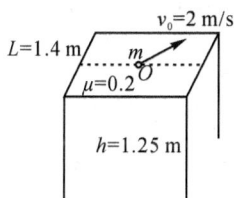

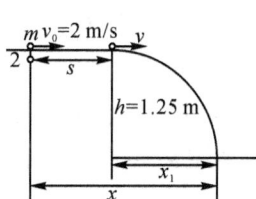

图 3.5-2   图 3.5-3

三、"列"

将物理问题转化为物理情境之后,就要根据物理问题的需要和物理规律列出方程,在这个过程中一定要明确情境中所涉及的物理规律。这是解对物理问题的关键,就是物理解题的第三部曲。

上题中所涉及的大的物理规律有两个:一是在水平桌面上做匀变速直线运动;二是离开桌面后做平抛运动。

对于问题(1):物块在水平桌上做匀减速直线运动;根据匀减速直线运动规律列出方程,$2as = v^2 - v_0^2$,其中 $a = -\dfrac{F_f}{m}$,$F_f = \mu mg$。

对于问题(2):物块离开桌面后做平抛运动,根据平抛运动的有关规律列出方程,水平方向:$x_1 = vt$,竖直方向:$h = \dfrac{1}{2}gt^2$,结合问题可知:$x = s + x_1$。

四、"解"

列好物理方程以后就要解方程。这是完整解决物理问题的最后一步,也是能否圆满解决这个物理问题的关键,这一步是解决物理问题的第四部曲。从一定意义上说这一步也是学生获得高分的"机会",因为对于很多同学来说,他心目中衡量一道题目是否会做的依据就是能否解出最后的答案,当然这种想法并不完全正确,但这确实影响到了我们的学生。因此顺利解出方程不仅可以提高学生的分数,而且可以增强学生学习的信心。

例如上题中,对于问题(1),根据方程可以轻松得出 v 与 s 的关系:$v = \sqrt{v_0^2 - 2\mu g s}$。

对于问题(2),根据上面的方程可以得到:$x = s + \sqrt{1 - s}$。对于这个方程,要求出 s 为多大时,x 为最大。这时要意识到这就是一个数学问题:求当 s 为何值时,x

取到最大值。可以利用数学中的"换元法"求解:先将方程写成 $x = 1 - (1 - s) + \sqrt{1 - s}$,然后令 $y = \sqrt{1 - s}$,有 $x = 1 - y^2 + y$,再利用配方法有 $x = \frac{5}{4} - (y - \frac{1}{2})^2$,可以看出,当 $y = \frac{1}{2}$ 时,即 $s = \frac{3}{4}$ m 时,x 有最大值即 $x_{max} = \frac{5}{4}$ m。

物理学与生活联系十分密切,它注重逻辑思维,注重情境分析。利用"四字诀"——审、析、列、解能有效帮助学生解决物理问题,培养学生分析、解决问题的能力,促进学生严密的逻辑思维的提高,最终形成终身学习的能力。

第六节　分析综合法解决动力学综合题

物理学是科学的世界观和方法论的基础,是研究物质运动和相互作用的规律的学科。其中关于运动和力的内容的核心是动力学问题。动力学部分是高中物理非常重要的内容,它的重要性不仅在于知识本身是高考的重点,还在于在动力学研究过程中所体现的独特的思想方法。动力学部分的相关物理知识与生活联系十分密切,也最能体现物理学科密切联系生活的特点,体现新课标中"教学应该充分利用学生已有的生活经验"的要求。然而这些也正是学生学习过程中很难突破的一道障碍。所以在物理教学中应充分利用物理学中的生活资源来形象直观反映物理教学知识,让学生自然顺畅地学习物理知识,在潜移默化中形成终身学习的能力。

学习物理关键在于方法。对于学生感觉较难的动力学知识,其最大特点是与生活联系密切,许多的物理情境和过程就是生活的场景片段,只要能够找准研究对象,分析相关过程的联系,然后综合所有的因素及物理相关的原理,就可以有效地将问题解决掉。在此笔者介绍一种充分体现物理学研究方法的方法——分析综合法。

一、分析综合法

把这种从问题情境中找出研究对象,然后联系时间和空间等相关因素进行分析,最后综合各个过程、各个方面及相关物理规律解决问题的方法称之为分析综合法。它的主要分析过程可以分为分、联、合三个阶段。

1."分"

"分"就是分析,一要分析研究对象,明确研究对象,通常称之为"找对象",确定研究对象是一个非常重要的过程;二要分析物体的运动过程;三要分析物体的受力情况。

2."联"

"联"就是联系,一般包括时间联系和空间联系。时间和空间是物理问题中的两条重要线索,事物的运动、发展都是按照时间和空间的顺序进行的。另外,还有一个联系,称为"物理联系",包括力学物理量之间的联系(如滑动摩擦力和正压力之间的联系),运动学物理量之间的关系(如位移加速度和速度之间的联系),力学和运动学物理量之间的联系(如 $F=Ma$,即牛顿第二定律中 F、m、a 之间的联系),具体可以体现在"对象同体""时间同时""方向同向""因果同在"这四个方面。

3."合"

"合"就是综合,是把事物的各个部分、各个方面、各个因素联系起来,形成对客观事物全面的、统一的、整体的认识,从而总体上把握事物的本质。

二、实例解析

【例1】冰壶比赛是在水平冰面上进行的体育项目,比赛场地的示意图如图3.6-1所示。比赛时,运动员在投掷线 AB 处让冰壶以一定的初速度滑出,使冰壶的停止位置尽量靠近距离投掷线 30 m 远的 O 点。为使冰壶滑行得更远,运动员可以用毛刷擦冰壶运行前方冰面,使冰壶与冰面间的动摩擦因数减小。设冰壶与冰面间的动摩擦因数为 $\mu_1=0.008$,用毛刷擦冰面后动摩擦因数减少至 $\mu_2=0.004$。在某次比赛中,运动员使冰壶 C 在投掷线中点处以 $v_0=2$ m/s 的速度沿虚线滑出。为使冰壶 C 能够沿虚线恰好到达 O 点,运动员应该在距 O 点多远处开始一直用毛刷擦冰面?

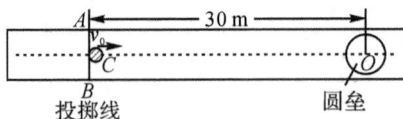

图 3.6-1

【解析】第一步:"分"

分析对象:冰壶

分析过程:冰壶从 AB 线上掷出后先做匀减速直线运动;运动员利用毛刷在前面擦冰面时,冰壶还是向前做匀减速直线运动,但整个过程分两个阶段。

分析运动:如图3.6-2所示,冰壶先从 AB 线上以初速度 v_0 做匀减速运动到 D,速度变为 v_1;由于运动员摩擦冰面,接下去冰壶以另外的加速度做匀减速运动直到 O 点停止。冰壶在第一阶段的位移为 x_1,在第二阶段的位移为 x_2。

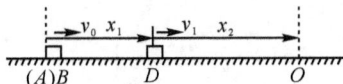

图 3.6-2

分析受力:如图 3.6-3 所示,在第一阶段,受到重力、弹力、摩擦力;第二阶段也受到重力、弹力、摩擦力。但是两个阶段的摩擦力由于冰面动摩擦因数不同而不同。

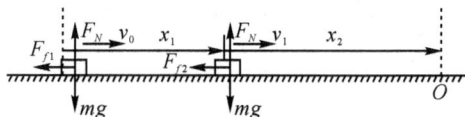

图 3.6-3

第二步:"联"

时间联系:$t = t_1 + t_2$,第一过程的末状态是第二过程的初状态。

空间联系:$x = x_1 + x_2$,第一过程的末位置是第二过程的初位置。

物理联系:

在第一阶段有,$F_{f1} = ma_1$,$F_N = mg$,且 $F_{f1} = \mu_1 F_N$,$a_1 = \mu_1 g$,$2a_1 x_1 = v_0^2 - v_1^2$;

在第二阶段有,$F_{f2} = ma_2$,$F_N = mg$,且 $F_{f2} = \mu_2 F_N$,$a_2 = \mu_2 g$,$2a_2 x_2 = v_1^2$。

第三步:"合"

联立上述方程并代入数据得:$x_2 = 10$ m。

三、实战演练

【例2】如图 3.6-4 所示,在倾角 $\theta = 37°$ 的足够长的固定斜面上,有一质量 $m = 1$ kg 的木块,木块与斜面间动摩擦因数 $\mu = 0.2$。木块受到沿平行于斜面向上的轻细线的拉力 $F = 9.6$ N 的作用,从静止开始运动,经 2 s 绳子突然断了。求绳断后多长时间木块速度大小为 22 m/s。(已知 $\sin 37° = 0.6$,g 取 10 m/s²)

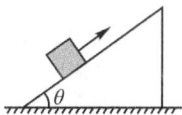

图 3.6-4

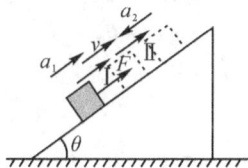

图 3.6-5

利用分析综合法进行分析:

第一步:"分"

研究对象:木块。

分析运动过程(图 3.6-5):在拉力 F 的作用下沿斜面向上做匀加速直线运动,

绳子断后,木块沿着斜面向上做匀减速运动。

受力分析情况(图 3.6-6):分阶段进行研究。

第一阶段:木块向上做匀加速运动,木块受到重力、支持力、摩擦力和拉力。

第二阶段:木块向上做匀减速运动,木块受到重力、支持力和摩擦力。

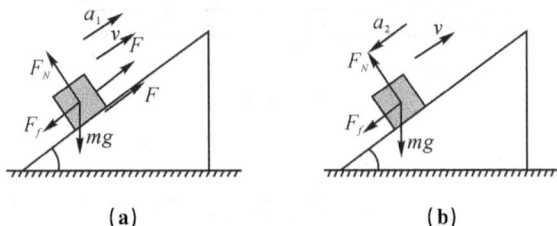

图 3.6-6

第二步:"联"

时间联系:$t = t_1 + t_2$

空间联系:$x = x_1 + x_2$

物理联系:利用正交分解法研究(图 3.6-7),沿斜面向上为 x 轴,垂直斜面方向为 y 轴建立直角坐标系。

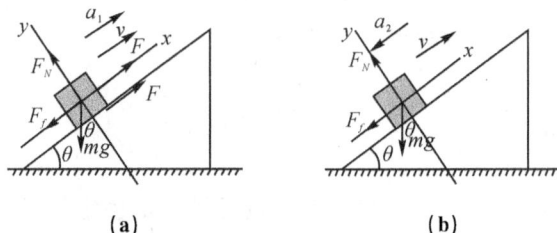

图 3.6-7

第一阶段:

x 轴方向上有:$F - mg\sin\theta - F_f = ma_1$,

y 轴方向上:$F_N = mg\cos\theta$,

且有:$F_f = \mu F_N$

第二阶段:

x 轴方向上:$-mg\sin\theta - F_f = ma_2$,

y 轴方向上:$F_N = mg\cos\theta$,

且有:$F_f = \mu F_N$,可以解得:$a_2 = -7.6 \text{ m/s}^2$,

第三步:"合"

在 2 s 末绳子断时的速度为:$v_1 = a_1 t_1 = 4 \text{ m/s}$,

绳子断了以后经过时间 t_2 到达最高点:$t_2 = \dfrac{0 - v_1}{a_2} = 0.53 \text{ s}$。

可见木块的运动应该还有第三个阶段:到达最高点之后,又从斜面上匀加速下滑,速度一直增大。

同样对第三阶段的木块进行受力分析(图 3.6-8),木块受到重力、支持力和摩擦力,这个时候的摩擦力方向是沿着斜面向上的,加速度和速度的方向沿斜面向下。

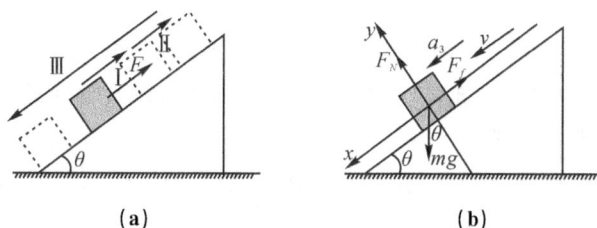

图 3.6-8

x 轴方向上:$mg\sin\theta - F_f = ma_3$,

y 轴方向上:$F_N = mg\cos\theta$,

且有:$F_f = \mu F_N$ 可以解得:$a_3 = 4.4 \text{ m/s}^2$,

所以木块从最高点加速到速度大小为 22 m/s 的时间为 $t_3 = \dfrac{v_3 - 0}{a_3} = 5$ s。综合上面的分析可以知道,从绳子断了到速度大小达到 22 m/s 所需时间为:$t = t_2 + t_3 = 0.53 \text{ s} + 5 \text{ s} = 5.53 \text{ s}$。

动力学问题与生活联系非常密切,问题的情境设置完全符合客观现实中的时间规律,对问题的研究体现了科学的研究方法。通过动力学相关问题的研究可以培养学生客观全面分析问题的能力,可以促进学生逻辑思维能力的发展。

物理学不仅仅重视知识本身的逻辑性,而且非常重视研究方法和研究思想的总结。分析综合法对分析动力学中比较复杂的多过程问题是比较理想的方法,因为分析综合法分析问题的三个阶段"分—联—合"充分体现了事件之间的相互联系和规律性。通过上面的例子还可以看出具体运用分析综合法分析问题的时候,可以将比较复杂的问题程序化,这样非常有利于学生分析解决问题。即使在具体分析问题过程中出现特殊的情况(如上面例子中出现第三阶段),学生也可以利用"分—联—合"的步骤准确解决问题。可见分析综合法不仅可以帮助学生清晰地分析物理过程,准确解决物理问题,而且可以培养学生分析解决问题的逻辑思维能力。

第七节 分析综合法解决电磁感应综合题

电磁感应问题是中学物理的一大重点,也是物理学习的一大难点。有效快速地解决电磁感应综合问题,是广大同学所迫切希望的,也是物理教师所希望的。在这里给大家介绍行之有效的方法——分析综合法。利用分析综合法可以帮助学生有效快速地解决电磁感应问题,使他们形成一种解决电磁感应问题的科学的简洁的思路和方法。

一、分析综合法

从问题情境中找出研究对象,对研究对象联系时间、空间等相关因素并结合物理关系进行分析,最后综合各个过程、各个方面解决问题的方法称为分析综合法。

二、例题解析

【例】在如图 3.7-1 所示的光滑金属导轨的水平处放有一质量为 m 的导体棒 b,再将同样的金属棒 a 轻轻地放在距水平轨道高为 h 的轨道处。轨道只有水平部分处于竖直向下的磁感应强度为 B 的匀强磁场中,如果 a 棒和 b 棒始终没有相碰。求整个过程中导轨及两棒组成的回路所消耗的电能。

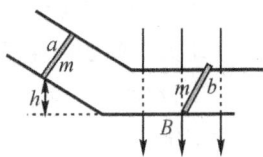

图 3.7-1

第一步:"分"

分析对象:取 a、b 导体棒进行研究。

分析过程:分两个过程。

过程一是 a 棒从导轨上由静止下滑做匀加速直线运动。

过程二是 a 棒进入磁场后切割磁感线,产生感应电动势,在闭合回路中产生感应电流,感应电流的方向如图所示。则 a 棒受安培力方向向左,使 a 棒做减速运动;b 棒受安培力方向向右,使 b 棒做加速运动。最后两棒达到共同速度后一起做匀速运动。

受力分析:a 棒受安培力方向向左;b 棒受安培力方向向右。

电路分析:此时 a、b 棒都向右切割磁感线,等效电路如图 3.7-2 所示。

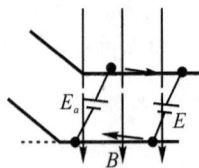

图 3.7-2

第二步："联"

时间联系：a 棒运动时间 $t = t_1 + t_2$；a、b 棒第二阶段时间相等。

空间联系：a 棒第一阶段的末速度是第二阶段的初速度，a 棒从斜面上滑到了水平轨道上。

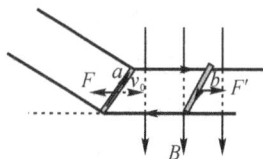

图 3.7-3

物理联系：a 棒下滑过程中，重力势能转化为动能，即 $\dfrac{1}{2}mv_0^2 = mgh$；a、b 棒在运动过程中回路中的电流 $I = \dfrac{E_a - E_b}{R} = \dfrac{BL(v_a - v_b)}{R}$。

过程二中，a、b 棒为系统动量守恒：$mv_0 = 2mv_共$。

系统所减少的动能：$|\Delta E_K| = \dfrac{1}{2}mv_0^2 - \dfrac{1}{2} \times 2mv_共^2$

根据能量守恒，可得系统所消耗的电能 $E = |\Delta E_K|$。

第三步："合"

综合上述各个方面，联立上面所有方程并代入数据可以得出 $E = \dfrac{1}{2}mgh$。

三、分析综合法三环节：分—联—合

1. 分

分就是分析，就是把整体分解成部分，把复杂的事物分解成简单的要素加以研究。在电磁感应的综合问题中，主要有以下三个方面。

（1）对象分离

是指把研究对象从问题中分析出来，从整体中分离出来。例如这么一个问题：判断图 3.7-4 所示各种情况下，a、b 两点的电势高低。

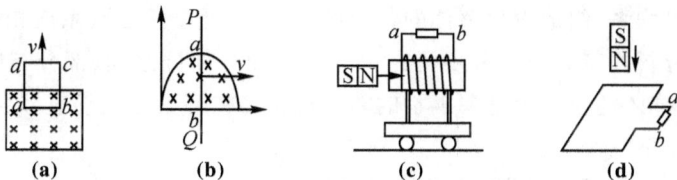

(a)　　**(b)**　　**(c)**　　**(d)**

图 3.7-4

这四种情况所涉及的运动性质、物理情境虽然各不相同，但处理的方法都是一样的，就是把研究对象从整体中分离出来。

(2)过程分段

就是把复杂的物理多过程分解成简单的若干阶段进行研究。例如这么一个问题：判断图 3.7-5 所示各种情况下，通过电阻 R 的电流方向。

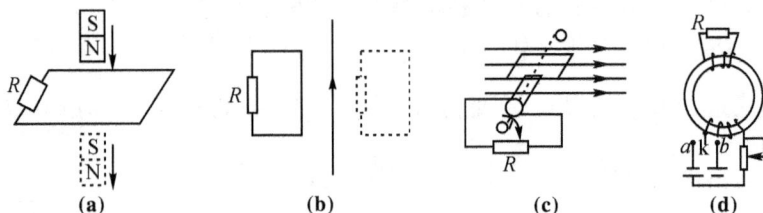

图 3.7-5

这几种情况中涉及的运动性质、物理情境各不相同，但处理的方法都是一样的：把复杂的多个物理过程分解成简单的若干阶段进行研究。

(3)力电分析

是指要对研究对象的运动情况、电路情况和受力情况进行分析。例如这样一个问题：判断图 3.7-6 所示各种情况下通过电阻 R 的电流范围。

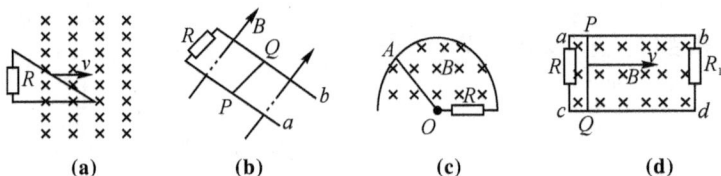

图 3.7-6

这几种情况中涉及的运动性质、物理情景也是各不相同，但处理的方法都是一样的：除了要进行运动分析、受力分析之外，还要进行电路分析。

2. 联

"联"就是联系，组成事物整体的各个部分，总是处于相互联系或相互作用之中的。应该在分析的基础上进一步研究和寻找部分与部分之间、部分与整体之间的相互联系，这样才能正确地把握事物的客观规律。在解决电磁感应综合应用题时，"联"主要有以下三个方面。

(1)在时空上，要寻找物理过程存在的时空关系

例如在例 1 中的时间延续关系：a 棒从导轨上滑下进入磁场后，b 棒也运动起来，最后 a、b 棒以共同的速度一起做匀速直线运动。在空间上：a 棒下降了高度 h。运动过程中的速度关系：a 棒第一过程的末速度是第二过程的初速度。

(2)在对象上，要明晰感应电流与磁场之间的电磁关系

在电磁感应综合题中的电磁关系主要有表 3.7-1 所示的四种情况：

表 3.7-1

现　象	关　系	判断方法
电流磁效应	电→磁	安培定则
通电导线受安培力	B、I→力	左手定则
导体棒切割磁感线	B、v→E	右手定则
闭合电路磁通量变化	$\Delta\Phi$→E	楞次定律 法拉第电磁感应定律

（3）在逻辑上，要正确把握事物发展的因果关系

逻辑上的因果关系指的是磁场与感应电流之间的因果关系，电磁感应是一个变化与结果相互制约的瞬时因果规律，表现在以下几个方面。

①闭合电路中磁通量一旦发生变化，就会有电流感应出来——即"心心相印"。

②感应电流的产生与闭合电路中磁通量的变化是同时进行的，但两者不同时消失，即"同生但不共死"。

③感应电流的磁场要反过来阻碍原磁通量的变化，原磁通量增加，则感应电流的磁场的磁通量与原磁通量方向相反；原磁通量减少，则感应电流的磁场的磁通量与原磁通量方向相同，使得原磁通量"进退两难"。

④变化和结果同在：由感应电流产生，则一定有磁通量的变化，即"没有无缘无故的爱，也没有无缘无故的恨"。

在上述例题中，a 棒切割磁感线产生感应电动势，在闭合电路中产生感应电流，使 a、b 棒都受到安培力的作用，进而又影响两棒的运动状态的变化，即有如图 3.7-7 所示的相互制约的关系。

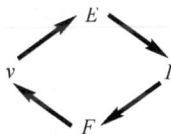

图 3.7-7

3. 合

"合"就是综合，是指把事物的各个部分、各种因素、各个方面都综合起来，形成对客观事物的全面的、统一的、整体的认识，从而总体上把握事物的本质。

【实战演练】如图 3.7-8 所示，水平放置的光滑导电导轨，处于竖直向上的匀强磁场中。金属棒 ab 在 A 物体的牵引下，由静止沿水平方向滑动。已知 ab 长为 L 质量为 m，磁感应强度为 B。A 物体质量为 M，除电阻 R 以外其余电阻不计，不计滑轮的摩擦。问：ab 棒运动过程中的加速度、速度如何变化？

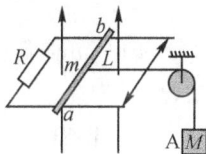

图 3.7-8

【参考解析】

①研究对象——ab 棒。

②ab 棒与 A 物体的联系：速度大小相等、加速度大小相等、绳子拉力大小相等。

③ab 棒与磁场的联系:ab 棒水平向右切割磁感线。

④运动分析:ab 棒水平向右切割磁感线,且 ab 向右切割磁感线的加速度大小与 A 物体竖直向下的加速度大小相等。

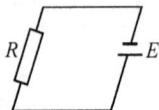

图 3.7-9

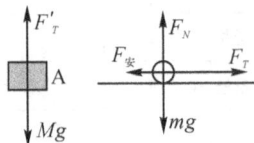

图 3.7-10

⑤电路分析:ab 向右切割磁感线产生感应电动势,在闭合电路产生感应电流,等效电路如图 3.7-9 所示:

其中 $E = BLv, I = \dfrac{E}{R}$。

⑥受力分析(图 3.7-10):对 ab 棒受力分析,化立体结构为平面图;另外,还要联合 A 物体的受力分析。

⑦因果关系:对 ab 棒有:$F_T - F_安 = ma$,对 A 物体:$Mg - F'_T = Ma'$,A 和 ab 之间有:$F_T = F'_T, a = a'$。

⑧力电关系:对 ab 有 $F_安 = BIL, I = \dfrac{E}{R}, E = BLv$。

⑨联立上述关系,得 $a = \dfrac{Mg}{m + M} - \dfrac{B^2 L^2 v}{(M + m) \cdot R}$,即为 a 与 v 之间的联系。

可以得出结论:随着 ab 棒速度 v 的增大,加速度 a 越来越小。

当 $v = 0$ 时,$a_{\max} = \dfrac{Mg}{m + M}$。

还可以得出:$v = \dfrac{MgR}{B^2 L^2} - \dfrac{(M + m)R}{B^2 L^2} \cdot a$,随着加速度 a 的逐渐减小,速度 v 逐渐增大。

当 $a = 0$ 时,$v_{\max} = \dfrac{MgR}{B^2 L^2}$。

所以 ab 棒做的是加速度逐渐减小、速度逐渐增大的变加速运动,最后匀速。

可以得出 v-t 图象,如图 3.7-11 所示。

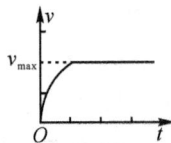

图 3.7-11

【课后训练】图 3.7-12 中 $a_1 b_1 c_1 d_1$ 和 $a_2 b_2 c_2 d_2$ 为在同一个竖直平面内的金属导轨,处在磁感应强度为 B 的匀强磁场中,磁场方向垂直于导轨所在的平面(纸面)向里。导轨的 $a_1 b_1$ 段与 $a_2 b_2$ 段竖直距离为 l_1;$c_1 d_1$ 段和 $c_2 d_2$ 段也是竖直的,距离为 l_2,$x_1 y_1$ 和 $x_2 y_2$ 为两根用不可伸长的绝缘轻线相连的金属细杆,质量分别为 m_1 和

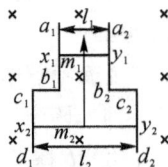

图 3.7-12

m_2，它们都垂直于导轨并与导轨保持光滑接触。两杆与导轨构成的回路总电阻为R，F为作用于金属杆 x_1y_1 上的竖直向上的恒力。已知两杆运动到图示位置时已匀速向上运动，求此时作用于两杆的重力的功率的大小和回路电阻上的热功率。

【总结】"磨刀不误砍柴工"，分析综合法是研究物理问题的最基本、最重要的方法。可以分为分、联、合三个环节，"分"就是研究部分，"联"就是把握关系，"合"就是认识整体。分析综合法的应用是部分分析与综合相互渗透、相互统一的过程。学习、理解和掌握分析综合法一定会对学生的学习带来事半功倍的效果。

第八节　电磁感应综合题的"封闭回路"分析法

　　电磁感应综合题,是高考的重点和难点,更是最近几年高考的热点。原因之一在于电磁感应知识与生活科技联系非常密切,符合物理学科实际应用的特点;原因之二在于电磁感应的知识同时包含了运动学知识、力学知识、电路知识、能量知识等,所用到的方法也几乎包括了高中物理学的所有方法,是物理学中比较综合的内容;原因之三在于掌握电磁感应的知识需要有一定的空间想象能力和严谨的逻辑思维素养,通过对电磁感应问题的分析可以培养学生科学的时空观和严谨的逻辑素养。

　　但在实际教学过程中发现,学生对电磁感应综合题的分析解决存在严重的问题,这种问题不仅表现在对电磁感应知识的不理解,更是表现为对整个高中物理学知识的学习缺少系统的内化,不能将各块内容很好地衔接起来。另外还表现为对物理问题的分析缺少统一整体的方法,在时间和空间上的把握也不够严谨。针对这些问题笔者对电磁感应综合题的特点和解题方法做了总结,希望能够对广大同行的教学和学生的学习有所帮助。

　　【例】如图 3.8-1 所示,一足够长的平行金属导轨倾斜放置,倾角为 37°,宽度为 0.5 m,电阻忽略不计,其上端接一小灯泡,电阻为 1 Ω。一导体棒 MN 垂直于导轨放置,质量为 0.2 kg,接入电路的电阻为 1 Ω,两端与导轨接触良好,与导轨间的动摩擦因数为 0.5。在导轨间存在着垂直于导轨平面的匀强磁场,磁感应强度为 0.8 T。将导体棒

图 3.8-1

MN 由静止释放,运动一段时间后,小灯泡稳定发光,此后导体棒 MN 的运动速度以及小灯泡消耗的电功率分别为(　　)。（g 取 10 m/s², sin 37°＝0.6）

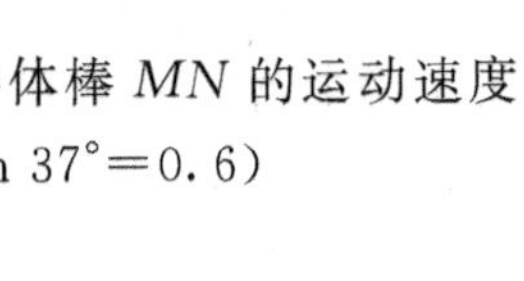

A. 2.5 m/s　1 W　　　　　　　　B. 5 m/s　1 W

C. 7.5 m/s　9 W　　　　　　　　D. 15 m/s　9 W

　　【参考解析】"小灯泡稳定发光"说明导体棒 MN 做匀速直线运动,此时 $F_安 = \dfrac{B^2 L^2 v}{R_总}$,对棒进行受力分析如图 3.8-2 所示,根据题意有:$mg \sin \theta - \mu mg \cos \theta - F_安 = 0$。因为 $R_总 = R_棒 + R_灯$,且 $R_棒 = R_灯$,则:$P_棒 = P_灯$。根据功能关系有:$(mg \sin \theta - \mu mg \cos \theta) v = P_灯 + P_棒$。

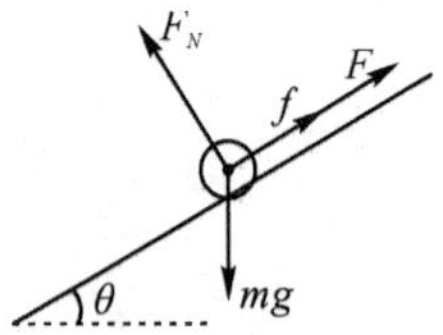

图 3.8-2

联立上述方程可以解得 $v=5$ m/s，$P_{灯}=1$ W。所以 B 项正确。

一、"封闭回路"

纵观电磁感应综合题可以知道，电磁感应综合题基本上是围绕着三个方面展开：一是运动；二是电路；三是受力。在具体问题的发生和发展中这三个方面相互制约，呈现一个"封闭回路"的关系（图 3.8-3）：由于受力，物体在磁场中运动；物体运动起来以后产生电动势，电路中有电流通过；电流流过物体使物体的受力情况发生变化；受力情况的变化又导致物体的运动情况发生变化。解决电磁感应综合题的分析过程都可以按照这个"封闭回路"过程进行分析，然后具体找到切入点根据相关规律列出方程，最后顺利求解。

图 3.8-3

二、过程分析

1. 明确运动

根据题意可知，小灯泡最后稳定发光，说明流过小灯泡的电流恒定不变，说明了导体棒 MN 最后在导轨上做匀速直线运动。

2. 明确电路

导体棒 MN 切割磁感线相当于电源，与导轨、小灯泡组成一个闭合回路，如图 3.8-4 所示。电动势 $E=BLv$，电路的总电阻 $R_{总}=R_{棒}+R_{灯}$。

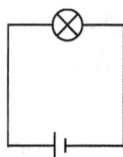

图 3.8-4

3. 受力分析

对导体棒 MN 受力分析如图 3.8-2 所示，由于其做匀速运动可以得出其所受合力为零，可得 $mg\sin\theta - \mu mg\cos\theta - F_{安} = 0$。因为 $F_{安} = BIL$，$I = \dfrac{E}{R_{总}}$。联立方程可以求得导体棒 MN 运动的速度以及电流 I。根据电功率的定义 $P = I^2R$，可以求得小灯泡所消耗的功率。

三、准确切入

在明确了电磁感应问题中三大环节所组成的"封闭回路"后,要想快速准确地解决问题,还需要把握问题的切入点。对于"封闭回路",什么时候切入? 该怎么切入? 主要是看题中涉及什么运动以及依据什么定律。对此,题目中往往有关键字或词的描述。一般情况下,题目中有"匀速"或"静止"就说明要进行受力分析,然后列出相关方程。例如,上述例题中"小灯泡稳定发光"意味着导体棒做匀速运动,也就是告诉我们需要对导体棒进行受力分析,这就是该题的切入点。有些题目会告知"物体做匀变速运动"等信息,这也说明要进行受力分析,还要根据牛顿运动定律列方程求解。

【当堂练习】如图 3.8-5 所示,倾角 $\theta = 37°$、间距 $l = 0.1$ m 的足够长金属导轨底端接有阻值 $R = 0.1$ Ω 的电阻,质量 $m = 0.1$ kg 的金属棒 ab 垂直导轨放置,与导轨间的动摩擦因数 $\mu = 0.45$。建立原点位于底端、方向沿导轨向上的坐标轴 x。在 0.2 m $\leqslant x \leqslant 0.8$ m 区间有垂直导轨平面向上的匀强磁场。从 $t = 0$ 时刻起,金属棒 ab 在沿 x 轴正方向的外力 F 作用下

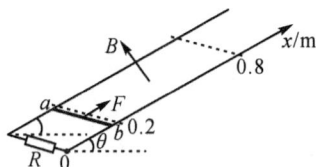

图 3.8-5

从 $x = 0$ 处由静止开始沿斜面向上运动,其速度与位移 x 满足 $v = kx$(可导出 $a = kv$),$k = 5$ s^{-1}。当棒 ab 运动至 $x_1 = 0.2$ m 处时,电阻 R 消耗的电功率 $P = 0.12$ W,运动至 $x_2 = 0.8$ m 处时撤去外力 F,此后棒 ab 将继续运动,最终返回至 $x = 0$ 处。棒 ab 始终保持与导轨垂直,不计其他电阻,求:(提示:可以用 $F - x$ 图象下的"面积"代表力 F 做的功)

(1)磁感应强度 B 的大小;

(2)外力 F 随位移 x 变化的关系式;

(3)在金属棒 ab 整个运动过程中,电阻 R 产生的焦耳热 Q。

【解析】第一步:"封闭回路"分析

运动情况:可分六个过程。

过程一:$0 \leqslant x < 0.2$ m(磁场外),金属棒 ab 在 F 的作用下沿导轨向上做加速度变化的加速运动。

过程二:0.2 m $\leqslant x \leqslant 0.8$ m(磁场中),金属棒 ab 在 F 的作用下在磁场中向上做加速度变化的加速运动。

过程三:$x > 0.8$ m(磁场外),金属棒 ab 不受 F 的作用,向上做匀减速运动至速度为零。

过程四:$x > 0.8$ m(磁场外),金属棒 ab 从最高点沿导轨向下做匀加速运动

到 $x=0.8$ m 处。

过程五：0.2 m$\leqslant x\leqslant 0.8$ m（磁场中），金属棒 ab 在磁场中沿导轨向下运动的过程，此过程中速度怎么变化由金属棒的受力情况决定。

过程六：$0\leqslant x<0.2$ m（磁场外），金属棒 ab 沿导轨向下做匀加速运动到 $x=0$ 处。

电路情况：金属棒 ab 在磁场中切割磁感线相当于电源，金属棒 ab、导轨和电阻 R 构成一个闭合回路，如图 3.8-6 所示。金属棒 ab 向上和向下通过磁场时，电路中的电流方向不同。

受力情况：当金属棒 ab 在磁场外向上运动时，受力情况如图 3.8-7（a）所示；当金属棒 ab 在磁场中向上运动时，受力情况如图 3.8-7（b）所示；当金属棒 ab 在磁场中向下运动时，受力情况如图3.8-7（c）所示；当金属棒 ab 在磁场外向下运动时，受力如图 3.8-7（d）所示。

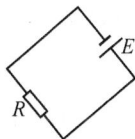

图 3.8-6

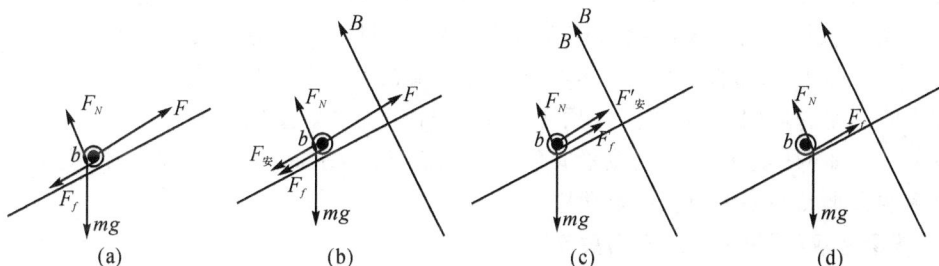

图 3.8-7

第二步：列方程求解

（1）当金属棒 ab 运动至 $x_1=0.2$ m 处时，有 $v_1=1$ m/s，又因为 $E=Blv$，$I=\dfrac{E}{R}$，电阻 R 的电功率 $P=I^2R=0.12$ W，可以求得 $B=\dfrac{\sqrt{30}}{5}$ T。

（2）由题意可知，金属棒 ab 在 F 作用下向上运动的加速度 $a=kx^2$。根据受力分析和牛顿运动定律可知，在 $0\leqslant x<0.2$ m 无磁场区间有 $F-mg\sin\theta-\mu mg\cos\theta=ma$，可以得出：$F=mg\sin\theta+\mu mg\cos\theta+ma=0.96+2.5x$。在 0.2 m$\leqslant x\leqslant 0.8$ m 磁场区间，有 $F-mg\sin\theta-\mu mg\cos\theta-F_安=ma$，又因为 $F_安=BIl$，可以得出：$F=0.96+3.1x$。

（3）由（2）可得，在金属棒 ab 上升过程中力 F 所做的总功 $W=1.712$ J。

又因为 $W-W_{安1}-mgx\sin\theta-\mu mg\cos\theta=\dfrac{1}{2}mv^2$，在磁场中运动过程中 $F_安=\dfrac{(Bl)^2v}{R}=0.6x$，可以得到金属棒 ab 向上运动过程中克服安培力做功 $W_{安1}=0.18$ J。根据动能定理可以求得金属棒 ab 离开磁场时的速度 v，撤去外力 F 后金属棒 ab 向上运动最大位移为 s，则有：$(mg\sin\theta+\mu mg\cos\theta)s=\dfrac{1}{2}mv^2$，金属棒 ab

再次进入磁场的速度为 v'，有：$(mg\sin\theta - \mu mg\cos\theta)s = \dfrac{1}{2}mv'^2$，可以解得：$v' = 2\ \text{m/s}$。由于 $mg\sin\theta - \mu mg\cos\theta - \dfrac{(Bl)^2 v'}{R} = 0$，可知金属棒 ab 再次进入磁场后做匀速直线运动。下降过程中克服安培力做功 $W_{\text{安}2} = \dfrac{(Bl)^2 v'}{R}(x_2 - x_1) = 0.144\ \text{J}$。故整个过程中克服安培力所做的总功为 $W_{\text{安总}} = W_{\text{安}1} + W_{\text{安}2} = 0.324\ \text{J}$，即为 R 上产生的焦耳热。

【课后训练】在图 3.8-8 中 $a_1b_1c_1d_1$ 和 $a_2b_2c_2d_2$ 为在同一个竖直平面内的金属导轨，处在磁感应强度为 B 的匀强磁场中，磁场方向垂直于导轨所在的平面（纸面）向里。导轨的 a_1b_1 段与 a_2b_2 段的竖直距离为 l_1；c_1d_1 段和 c_2d_2 段也是竖直的，距离为 l_2，x_1y_1 和 x_2y_2 为两根用不可伸长的绝缘轻线相连的金属细杆，质量分别为 m_1 和 m_2，它们都垂直于导轨并与导轨保持光滑接触。两杆与导轨构成的回路总电阻为 R，F 为作用于金属杆 x_1y_1 上的竖直向上的恒力。已知两杆运动到图示位置时已匀速向上运动，求此时作用于两杆的重力的功率的大小和回路电阻上的热功率。

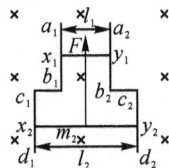

图 3.8-8

【参考解析】第一步："三角关系"分析

运动关系：x_1y_1 和 x_2y_2 向上以相同的速度 v 匀速运动。

电路关系：x_1y_1 以速度 v 向上切割磁感线，利用右手定则判断出感应电动势方向向左，$E_1 = Bl_1v$，x_2y_2 以速度 v 向上切割磁感线，利用右手定则判断出感应电动势方向向左，$E_2 = Bl_2v$。如图 3.8-9 所示，电阻 R 为电路的总电阻，整个电路中的感应电动势 $E_{\text{总}} = E_2 - E_1 = B(l_2 - l_1)v$，电流的方向为 $x_1 \to y_1 \to y_2 \to x_2 \to x_1$。

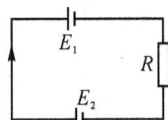

图 3.8-9

受力关系：分别对 x_1y_1 和 x_2y_2 进行受力分析，如图 3.8-10。

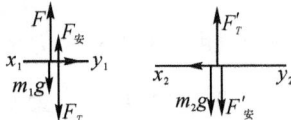

图 3.8-10

第二步：列出方程求解

对 m_1 有：$F + F_{\text{安}} = m_1 g + F_{\text{T}}$，$F_{\text{安}} = BIl_1$，$E_1 = Bl_1v$。

对 m_2 有：$F'_{\text{T}} = m_2 g + F'_{\text{安}}$，$F'_{\text{安}} = BIl_2$，$E_2 = Bl_2v$。

对 m_1 和 m_2 有：$F_{\text{T}} = F'_{\text{T}}$，$P_1 = m_1 gv$，$P_2 = m_2 gv$，$I = \dfrac{E_{\text{总}}}{R_{\text{总}}}$，$E_{\text{总}} = E_2 - E_1 = B(l_2 - l_1)v$，$E_{\text{总}} = E_2 - E_1$，$P = P_1 + P_2$，$Q = I^2 R_{\text{总}}$。

联立上述所有方程可以解得 $P = \dfrac{(m_1 + m_2)gFR - (m_1 + m_2)^2 g^2 R}{B^2(l_2 - l_1)^2}$，

$Q = \dfrac{[F - (m_1 - m_2)g]^2}{B^2(l_2 - l_1)^2}$。

第九节　动量能量综合题核心分析

动量守恒的问题是新高考中的一大亮点,这块曾经几乎被搁置起来的物理学知识在新高考中开始显得极为重要。在考题中往往将动量的问题和能量的问题结合,联系生活中的情境,形成一个难度较大的综合题。许多同学在解题过程中感觉难度很大,容易失分。对于动量和能量综合大题,笔者认为其核心部分可以归纳为四种模型。相关的动量能量综合问题几乎都是这四种当中的某一种或者是几种的综合,在解题过程中只要能够找出问题最根本的模型就可以快速、准确地将问题解决。

模型一:"穿到不能再穿"模型

【例1】如图 3.9-1 所示,光滑水平面上质量为 M 的木块在水平面上处于静止状态,有一质量为 m 的子弹以水平速度 v_0 击中木块并与其一起运动,求系统所产生的内能?

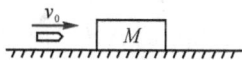

图 3.9-1

【解析】取子弹和木块为研究系统。由于地面光滑,故系统的动量守恒。取向右方向为正方向。

根据动量守恒定律有:$mv_0 = (M+m)v$,

根据能量守恒定律有:$Q = \dfrac{1}{2}mv_0^2 - \dfrac{1}{2}(M+m)v^2$,

联立上述方程可以解得:$Q = \dfrac{Mmv_0^2}{2(M+m)}$。

即子弹在射入木块的过程中系统产生的内能为 $\dfrac{Mmv_0^2}{2(M+m)}$。

小结:像这种子弹穿入木块最后达到两者相对静止的过程,我们总结为"穿到不能再穿"的模型。子弹打击木块的时间非常短,假如不是光滑水平面,子弹穿入木块的过程也可以认为系统的动量守恒,也可以应用动量守恒定律进行求解。

模型二:"滑到不能再滑"模型

【例2】如图 3.9-2 所示,在光滑的水平面上有一块质量为 M 的粗糙木板,一质量为 m 的物块以速度 v_0 滑上木板的左端,物块与木板的动摩擦因数为 μ。要使木块不会从木板右端掉下来,则木板的长度至少要多长?

图 3.9-2

【解析】取物块和木板为研究系统。由于地面光滑,故系统的动量守恒。要使 m 不会从 M 的右端滑下来,临界的状态是 m 滑到 M 最右端时两者刚好相对静止,

即有共同的速度 v。取初速度的方向为正方向。

根据动量守恒定律有：$mv_0 = (M + m)v$，

在滑动过程中系统减少的动能转化为内能，根据能量守恒定律有：$\mu mgL = \dfrac{1}{2}mv_0^2 - \dfrac{1}{2}(M + m)v^2$，

联立上述方程可以解得：$L = \dfrac{Mv_0^2}{2\mu g(M + m)}$。

即要使物块不从木板右端掉下来，木板长度至少为 $\dfrac{Mv_0^2}{2\mu g(M + m)}$。

小结：像这种小物块在木板上发生相对滑动最后达到两者相对静止的过程，我们总结为"滑到不能再滑"的模型。物块间由于相对运动而产生的内能 $Q = F_f \cdot x$，其中 x 为滑过的相对路程，注意只有两物体间的摩擦力为滑动摩擦力时才有内能产生。

模型三："压到不能再压"模型

【例3】如图 3.9-3 所示，光滑水平面上有质量分别为 m_1、m_2 的 A、B 两物体。静止物体 B 左侧固定一处于原长的轻弹簧，物体 A 以初速度 v_0 水平向右运动，接触弹簧以后将压缩弹簧，求在压缩弹簧过程中弹簧的最大弹性势能。

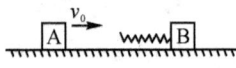

图 3.9-3

【解析】取 A、B 和弹簧为研究系统。由于地面光滑，故系统的动量守恒。由于刚开始的时候 B 是静止不动的，A 运动一段时间后与弹簧接触，弹簧将会被压缩。压缩的弹簧对 A 有向左的力，故 A 减速，弹簧对 B 有向右的力，故 B 加速。总有一个时刻 A 的速度和 B 的速度相等，即 A、B 有共同速度，此时刻两者相距最近。此时的弹簧压缩量最大，弹性势能最大。取向右为正方向。

根据动量守恒定律有：$m_1 v_0 = (m_1 + m_2)v$，系统减少的动能转化成为弹簧的弹性势能。

根据能量守恒定律有：$E_{P\max} = \dfrac{1}{2}m_1 v_0^2 - \dfrac{1}{2}(m_1 + m_2)v^2$。

联立上述方程可以解得：$E_{P\max} = \dfrac{m_1 m_2 v_0^2}{2(m_1 + m_2)}$，即压缩弹簧的过程中弹簧所具有的最大弹性势能为 $\dfrac{m_1 m_2 v_0^2}{2(m_1 + m_2)}$。

小结：这个模型中，由于开始 A 的速度大于 B 的速度，两者距离逐渐减小，弹性势能增大；当 A 的速度小于 B 的速度时，两者之间的距离增大，弹性势能减小。所以当 A、B 间距离最小，也就是压缩到不能再压缩的时候弹簧的弹性势能最大，这就是"压到不能再压"模型。对于这个模型，假如 A 与弹簧接触后就被粘连，那么可以让同学分析 A 接触弹簧后系统的运动的情况，以及能量动量的变化的情况。

模型四:"升到不能再上升"模型

【例 4】如图 3.9-4 所示,质量为 M 的带有圆弧曲面的小车静止在光滑水平面上,另有一质量为 m 的小球以水平速度 v_0 冲上小车的曲面。求 m 能够在小车的曲面上上升的最大高度。

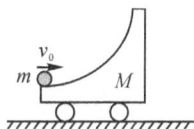

图 3.9-4

【解析】对 m 和 M 整个系统而言,m 在曲面向上运动的过程中,M 也同时向右运动。由于 m 竖直方向上有向上的速度分量,所以系统的动量不守恒。但由于水平地面是光滑的,系统在水平方向上的合力等于零,故系统在水平方向上动量守恒。另外,从运动过程可以知道当小球在竖直方向的分速度等于零时,小球到达最大高度,此时小球和小车具有共同速度。取向右方向为正方向。

根据动量守恒定律可知:$mv_0 = (M+m)v$,

系统减少的动能转化为小球上升过程中所增加的重力势能,

根据能量守恒定律可知:$mgh = \frac{1}{2}mv_0^2 - \frac{1}{2}(M+m)v^2$,

联立上述方程解得:$h = \frac{Mv_0^2}{2g(M+m)}$,

即小球上升的最大高度为 $\frac{Mv_0^2}{2g(M+m)}$。

小结:在这个模型中,小球在上升的过程中竖直方向上的分速度逐渐减小,最后变为零,此时小球在竖直方向上达到最大高度,我们称之为"升到不能再上升"模型。对于此类模型系统的总动量往往并不守恒,但是在某一个方向上的动量却是守恒的,此时我们就要利用这个方向上的动量守恒解决问题。

【总结】以上是动量和能量综合问题的四种模型。可以看出,动量和能量综合的问题关键在于确定研究的对象,然后找到动量守恒和能量守恒的过程,最后列出动量守恒和能量守恒的方程。利用动量守恒定律的关键是根据问题情境判断系统动量是否守恒,或者在某一个方向上是否守恒。而利用能量守恒的关键在于搞清楚物体在运动过程中是什么能量和什么能量之间的转化,在转化过程中的定量关系如何,最后列出相关方程。联立动量守恒和能量守恒的相关方程,就可以解决问题。具体题目中的动量和能量问题几乎都在这四种模型之内,解题过程中只要分析清楚问题的情境,明确各个物理过程中的动量和能量的相关情况,逐个列方程就可解决问题。

【牛刀小试】如图 3.9-5 所示,质量为 m_2 的小环穿在光滑水平细杆上。小环通过不可伸长的细线悬挂着质量为 m_1 的木块。m_1 和 m_2 处于静止状态。质量为 m_0 的子弹以初速度 v_0 水平射入木块并留在其中,求木块能够上升的最大高度?

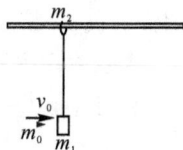

图 3.9-5

【解析】这个问题中的运动可以分为两个过程,分别对应两种模型。

过程一是"穿到不能再穿"的过程。这个过程中研究对象取 m_0 和 m_1。由于作用时间非常短,两者之间产生很大的内力,故子弹和木块系统动量守恒。取初速度的方向为正方向,设子弹射入木块后木块和子弹的速度为 v_1,根据动量守恒定律有:$m_0 v_0 = (m_0 + m_1)v_1$。

过程二是"升到不能再升"的过程。这个过程中研究对象是子弹、木块和小环。这个系统的总动量不守恒,但是水平方向上动量守恒。当木块上升到最高点时,小环和木块有共同速度。取向右为正方向。

根据动量守恒定律有:$(m_0 + m_1)v_1 = (m_0 + m_1 + m_2)v_2$。

在木块上升过程中,子弹和木块的重力势能增加,系统的动能减小转化为重力势能,根据能量守恒定律有:

$$(m_0 + m_1)gh = \frac{1}{2}(m_0 + m_1)v_1^2 - \frac{1}{2}(m_0 + m_1 + m_2)v_2^2。$$

联立上述方程可以解得:$h = \dfrac{m_2 m_0^2 v_0^2}{2g(m_0 + m_1)^2(m_0 + m_1 + m_2)}$。

即木块能够上升的最大高度为 $\dfrac{m_2 m_0^2 v_0^2}{2g(m_0 + m_1)^2(m_0 + m_1 + m_2)}$。

小结:这个问题是"穿到不能再穿"模型和"升到不能再升"模型相结合的综合题,在解题过程中必须先把这两个过程分开,再相应列出方程求解。如果不分离而直接列方程求解,很多同学会把子弹在穿入木块过程中损失的机械能忽略掉,导致解题错误。

【练习】在原子核物理中,研究核子与核子关联的最有效途径是"双电荷交换反应"。这类反应的前半部分过程和下述力学模型类似。两个小球 A 和 B 用轻质弹簧相连,在光滑的水平直轨道上处于静止状态。在它们左边有一垂直于轨道的固定挡板 P,右边有一小球 C 沿轨道以速度 v_0 射向 B 球,如图 3.9-6 所示。C 与 B 发生碰撞并立即结成一个整体 D。在它们继续向左运动的过程中,当弹簧长度变到最短时,长度突然被锁定,不再改变。然后,A 球与挡板 P 发生碰撞,碰后 A、D 都静止不动,A 与 P 接触而不粘连。过一段时间,突然解除锁定(锁定及解除锁定均无机械能损失)。已知 A、B、C 三球的质量均为 m。

(1)求弹簧长度刚被锁定后 A 球的速度;

(2)求在 A 球离开挡板 P 之后的运动过程中,弹簧的最大弹性势能。

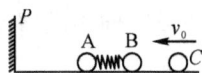

图 3.9-6

【参考答案】(1)设 C 球与 B 球碰撞结成 D 时,D 的速度为 v_1,根据动量守恒,有:

$$mv_0 = (m + m)v_1$$

当弹簧压至最短时,D 与 A 的速度相等,设此速度为 v_2,由动量守恒,有:

$$2mv_1 = 3mv_2$$

由以上两式可得 A 的速度：

$$v_2 = \frac{1}{3}v_0$$

（2）设弹簧长度被锁定后，贮存在弹簧中的势能为 E_P，由能量守恒，得：

$$\frac{1}{2} \cdot 2mv_1^2 = \frac{1}{2} \cdot 3mv_2^2 + E_P$$

撞击 P 后，A 与 D 的动能都为零，解除锁定后，当弹簧刚恢复到自然长度时，势能全部转变成 D 的动能，设 D 的速度为 v_3，则：

$$E_P = \frac{1}{2}(2m)v_3^2$$

当弹簧伸长时，A 球离开挡板 P，并获得速度。当 A、D 的速度相等时，弹簧伸至最长。设此时的速度为 v_4，根据动量守恒，有：

$$2mv_3 = 3mv_4$$

当弹簧伸到最长时，其势能最大，设此势能为 E'_P，
根据能量守恒，有：

$$\frac{1}{2} \cdot 2mv_3^2 = \frac{1}{2} \cdot 3mv_4^2 + E'_P$$

解以上各式得：

$$E'_P = \frac{1}{36}mv_0^2$$

第十节　动量定理与磁的综合应用

　　动量是中学物理学的重要组成部分,动量中所涉及的一些物理概念和研究方法都是物理学中重要的知识点。动量定理是物理学直接应用于生活实际的重要的方法,充分体现物理学的实际应用价值,是高考考查的重要知识点。浙江省从2017年开始实行新高考,动量的内容从原来的自选模块变为选考内容。分析连续五次选考试卷可以知道,2015年10月的第22题、2016年4月的第23题、2016年10月的第23题、2017年4月的第22题和2017年11月的第22题都涉及了动量定理的运用。高考是一种导向,是教育教学的一个方向标。五次考试都涉及了动量定理的问题,它们都是与磁场或电磁感应相关的综合应用问题,而且都涉及前沿科技的背景知识,这充分体现了动量定理的重要性。为了能够帮助学生很好地掌握动量定理的应用,本文从动量定理的模型出发,总结了动量定理在磁场和电磁感应中的应用模式。

一、动量定理内容与核心模型

1. 动量定理的内容

　　物体在一个过程始末的动量变化量等于它在这个过程中所受力的冲量,即$F\Delta t = \Delta P$。值得注意的是等式的左边是合外力的冲量,等式的右边是物体动量的改变量,等于末动量减去初动量。

2. 核心模型

模型一:瞬间作用力的模型

　　一般是指物体在运动过程中与其他物体发生很短时间的相互作用(或称为瞬间相互作用),可以利用动量定理求在作用过程中物体之间的相互作用力的问题。通常针对碰撞、打击和爆炸产生力的问题。

　　【例1】如图3.10-1所示,质量为m的小球沿光滑水平面运动,与竖直墙壁发生碰撞被反向弹回。已知碰撞前后的速度分别为v和v',小球和墙壁的作用时间为Δt。求小球和墙壁作用过程中,墙壁对小球的作用力。

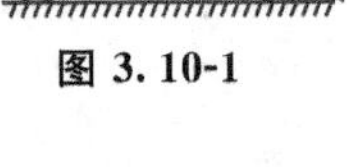

图 3.10-1

【解析】取向左方向为正方向,对小球研究,有:$F \cdot \Delta t = mv' - (-mv)$,

所以 $F = \dfrac{m(v' + v)}{\Delta t}$,方向向左。

模型二:短时间积累的模型

这类问题通常是物体在力的作用下运动一段时间或一段位移,物体的速度发生了变化,可以利用动量定理解决该类问题中相关的运动学的物理量,如时间、位移等。

【例2】如图 3.10-2 所示,质量为 m 的物体沿光滑水平面运动,在水平拉力 F 的作用下,经过一段时间物体的速度从 v 变为 v',求力 F 的作用时间 Δt。

图 3.10-2

【解析】取向右的方向为正方向,对物体研究,有:$F \cdot \Delta t = mv' - mv$,

所以 $\Delta t = \dfrac{m(v' - v)}{F}$。

二、磁场中的动量定理

磁场中的动量定理一般是针对带电粒子的运动,在运动中粒子与其他物体发生碰撞产生力的问题,是一种瞬间作用力的动量定理的问题,通常适用模型一。

【例3】如图 3.10-3 所示,在 x 轴的上方存在垂直纸面向里,磁感应强度大小为 B_0 的匀强磁场,位于 x 轴下方离子源 C 发射质量为 m,电荷量为 q 的一束负离子,其初速度大小范围为 $0 \sim \sqrt{3}v_0$,这束离子经电势差为 $U = \dfrac{mv_0^2}{2q}$ 的电场加速后,从小孔 O(坐标原点)垂直 x 轴并垂直磁场射入磁场区域,最后打到 x 轴上。在 x 轴上 $2a \sim 3a$ 区间水平固定放置一探测板($a = \dfrac{mv_0^2}{qB_0}$)。假设每秒射入磁场的离子总数为 N_0,打到 x 轴上的离子数均匀分布(离子重力不计)。

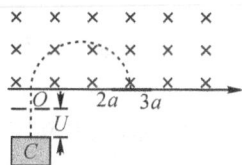

图 3.10-3

(1)(2)略。

(3)保持磁感应强度 B_1 不变,求每秒打在探测板上的离子数 N;若打在板上的离子 80% 被板吸收,20% 被反弹回,弹回速度大小为板前速度大小的 0.6 倍。求探测板受到的作用力大小。

【解析】离子束能达到探测板的实际位置范围为 $2a \leqslant x \leqslant 3a$,对应的速度范围为 $\dfrac{4}{3}v_0 \leqslant v' \leqslant 2v_0$。可以知道每秒钟打在板上的离子数为 $N = \dfrac{2v_0 - \dfrac{4}{3}v_0}{2v_0 - v_0}N_0 =$

$\dfrac{2}{3}N_0$。根据动量定理,其中被吸收的离子受到板的作用力大小为 F_1,有 $F_1\Delta t = \Delta P_{吸}$,$\Delta P_{吸} = 0.8M\Delta \overline{v} = 0.8Nm\Delta t\Delta \overline{v} = 0.8Nm\overline{v'}\Delta t$,因为打到板上各点速度随 x 轴成线性均匀变化,故 $\overline{v'} = \dfrac{\frac{4}{3}v_0 + 2v_0}{2} = \dfrac{5}{3}v_0$。可以得到,$F_1 = \dfrac{8N_0mv_0}{9}$。

其中被反弹的离子受到板的作用力大小为 F_2,有 $F_2\Delta t = \Delta P_{反}$,$\Delta P_{反} = 0.2M\Delta \overline{v'} = 0.2Nm\Delta t\Delta \overline{v'}$,$\Delta \overline{v'} = 0.6\overline{v'} - (-\overline{v'}) = 1.6\overline{v'}$。可以得到,$F_2 = \dfrac{16N_0mv_0}{45}$。

所以,板对离子的作用力大小是:$F = F_1 + F_2 = \dfrac{56}{45}N_0mv_0$。

根据牛顿第三定律可知,探测板受到的作用力的大小为 $F' = \dfrac{56}{45}N_0mv_0$。

【总结】本小题是求离子与探测板碰撞后产生的作用力的问题,碰撞是瞬间相互作用,因此该题属于模型一的问题。解决该类问题关键在于明确正方向,正确表示合外力的冲量和动量的改变量。带电粒子在磁场中运动过程中发生碰撞的问题通常属于此类型,可利用动量定理解决。

三、电磁感应中的动量定理

电磁感应中的动量定理通常是与安培力有关的,安培力在短时间的积累就是安培力的冲量。安培力中涉及电流,安培力的冲量包含了电流和时间的乘积的物理量也就是电荷量。而且电磁感应中的电流产生又是由磁通量的变化形成的,而涉及动量定理的问题中的磁通量变化通常是与位移有关。所以电磁感应中的动量定理问题一般是求电荷量和求导体棒运动的位移等问题。

【例4】如图 3.10-4 所示,质量 $m = 3.0 \times 10^{-3}$ kg 的"冂"型金属细框竖直放置在两水银槽中,"冂"型框的水平细杆 CD 长 $l = 0.20$ m,处于磁感应强度大小 $B_1 = 1.0$ T、方向水平向右的匀强磁场中。有一匝数 $n = 300$ 匝、面积 $S = 0.01$ m² 的线圈通过开关 K 与两水银槽相连。线圈处于与线圈平面垂直的、沿竖直方向的匀强磁场中,其磁感应强度 B_2 的大小随时间 t 变化的关系如图 3.10-5 所示。

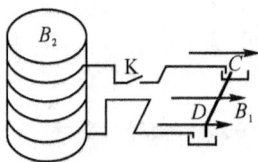

图 3.10-4

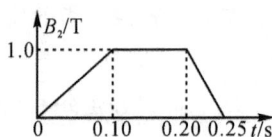

图 3.10-5

(1)(2)略。

(3)$t=0.22$ s 时闭合开关 K,若安培力远大于重力,细框跳起的最大高度 $h=0.20$ m,求通过细杆 CD 的电荷量。

【解析】在开关 K 闭合瞬间,有电流从 C 到 D 通过"冂"型框,"冂"型框受到向上的安培力和重力的作用。取竖直向上的方向为正方向,根据动量定理有,$(F-mg)\Delta t=mv$,其中的 v 为"冂"型框离开水银槽竖直向上运动的初速度。又因为安培力远大于重力,所以重力可以忽略,写成 $F\Delta t=mv$,又因为 $F=B_1\bar{I}l$,$v=\sqrt{2gh}$,且 $q=\bar{I}\Delta t$。可以求得:$q=\dfrac{m\sqrt{2gh}}{B_1l}$,代入数据得:$q=0.03$ C。

【总结】这是电磁感应中求电荷量的问题,这里的电荷量是电流在短时间里积累的结果。由于电流的通过使导体受到了安培力,安培力在短时间里的积累就是安培力的冲量,需要利用动量定理来解决,因此该题属于模型二的问题。此类问题中的电流一般都是变化的,由于这类问题中的过程非常短暂,可以用平均电流来求,由此就可以求得这段时间内通过导体的电荷量。

动量定理是动量中的重要内容,是整个物理学中非常重要的部分,蕴含物理学中的重要方法,也是高考考查的热点和难点。在浙江省新高考中,动量定理与磁场和电磁感应的综合应用,成为区分学生不同水平的重要内容。在磁场和电磁感应中的综合运用中充分利用动量定理,探索利用动量定理解决相关问题,有利于促进学生对物理学的深层次理解。

【牛刀小试】如图 3.10-6 所示,质量为 M 的 U 型金属框 $M'MNN'$,静放在粗糙绝缘水平面上(动摩擦因数为 μ),且最大静摩擦力等于滑动摩擦力。$M'M$、NN' 边相互平行,相距为 L,电阻不计且足够长,底边 MN 垂直于 $M'M$,电阻为 r。质量为 m 的光滑导体棒

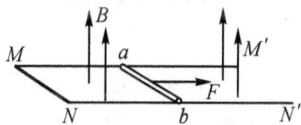

图 3.10-6

ab 电阻为 R,垂直 $M'M$ 放在框架上,整个装置处于垂直轨道平面向上,磁感应强度大小为 B 的匀强磁场中。在与 ab 垂直的水平拉力作用下,ab 沿轨道由静止开始做匀加速直线运动,经 x 距离后撤去拉力,直至最后停下,整个过程中框架恰好没动。若导体棒 ab 与 $M'M$、NN' 始终保持良好接触。求:导体棒 ab 运动的总位移。

【解析】由题意可知,当框架恰好不动时,导体棒速度最快。故:

$F_A=f_{max}=\mu(M+m)g$,而 $F_A=BIL$,且 $I(R+r)=BLv_{max}$,

得到:$v_{max}=\dfrac{\mu g(M+m)(R+r)}{B^2L^2}$。

撤去力后导体棒在安培力作用下做减速运动,由动量定理可知:$F_At=mv_{max}$。

而 $F_A=B\bar{I}L$,且 $q=\bar{I}t$,联立可以得到:$q=\dfrac{mv_{max}}{BL}$。

又因为 $q = \dfrac{\Delta\Phi}{R+r} = \dfrac{BLx'}{R+r}$，可以解得：$x' = \bar{v}t = \dfrac{\mu mg(M+m)(R+r)^2}{B^4L^4}$，

所以总路程：$S = x + x' = x + \dfrac{\mu mg(M+m)(R+r)^2}{B^4L^4}$。

【总结】这是利用动量定理求导体棒运动的位移的问题，属于模型二的类型。在电磁感应的问题中涉及导体棒运动的位移时一般用动量定理来解决，根据动量定理先求出电荷量，再结合法拉第电磁感应定律求得电荷量和位移的关系，最后联立求得导体棒运动的位移。

【练习】如图 3.10-7 所示，PQ 和 MN 是固定于水平面内的平行光滑金属轨道，轨道足够长，其电阻可忽略不计。金属棒 ab、cd 放在轨道上，始终与轨道垂直，且接触良好。金属棒 ab、cd 的质量均为 m，长度均为 L。两金属棒的长度恰好等于轨道的间距，它们与轨道形成闭

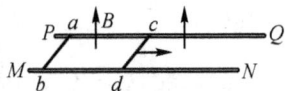

图 3.10-7

合回路。金属棒 ab 的电阻为 $2R$，金属棒 cd 的电阻为 R。整个装置处在竖直向上、磁感应强度为 B 的匀强磁场中。

若先保持金属棒 ab 不动，使金属棒 cd 在与其垂直的水平力 F（大小未知）作用下，由静止开始向右以加速度 a 做匀加速直线运动，水平力 F 作用 t_0 时间撤去此力，同时释放金属棒 ab。求：

(1)棒 cd 匀加速过程中，外力 F 随时间变化的函数关系；

(2)两金属棒在撤去 F 后的运动过程中，直到最后达到稳定，金属棒 ab 产生的热量；

(3)两金属棒在撤去 F 后的运动过程中，直到最后达到稳定，通过金属棒 cd 的电荷量 q。

【参考答案】(1)棒 cd 匀加速运动的过程中：$F - BIL = ma$。又因为 $I = \dfrac{E}{3R} = \dfrac{BLat}{3R}$，可得：$F = \dfrac{B^2L^2a}{3R}t + ma$。

(2)撤去 F 后，直到最后达到稳定，取 ab 和 cd 为研究系统，根据动量守恒定律有：$mv_0 = 2mv_t$，又 $v_0 = at$，根据能量守恒定律可得：$Q = \dfrac{1}{2}mv_0^2 - \dfrac{1}{2} \cdot 2mv_t^2$。

根据串联电路规律可知 ab 棒产生的热量为：$Q_{ab} = \dfrac{2}{3}Q = \dfrac{1}{6}ma^2t_0^2$。

(3)撤去 F 到系统达到稳定，取 cd 棒研究，取向右为正方向，根据动量定理得：$-B\bar{I}L\Delta t = mv_t - mv_0$。又因为 $\bar{I}L = q$，可以解得：$q = \dfrac{mat_0}{2BL}$。

第四章　教学实践

　　随着时代的发展,教学也在不断进步,从"双基"教学目标到"三维"目标再到"核心素养"目标,教学设计的思路流程也发生了很大的变化。"教学有法,教无定法",教学设计是教师备课的一种预设,但又不应该成为禁锢教学过程的枷锁。本章中给出几个笔者在教学过程中经过多次认真实践和反思后的教学案例,保留当时相应的教学目标设计,重点在于展示原生态的教学过程。

第一节 《圆周运动》

——基于核心素养的教学设计（针对新教材）

一、学习目标

本节课的学习目标如表 4.1-1 所示。

表 4.1-1

素养类别	学习目标
物理观念	知道什么是圆周运动，认识生活中的圆周运动 知道什么是匀速圆周运动，理解匀速圆周运动是一种变速运动 知道线速度、角速度、周期和转速的定义 知道线速度的物理意义，认识匀速圆周运动线速度的方向和特点 知道角速度的物理意义，掌握线速度和角速度的关系 了解周期和转速的意义，知道转速和周期是描述周而复始运动的物理量 能够根据所掌握的线速度与角速度之间的关系，有效解决生活中的传动问题 能够通过匀速圆周运动的研究，学习物理学的从简单到复杂、从理想到实际的科学的研究方法，有效指导工作和生活实践
科学思维	能够根据比较运动快慢的需要，根据实际运动构建匀速圆周运动模型 能够运用类比分析和推理的方法，结合直线运动中的速度，定义线速度和角速度，体会利用类比思想进行物理研究的思想方法 能够根据比值方法比较运动的快慢，利用比值定义法定义线速度、角速度、周期和转速，体会物理学中的比值定义法 能够利用数学中圆周切线的定义方法，运用极限思维分析和推理线速度的瞬时性和矢量性 能够利用圆心角与弧长之间的关系分析推理角速度、线速度与半径的关系 能够利用数学的相关知识分析推理角速度与周期、转速的关系 能利用角速度和线速度的关系分析、推理皮带轮和摩擦轮之间的约束关系
科学探究	能针对圆周运动实际特点，通过小组讨论，提出比较圆周运动快慢的合理方法 能制订合理的实验方案，选择实验器材探究圆周运动线速度的方向 能根据具体情况合理制订实验方案，利用打点计时器测量圆周运动线速度大小 能利用实验探究"绕着同一轴转动的不同点做圆周运动的角速度关系" 能利用实验探究"通过同一皮带带动的不同点做圆周运动的线速度大小关系" 能够正确分析实验现象，得出合理的结论，并能交流、反思探究的过程与结果
科学态度 与责任	认识到物理是对自然现象的一种描述与解释，体会物理学解决实际问题的实用价值，激发学习物理学的兴趣 认识到物理学是不断发展的，坚信客观世界里物质之间是相互关联的，激发认识、探索未知世界的勇气和信心 认识到物理研究是人类有意识的探究过程，能够主动与他人进行合作交流，尊重他人，具有合作精神，坚持实事求是，自觉遵守伦理道德规范，养成可持续发展的良好习惯

二、教学内容与学生分析

圆周运动是常见曲线运动中的一种,是"万有引力与宇宙航行"一节中"宇宙航行"相关内容的核心思想所在,也为学生以后学习更加抽象的圆周运动打下基础(例如,带电粒子在磁场中做匀速圆周运动)。

"如何描述圆周运动的快慢"是本节课教学的重点,也是难点。教材中从自行车上的圆周运动出发,通过观察分析、小组讨论,提出了描述圆周运动的物体运动快慢的方法。综合学生所掌握的知识提出了线速度、角速度、周期和转速等物理量,然后结合数学知识从理论上分析推理线速度与角速度、角速度与周期和转速之间的关系,最后利用实验探究皮带轮、摩擦轮之间的约束关系。通过理论和实验操作两方面进行分析和探究,充分解读描述圆周运动的各物理量,达到突破难点、理解重点的目的。

从学生角度考虑,对于圆周运动,学生有较多的生活认识和体验,如钟表里指针、齿轮、秋千、摩天轮、自行车轮等的转动,学生充分体会了"从生活到物理,从物理到社会"的理念,体会到物理学对社会发展的重要作用。对于圆周运动中的数学知识,比如圆心角与弧长的关系、圆周的切线的知识,学生都已经掌握,从而具备了从理论上对线速度和角速度的关系进行分析推理的条件。通过直线运动中速度概念的学习,学生已经具备比较运动快慢的基本思想方法。因此,在本节课的学习过程中,学生可以充分结合所学知识对圆周运动快慢的描述方法和手段进行分析探究。为此,教学过程中应努力创设新情境,加强问题的引导,鼓励学生主动思考、积极探究,从而促进学生核心素养的发展。

三、教学思路

本节课的教学思路如图 4.1-1 所示。

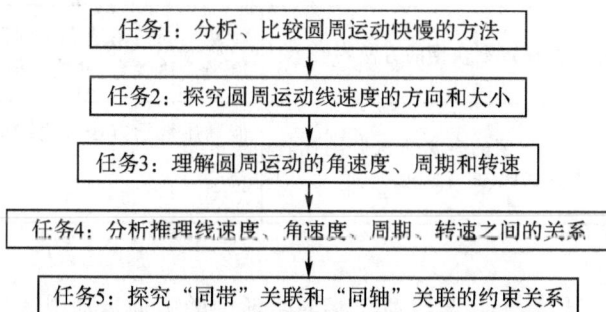

任务1:分析、比较圆周运动快慢的方法

任务2:探究圆周运动线速度的方向和大小

任务3:理解圆周运动的角速度、周期和转速

任务4:分析推理线速度、角速度、周期、转速之间的关系

任务5:探究"同带"关联和"同轴"关联的约束关系

图 4.1-1

四、教学活动

任务 1：分析、比较圆周运动快慢的方法。

问题情境：如图 4.1-2 所示。

(a) 运动的时钟指针尖端

(b) 翻滚的过山车

(c) 荡秋千的小朋友

(d) 自行车

图 4.1-2

问题及目标分析见表 4.1-2：

表 4.1-2

问题	导向的素养目标
1. 图 4.1-2(a)(b)(c)中物体的运动有什么共同特点？	能从物理学的角度描述、解释自然现象
2. 你能举出一些生活中的物体做圆周运动的例子吗？	形成物理观念，具有将物理学与实际相联系的意识
3. 图(d)中转动大齿轮，大齿轮、小齿轮、后轮都转动起来，大齿轮边缘上的点、小齿轮边缘上的点和后轮边缘上的点都在做圆周运动，谁运动得快？	能根据解决问题需要构建圆周运动模型，并能进行分析和推理，获得结论
4. 你能总结一下比较圆周运动快慢的方法吗？	能从不同的角度思考问题，得出结论；能恰当表达观点，并能与他人进行交流
5. 你能结合直线运动中速度的定义方法归纳比较圆周运动快慢的表达式吗？	能利用数学方法表达结论：$\frac{\Delta s}{\Delta t}$、$\frac{\Delta \theta}{\Delta t}$、$\frac{\Delta N}{\Delta t}$、$\frac{\Delta t}{\Delta N}$

教学建议：

(1)思维引导建议：利用学生所熟悉的生活中的圆周运动引入课题，引导学生对各种运动的共同点进行归纳，得出圆周运动的物理模型。通过演示不同的圆周运动,引发对圆周运动快慢的思考、讨论。引导学生结合直线运动中运动快慢的描述——速度的定义,得出比较圆周运动的快慢的四种方法。

方法一:比较物体在一段时间内通过的圆弧的长短。

方法二:比较物体在一段时间内半径转过的角度大小。

方法三:比较物体在一段时间内转过的圈数。

方法四:比较物体转过一圈所用的时间。

在语言表述的基础上鼓励学生类比速度的定义方法,对四种表述进行数学表达式的提炼:$\frac{\Delta s}{\Delta t}$、$\frac{\Delta \theta}{\Delta t}$、$\frac{\Delta N}{\Delta t}$、$\frac{\Delta t}{\Delta N}$。

(2)教学活动建议:引课用的展示图片尽量选用学生生活中熟悉的圆周运动的例子。教师也可以展示圆周运动中常见的玩具实例,如玩具风扇、玩具乌龟、手指陀螺、竹蜻蜓等,也可以播放一些圆周运动的视频,如旋转木马、过山车、摩天轮等等,从多个角度反映出圆周运动是一种非常常见的运动,激发学生学习物理的兴趣。尽量引导学生从生活中的圆周运动特点,自行归纳得出圆周运动的定义。让学生知道忽略次要因素、抓住主要矛盾是物理学中重要的研究方法。在比较圆周运动快慢的方法的过程中,要尽量发动学生积极思考讨论,鼓励学生从不同的角度进行思考,用恰当的严谨的语言进行归纳总结。类比速度的定义,从数学的角度得出表达式,让学生充分体会比值定义法。整个过程中,应该让学生有充分的讨论时间,让他们能够自然地形成通过实际问题的分析建立模型的思维和能力。让学生感觉到圆周运动的处理方法和直线运动中问题的研究方法是一样的,使他们对物理学有一种整体统一的感觉。

任务 2:探究圆周运动线速度的方向和大小。

问题情境:如图 4.1-3 至 4.1-5 所示。

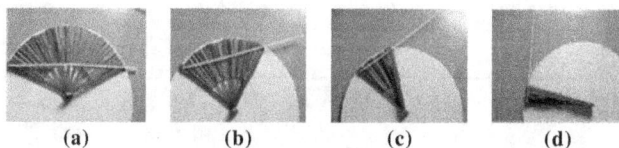

(a)　　　　(b)　　　　(c)　　　　(d)

图 4.1-3

图 4.1-4

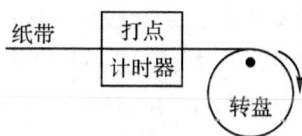

图 4.1-5

问题及目标分析见表 4.1-3：

表 4.1-3

问　题	导向的素养目标
1.什么是线速度？线速度的定义式是什么？单位是什么？物理意义是什么？	理解线速度的概念
2.线速度和直线运动中的速度有什么不同？	能综合类比直线运动速度的概念理解线速度
3.线速度是矢量吗？方向如何？图 4.1-3 中的扇子从图(a)变化到图(b)说明什么？	能综合数学知识，结合扇子实物模型探究线速度的矢量性，并能用规范的物理术语进行归纳，得出简单的结论
4.线速度有平均值和瞬时值吗？	能用数学极限的思想，类比直线运动中的平均速度和瞬时速度，理解线速度的瞬时性
5.请你画出图 4.1-4 中自行车的挡泥板。从挡泥板的设计上可以说明什么问题？	具有清晰、系统的物理观念，能够有效指导生活实践
6.生活中有哪些例子可以说明圆周运动的线速度方向？	能够灵活应用线速度的方向解决实际生活中的圆周运动的问题，具有将物理知识联系实际的意识
7.你能测量圆周运动的线速度大小吗？	能分析圆周运动的特点，合理提出探究线速度大小的方案
8.可以用图 4.1-5 的方法测量圆周运动的线速度大小吗？	能够根据给定的器材，制订科学的探究方案，积极与他人合作，正确使用器材，测定圆周运动的线速度的大小
9.匀速圆周运动的线速度变化吗？你怎么理解匀速圆周运动？	能够综合匀速直线运动和圆周运动的知识，通过分析和推理得出匀速圆周运动的性质

教学建议：

(1)思维引导建议：首先根据前面讨论的线速度的定义方法，得出线速度的定义式 $v = \dfrac{\Delta s}{\Delta t}$。根据定义式，结合圆周运动的特点得出线速度的单位(米每秒，m/s)，同时明确与直线运动中的速度的联系与区别(同样的表达式，一个是位移与时间的比值，一个是弧长与时间的比值)，从而能够更好地理解线速度的物理意义(线速度是描述质点沿圆周运动快慢的物理量)。为了能够更好地理解线速度的矢量性和瞬时性，利用图 4.1-3 中扇子模型进行演示，同时也充分体现了数学中的极限思维。接着，利用生活中常见的圆周运动的实际例子来解释线速度的切线方向(例如：砂轮切割金属条的时候，火星沿切线飞出；下雨天转动雨伞，雨滴从伞边沿切线飞出;铁饼运动员扔出去的铁饼沿切线方向飞出;等等)。利用扇子模型还可以很好地解释圆周运动中线速度的平均值和瞬时值,明确通常所讲的线速度是指瞬时值。对图 4.1-4 中自行车挡泥板位置的探究,使学生很好地理解线速度的方向是沿着切线方向,同时也有力说明了物理学对生活实践的指导作用。知道了线速度的方向,自然会产生如何测定线速度大小的疑问,结合利用打点计时器测定速度的方法,引导学生分小组讨论、合理制订利用打点计时器测定线速度大小的实验方案(如图 4.1-5 所示,利用圆周运动中通过的弧长和直线部分通过的长度相等,测量出直线运动部分拉动的速度大小即为圆周运动线速度的大小,充分体现了物理学中的化曲为直的科学研究方法)。结合线速度的特点,引导学生讨论匀速圆周运动是一种速度大小不变、方向不断变化的变速运动,匀速圆周运动中的"匀速"是指速率不变。

(2)实验操作建议:利用图 4.1-3 所示扇子模型,主要是从数学中的切线和极限思维的角度对线速度进行理解。也可以利用在旋转的盘子上面滴红墨水的方式,根据甩出的红墨水的点迹,说明线速度的方向是沿着圆周周的切线方向的。利用打点计时器测定线速度大小,既是一种测量圆周运动线速度的方法,也体现出和直线运动相同的研究思路,关键在于如何设计合理的方案,有条件的情况下可以进行学生分组实验。

(3)教学活动建议:对圆周运动线速度的方向的理解是一个难点,充分挖掘学生生活中关于圆周运动的经历来理解线速度的切线方向,结合视频录像的慢放功能,形成视觉上的直观认识。利用扇子模型可以让学生充分理解线速度的瞬时性,同时体会数学中的极限思维,整个过程中应该给学生充足的思考时间。利用对自行车挡泥板位置的探究,得出圆周运动的线速度的方向,让学生体会物理学对生活实践的指导作用。对于利用打点计时器测定线速度大小的实验方案的设计,重点在于引导学生积极参与方案的设计与讨论。教师应该尊重学生思维的发展过程,逐步引导学生从最基本的测定速度的方法开始,根据圆周运动一段时间内通过的弧长与直线部分拉过的纸带长度相等,从而可以设计如图 4.1-5 所示的方案来测定线速度的大小。

任务 3:理解圆周运动的角速度、周期和转速。

问题情境:如图 4.1-6 所示。

图 4.1-6

问题及目标分析见表4.1-4:

表 4.1-4

问　题	导向的素养目标
1.如图4.1-6中,转动脚踏板,后轮上的A、B点和小齿轮上的C点做圆周运动的线速度大小相等吗?在相等时间内绕轮轴转过的角度相等吗?	理解角速度的概念;会利用角速度的定义式$\omega = \dfrac{\Delta\theta}{\Delta t}$进行分析和推理
2.什么是角速度?角速度的定义式是什么?单位是什么?角速度的物理意义是什么?	
3.匀速圆周运动中角速度如何变化?	能综合数学相关知识进行分析和推理
4.什么是周期?周期的定义式是什么?单位是什么?周期的物理意义是什么?	能结合实际物理情境,综合数学相关知识分析得出周期的概念
5.什么是转速?转速的定义式是什么?单位是什么?物理意义是什么?	能结合实际物理情境,综合数学相关知识分析得出转速的概念
6.匀速圆周运动中的周期和转速有什么特点?利用类似图4.1-6所示自行车动手实验,看看有什么规律?	能从多角度分析,综合实验探究,发现规律,得出结论

教学建议:

(1)思维引导建议:分析任务1中所讨论得出的比较圆周运动快慢的另外的三种方法,根据图4.1-6所示实验,观察分析线速度不同但在相同时间内转过角度相同的A、B、C点的情况,得出角速度的定义式$\omega = \dfrac{\Delta\theta}{\Delta t}$。同时理解角速度是一个与线速度不同的物理量,角速度的物理意义是描述质点绕圆心转动快慢的物理量。根据角速度的定义式,结合量纲得出角速度的单位是弧度每秒(rad/s)。根据图4.1-6所示实验,结合数学知识可以分析得到匀速圆周运动是一种角速度不变的运动。对于另外两种方法($\dfrac{\Delta N}{\Delta t}$、$\dfrac{\Delta t}{\Delta N}$)比较圆周运动的快慢,可以充分利用图4.1-6所示的实验演示,让学生体会到圆周运动"周而复始"的运动特点,利用转一周所用的时间即周期来比较运动的快慢,也可以用单位时间内转过的圈数即转速来比较运动的快慢。从而得出周期和转速的定义式。值得注意的是,周期是一个描述周期运动的常用物理量(单位是秒,s),转速是技术中用来描述质点做圆周运动快慢的物理量(单位是转每秒,r/s;或转每分,r/min)。最后根据角速度、周期和转速的定义式得出,匀速圆周运动是角速度、周期和转速不变的运动。

(2)实验操作建议:演示图4.1-6实验,关键在于增加可见度。在演示过程中,点需要标得大一点,最好标在具有代表性的位置;尽量缓慢匀速地转动脚踏板,让齿轮和后轮上的质点都能够做匀速圆周运动,且能够让大家观察清楚。有条件的,还可以利用电动机匀速带动车轮转动,利用光电计时器计时,也可以说明匀速圆周运动是周期、转速不变的运动。

(3)教学活动建议:此任务主要是从概念上对角速度、周期和转速进行理解。学生基本具备数学中圆周的相关知识,根据任务 1 中所讨论的结果顺利得出角速度的定义式。整个过程应该注重对学生的思维引导。对于周期和转速,在任务 1 的讨论基础上得出定义式,然后再通过演示实验进行深入的理解。教学过程中,通过理论上的分析推理和实验的演示分析,巩固对角速度、周期和转速概念的理解。

任务 4:分析推理线速度、角速度、周期、转速之间的关系。

问题情境:通过前面的学习,知道可以用线速度、角速度、周期和转速四个物理量来描述质点做圆周运动的快慢。下面具体讨论各物理量之间存在的关系。

问题及目标分析见表 4.1-5:

表 4.1-5

问 题	导向的素养目标
1.圆周中的弧长和对应圆心角之间有什么关系?	能够根据数学知识结合圆周运动模型,从理论上分析和推理圆周运动的线速度和角速度之间、线速度与周期、角速度与周期、周期与转速之间的关系
2.线速度和角速度之间有什么关系?	
3.线速度、角速度和周期之间有什么关系	
4.周期和转速之间有什么关系?	

教学建议:

(1)思维引导建议:根据数学中的圆周知识可以知道 $\Delta s = r\Delta\theta$,所以 $v = \dfrac{\Delta s}{\Delta t} = r\dfrac{\Delta\theta}{\Delta t} = rw$,即 $v = w \cdot r$。也就是说,在圆周运动中,线速度的大小等于角速度大小与半径的乘积。当圆周运动的时间取一个周期 T 时,线速度 $v = \dfrac{2\pi r}{T}$,角速度 $w = \dfrac{2\pi}{T}$。周期是转一周所需要的时间,转速是 1 秒内所转过的周数,当转速以 r/s 为单位时,两者在数值上互为倒数的关系。

(2)教学活动建议:明确线速度、角速度、周期和转速之间的关系是学生掌握圆周运动有关规律的重要基础。对于本任务的学习,教师应该充分激发学生的积极性,鼓励有能力的学生自己独立完成。对于能力较弱的学生,教师可以充分发挥引导作用,利用小组讨论的形式,让学生自主得出规律。教学中,应该让学生充分体验利用已有知识通过自身努力或者小组合作得到结果的过程,收获成功的喜悦。

任务 5：探究"同带"关联和"同轴"关联的约束关系

问题情境：在自行车的后轮、大齿轮和小齿轮上取一些点，如图 4.1-7 所示。转动脚踏板，带动后轮转动起来。

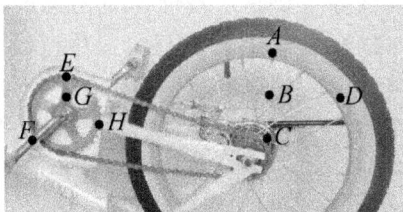

图 4.1-7

问题及目标分析见表 4.1-6：

表 4.1-6

问　题	导向的素养目标
1. 后轮上的 A、B、D 点和小齿轮上的 C 点的角速度有什么关系？	
2. 大齿轮上的 E、F、G、H 四点的角速度有什么关系？	
3. A、B、C、D 四点和 E、F、G、H 四点的角速度相等吗？	能根据给定的实验器材，观察分析各质点运动的特点，并进行分析和推理，获得正确的结论
4. A、B、C、D 四点的线速度大小有什么关系？	
5. C、E 两点的线速度大小有什么关系？和 H 点的线速度大小有什么关系？	
6. 根据以上分析，能得出"同轴"转动，和"同带"运动的质点各有什么特点？	
7. 若 B 点和 E 点的半径相同，都是 A 点半径的一半，小齿轮的半径是大齿轮的一半，请你分析：$v_A：v_B=?$，$v_A：v_E=?$，$\omega_A：\omega_E=?$	能够灵活运物理规律，解决实际问题
8. 你觉得"同轴"转动和"同带"运动的约束关系对生活实践有什么指导意义？	能够认识到物理研究是一项创造新工作，形成将物理研究成果应用于生活实践的意识

教学建议：

（1）思维引导建议：利用图 4.1-7 实验可以得出 A、B、C、D 四点的角速度相等，E、F、G、H 四点的角速度相等，但是这两个角速度的值并不相等。A、B、C、D 四点的线速度大小关系为 $v_A = v_D > v_B > v_C$，C、E 两点的线速度大小关系为 $v_C = v_E = v_H$。从而可以引导学生得出，绕同一转动轴转动的质点的角速度相等，在同一个皮带上的各个点的线速度大小都相等，即：

结论一："同轴"转动，角速度相同。

结论二："同带"运动，线速度大小相等。

利用上面两个结论，结合 A、B、E 三点以及大齿轮和小齿轮的半径关系可以得到：$v_A : v_B = 2 : 1$，$v_A : v_E = 4 : 1$，$\omega_A : \omega_E = 2 : 1$。

最后引导学生联系生活实践中的无极变速问题，体现物理研究应用于生活实践，激发学生努力学习物理促进社会科技可持续发展的社会责任感。

（2）实验操作建议：本实验为了增加实验的可见度和可比性，可以在各质点的初始半径所在位置用塑料吸管做好标记，然后转过一定角度后确定各质点所在半径位置，用量角器量得在相同时间内各质点转过的角度，确定各质点的角速度关系。按照同样的思路，测出各质点在相同时间内通过的圆弧长度，就可以确定各质点的线速度大小关系。

（3）教学活动建议：本任务重点在于通过实验探究"同轴"转动和"同带"运动各质点的角速度和线速度大小约束关系，应该给学生充足的观察和分析思考的时间，并通过实验演示发动学生总结规律。对于问题7，教师应该根据学生能力的不同适当改变教学方法，对于能力好的学生，可以鼓励他们进行自主推导；对于能力稍弱的学生，教师可以适当加以引导。对于问题8的设计，目的在于告诉学生物理学对生活实践有重要指导作用。教师应该充分利用这样的机会，结合生活科技的介绍，展现物理学的重要作用，激发学生通过努力学习促进社会发展的社会责任感。

五、教学设计点评

1. 教学设计思路清晰，体现"从生活走向物理，从物理走向社会"的理念

整个教学设计可以分成三大部分，遵从"点"到"线"再到"点"的一个思路。

教学第一部分从生活中的圆周运动出发，结合学生熟悉的现象进行分析讨论，综合以前所学的直线运动的研究方法确定研究主题，激发学生的兴趣，体现了从生活到物理的理念，同时也激活学生头脑中储备的物理知识。物理学的研究方法是物理学家们经过长期的研究所总结出来的，具有很强的系统性。本节课通过描述圆周运动快慢的物理量与直线运动中的速度概念的类比，让学生体会到物理研究方法的统一性。

教学第二部分是任务2和任务3，通过对描述圆周运动快慢的四个物理量进行

分析和推理获得深入的理解。从物理概念的基本特征、公式、单位、量性进行了描述，又从物理意义、实际价值进行分析，使得整个教学显得丰满。

教学第三部分是任务 4 和任务 5，先对四个物理量之间的关系进行了研究，然后引出对生活实践的实际指导作用，体现了物理学的重要作用以及从物理走向社会的理念；同时，四大物理量紧紧围绕圆周运动这一中心，体现了事物之间既有区别又有联系的辩证统一关系。

2. 学生活动丰富，思维与实践相结合、理论与行动相统一，实现思维、能力的提升

学生活动贯穿在课堂活动中，在任务 1 中，通过图片展示生活中典型的圆周运动实例，发动学生观察分析，这是一种积极的思维活动。学生通过观察、分析、抽象得出圆周运动的物理模型，实现从事物到模型的建立过程。对于"如何比较圆周运动的快慢"的活动过程，通过学生自主分析、分小组讨论、选代表发言，得出本堂课所需要研究的物理模型，这是学生活动比较精彩的地方。在任务 2 中，对于线速度的大小和方向的研究，利用扇子模型降低了学生的思维坡度，让学生很好地理解了数学中的极限的思维。对于自行车挡泥板的设计活动，可以让学生深刻理解圆周运动的线速度的方向，同时也充分体现物理学对生活实践的指导作用。在任务 3 和任务 4 学习过程中，给予学生自主学习的机会，让学生体会利用已经掌握的物理知识和数学知识自主进行分析和推理的过程。任务 5 的学习是能力和素养的一个提升过程，将圆周运动与无级变速联系起来，充分联系生活科技的应用，体现了本堂课学习的现实价值和意义，也充分体现了物理学对社会科技的重要贡献。整个学习过程中，充分联系生活实践、数学知识和社会科技，同时激活了已经储备的知识，内容丰富。有自主思维活动、小组讨论研究、动手实验探究等形式的活动，使学生的思维能力和动手实践能力得到了很大提升，使学生的核心素养得到了全面发展。

3. 教师用心、有法，利用"草根教育"理念，落实核心素养的培养

整个教学过程从设计到语言、到组织实施等都显示出教师特别用心。对于不同的环节、不同的问题、不同的学生，都能用不同的方法适当地加以处理，显得特别有法。整堂课的教学从生活中的圆周运动出发，将学生熟悉的自行车上的圆周运动贯穿其中，最后又以无极变速回到生活，教学主线清晰、自然而且完整。教学过程中教师的语言简洁易懂，体现"草根教育"的理念，是一种非常接近生活的教育教学模式，体现出一种溯源、发展、生成的自然过程，学生核心素养的培养水到渠成。

第二节　"圆周运动"课例研究报告

一、研究背景与意义

　　物理学的最大特点是与生活、科技联系十分密切。物理学中的许多概念和规律都来自科学家们长期以来对生活现象的高度总结。物理学研究的方法是科学家们在长期研究过程中所提炼的方法的精髓,是处理现实生活中问题的重要方法。在物理教学中不仅要教给学生必要的物理知识,更要培养学生观察现象、分析问题和解决问题的能力。本节课通过对圆周运动的研究,让学生从身边熟悉的实例和自身经历出发,实现对新知识的掌握。利用图片、小实验、实物展示、多媒体等把生动有趣的物理现象展现在学生面前,提高学生应用知识解决生活问题的能力,激发学生学习物理的兴趣。

二、研究内容和目标

　　本报告围绕"圆周运动"的教学,从生活中的圆周运动出发让学生体会物理与生活的紧密联系,激发学生学习物理的兴趣,实现提高学生应用物理知识解决问题的意识与能力。

三、教材与学情

1.教材分析

　　"圆周运动"是人民教育出版社出版的《高中物理　必修 2》中第五章"曲线运动"中的第四节内容。圆周运动是一种生活中非常常见的曲线运动,也是第六章"万有引力与航天"解题的核心思路所在。这是学生在学习了《高中物理　必修 1》、初步了解高中物理之后利用高中物理知识解决生活中常见问题的尝试。"圆周运动"一节的教学是物理学从生活到物理、从物理到社会的充分体现,是培养学生分析问题、解决问题的能力,提高学生物理学习兴趣的重要一课。整节课主要借助学生对生活中的一些常见圆周运动的了解,如钟表里秒针、分针、时针的转动,齿轮的转动,荡秋千,自行车上的转动,进行运动快慢的比较研究。整个教学过程体现出在必修1中所研究的从简单到复杂、从理想到实际的思想,体现出从位置到位移、从位移到速度的研究过程。圆周运动知识的教育是使学生树立起事物之间存在普遍联系观点的重要教学点,是学生在以后学习物理、研究物理问题中应有的一种思想和观点。教材编排以实验事实为基础,让学生得出感性认识,再通过理论分析总结出规律,从而形成理性认识。在列举了生活中的一些圆周运动情景后,通过观察自行车大齿轮、小齿轮、后轮的关联转动,提出了描述圆周运动的物体运动快慢的问题。

2. 学情分析

圆周运动的基本知识在生活中比较常见,学生有一定的生活经历。但分析曲线运动是学生初次接触,是抽象的。学生虽然在《高中物理　必修1》学习中经历过从位置到位移、从位移到速度、从速度到加速度的研究运动的过程,但很难直接把圆周运动的研究和直线运动进行很好的联系,也很难自主地去用物理的思想推理实验现象和理论的联系。学生对圆周运动在现实生活中的应用是比较感兴趣的,故应该通过多媒体手段让学生能回忆生活中曾经经历的圆周运动的情境,激发学生学习物理的更大兴趣。

3. 教学"四基"目标

(1)基本知识

①知道什么是圆周运动、什么是匀速圆周运动。

②理解线速度的概念。

③理解角速度的概念。

④理解转速和周期的概念。

⑤理解线速度、角速度、周期之间的关系：$v = \omega r = \dfrac{2\pi r}{T}$。

⑥理解匀速圆周运动是变速运动。

(2)基本技能

①能够用线速度、角速度的定义进行相关计算。

②能够根据转速或周期求得角速度。

③根据线速度、角速度和周期的关系进行计算。

④从生活中的圆周运动归纳出圆周运动的主要特点。

⑤根据定义运动快慢的方法对线速度、角速度、转速和周期下定义。

⑥能够用匀速圆周运动的有关公式分析和解决具体情境中的问题。

(3)基本思想

①体会物理学从简单到复杂、从理想到实际的科学研究思想。

②体会曲线运动中化曲为直、化未知为已知的研究方法。

③体会运用极限思维理解线速度的瞬时性和矢量性。

④体会从生活实体到建立物理模型的思想。

⑤体会整体与局部、个人与集体的思想。

⑥体会利用类比思想研究圆周运动。

(4)基本经历

①经历化曲为直的研究曲线运动的方法。

②经历物理学中重要的比值定义法。

③经历对周期性转动的研究方法。

④经历将生活的体验转化为物理模型研究。

⑤经历应用知识的乐趣,感受物理就在身边,激发学生学习的兴趣。

⑥经历爱的教育。在与学生的交流中,表达关爱和赏识,如微笑着对学生说"非常好!""你们真棒!""分析得对!"让学生得到肯定和鼓励,心情愉快地学习。

四、教学重点、难点

1. 教学重点

(1)理解利用比值定义法定义线速度、角速度、转速和周期。

(2)从定义出发掌握线速度、角速度和转速、周期的关系。

(3)掌握在实际问题中确定线速度和角速度关系的方法。

2. 教学难点

(1)理解在圆周运动中引入线速度、角速度的必要性。

(2)理解线速度、角速度的物理意义。

(3)理解匀速圆周运动是变速运动。

五、教师教法

1. 教学方法

以生活中常见的圆周运动导出问题,以设问形式引导学生对圆周运动的思考;用鼓励的话语激励学生完成问题的思考;用严谨的方法指导学生完成从生活到物理的转化;用科学的表述得出相关的定义和关系。

2.教学手段

(1)教师边演示、边讲解、边提问。
(2)学生边思考、边讨论、边总结。

六、教学设计

1.教学理念

物理学源于生活,生活中处处体现物理。将物理教学与生活实际相联系,激发学生学习物理的兴趣,是物理教学中行之有效的方法。所以在教学过程应充分利用学生在生活中对圆周运动的认识和体验,采用以问题为主线、实验为基础的教学策略,激发学生学习的兴趣。通过学生自己的努力及合作交流解释现象,培养学生解决问题的能力。对"圆周运动快慢的描述"的研究是本节课的重点,在设计中可让学生自己结合曾经学过的知识讨论研究,在此基础上提出比值定义法及研究过程中出现的困难。然后顺势提出用角速度和线速度来描述圆周运动的快慢。在对线速度和角速度的教学中,利用生活中最常见的交通工具——自行车,结合多媒体手段,将图片、影像资料展示给学生,让学生更深入地理解"同轴转动角速度相等""同带运动线速度大小相等"等重要关系,了解生活中的无极变速的原理。整个设计不仅提高了课堂趣味性和教学效果,同时又强化了对学生在节能减排、保护环境意识方面的教育。

2.教学过程

(1)课前调查、准备
同学们对生活中运动轨迹是圆周的运动了解多少,能否举出一些你所熟悉的现象和应用呢?请学生在课前写下来并通过网络去获取有关圆周运动的知识。
(2)导入新课
今天学习曲线运动中一种常见的运动——圆周运动。
圆周运动在现实生活中非常常见,首先请学生看几幅图片,在看图片的时候请学生注意观察这些图片中物体的运动有什么共同的特点。
图片1——钟表里秒针、分针、时针的转动,针上的各点都在运动。
图片2——齿轮的转动,齿轮上的各点都在绕圆心运动。
图片3——摇头飞椅,飞椅绕着轴运动。
图片4——过山车,过山车沿着圆轨道运动。
图片5——小朋友在荡秋千。

图片 6——年轻的我在弯道上运动。

图片 7——摩托车在弯道上运动。

图片 8——太阳系中各行星绕着太阳做圆周运动。

图片 9——小球被细线拉着沿圆周运动。

请一位学生来说说这些物体的运动有什么共同的特点。学生：他们的运动轨迹都是曲线，都是圆周。

（3）新课教学

像这种质点运动轨迹是圆或圆弧的一部分的运动叫圆周运动。（板书"定义：轨迹是圆周的运动"）

圆周运动在生活中是很常见的，接下来请几位同学来说说你知道的生活中的圆周运动有哪些（或者说，生活中哪些物体的运动是做圆周运动）。

展示带来的一些玩具。

演示 1：乌龟轮子，拉动细线，放手。乌龟的后轮就会转动起来，轮子上的各点都做圆周运动。

演示 2：玩具风扇，吹一口气，风扇转动起来，扇叶上的各点都做圆周运动。

演示 3：转经轮，转动经轮，除了轴上的各点都做圆周运动。

演示 4：陀螺的圆周运动，陀螺转动过程中陀螺上除了轴上的各点都在做圆周运动。

再比如自行车（摆出自行车，如图 4.2-1 所示），在自行车运动过程中，如果取自行车为参考系则会有很多质点做圆周运动。今天我们以自行车为例来研究圆周运动。

图 4.2-1

先请学生思考书本上的这个问题：自行车的大齿轮、小齿轮、后轮是三个相互关联的转动部分（介绍大齿轮、小齿轮、后轮）。转动脚踏板，三部分都转动起来。哪些质点运动得更快？

该如何去比较两个做圆周运动的质点的快慢呢？（撤掉自行车）

请学生先来看一下这两个小球 A 和 B，它们在做圆周运动，谁快一些呢？你是通过什么比较出来的？（请几位学生回答）还可以通过什么方法比较出来？其他同学有没有不一样的方法？

通过上面学生的回答我们可以知道，要比较两个圆周运动的运动快慢可以有四种方法：

方法一：比较物体在一段时间内通过的圆弧的长短；

方法二：比较物体在一段时间内半径转过的角度大小；

方法三：比较物体在一段时间内转过的圈数；

方法四：比较物体转过一圈所用时间的多少。

再来看一下第一种方法,如果时间相等,通过的弧长越长运动越快,假如时间和通过的弧长都不相等呢？回想一下,以前直线运动中比较物体运动的快慢有三种方法:第一种是看相同时间里所发生的位移,位移大的运动快;第二种是看发生相同的位移所用的时间,时间少的运动快;第三种是时间和位移不相等时,看位移与时间的比值。在圆周运动中沿着圆弧运动,通过的是弧长,同样的方法,也可以用"弧长与所用时间的比值 $\frac{\Delta s}{\Delta t}$"来比较圆周运动的快慢。对于第二种方法,当时间和所转过的角度都不相等时,可以借助"半径扫过的角度和所用时间的比值 $\frac{\Delta \theta}{\Delta t}$"来比较圆周运动的快慢。同理,对于第三种方法,当时间和转过的圈数都不相等时,可以利用"圈数与所用时间的比值 $\frac{\Delta N}{\Delta t}$"来比较圆周运动的快慢。第四种方法中也可以利用"时间和转过圈数的比值 $\frac{\Delta t}{\Delta N}$"来计算转过一圈的时间,从而比较做圆周运动的快慢。这就是四种描述圆周运动快慢的方法。（板书:"描述—— $\frac{\Delta s}{\Delta t}$、$\frac{\Delta \theta}{\Delta t}$、$\frac{\Delta N}{\Delta t}$、$\frac{\Delta t}{\Delta N}$"）

首先我们来看第一种描述—— $\frac{\Delta s}{\Delta t}$。

这是做圆周运动中质点通过的弧长与所用时间的比值,把它定义为线速度,用 v 表示,即 $v = \frac{\Delta s}{\Delta t}$（板书:定义）。在国际单位制中弧长的单位是米（m）,时间的单位是秒（s）,所以线速度的单位是 m/s（板书:单位,m/s）。注意,线速度有瞬时值和平均值。当时间 Δt 足够小时,$v = \frac{\Delta s}{\Delta t}$ 就是瞬时值。可以借助这把扇子来说明（展示扇子）,可以看出当 Δt 足够小时,通过的弧长 Δs 非常小,质点圆周运动所通过的弧长 Δs 就是质点所通过的位移 Δl。这时的 $v = \frac{\Delta s}{\Delta t}$ 就是线速度的瞬时值,和直线运动中的瞬时速度是一样的,为了与下面要讲的角速度进行区别,所以在速度的前面加上了"线"。

要注意,线速度是有方向的,曲线运动的速度的方向就是该点的切线方向,所以线速度是矢量,方向为圆弧上该点的切线方向。（板书"矢量:方向为切线方向"）这个"方向"在生活中有具体体现,比如下雨天骑自行车如果没有挡泥板的话就会这样,如图（展示挡泥板）。可见挡泥板虽然不好看,但有时候挺实用的。

最后明确一下,线速度的物理意义是:描述质点沿圆弧运动的快慢。

假如说一个质点沿圆弧运动的快慢是不变的,也就是说线速度的大小是处处相等的,那么这种运动就叫匀速圆周运动。

同学们,匀速圆周运动是匀速运动吗?(请学生自己说)匀速圆周的线速度大小不变方向不断改变,所以匀速圆周运动是一种变速运动。这里的匀速圆周运动实际上是一种匀速率圆周运动。

接着我们来看第二种描述——$\dfrac{\Delta\theta}{\Delta t}$。

它是半径转过的角度和所用时间的比值。把它定义为角速度。用 ω 表示,即 $\omega=\dfrac{\Delta\theta}{\Delta t}$。这里大家一定要注意角速度的单位。根据数学知识大家知道圆心角 θ 等于弧长 s 比上半径 r,弧长的单位是 m,半径的单位也是 m,两者一比,单位消去了。为了表达方便我们给 θ 一个单位:弧度(radian),符号是 rad。弧度是角度在国际单位制中的单位,而不是通常我们见到的度(°)。比如对于圆周角 360°,若用弧度来表示的话就是 2π,一周的弧长是 $2\pi r$,然后比上半径 r 就是 2π 弧度,其中 $\pi=180°$。所以角速度的单位就是弧度/秒(rad/s),要注意弧度不是通常意义上的单位,所以带单位计算时不要把弧度或 rad 带入算式,这时角速度的单位应该写成 s^{-1}。另外角速度也是有方向的,是一个矢量,但角速度的方向在中学阶段不作要求。角速度的物理意义是描述质点绕圆心转动的快慢。对于匀速圆周运动,质点沿圆周运动的线速度的大小保持不变,单位时间内通过的弧长相等,那么质点在单位时间内所转过的角度也相等,也即匀速圆周运动是角速度恒定不变的运动。

讲完角速度,先要请学生思考一下,线速度和角速度有什么关系呢?

因为线速度 $v=\dfrac{\Delta s}{\Delta t}$,角速度 $\omega=\dfrac{\Delta\theta}{\Delta t}$,而 $\Delta s=r\Delta\theta$,故 $v=\dfrac{\Delta s}{\Delta t}=\dfrac{r\Delta\theta}{\Delta t}=r\omega$,即 $v=r\omega$,也就是说,在圆周运动中,线速度的大小等于角速度大小与半径的乘积。

再来看第三种描述——$\dfrac{\Delta N}{\Delta t}$。

它表示物体单位时间内转过的圈数等于转过的圈数与所用时间的比值,把它定义为转速,用 n 表示,即 $n=\dfrac{\Delta N}{\Delta t}$。单位是转每秒(r/s)或转每分(r/min),提醒一点:r/s 和 r/min 不是国际单位制中的单位,运算时要把它们换算成弧度每秒(rad/s)。请问:1 r/s＝? rad/s,1 r/min＝? rad/s

最后来看第四种描述——$\dfrac{\Delta t}{\Delta N}$。

它是指转过一周所用的时间,把它定义为周期,用 T 表示。国际单位中的单位是秒(s)。常用单位有小时、天、年等。比如月亮绕地球运动的周期是 27.3 天,地球绕太阳运动的周期是 1 年,等等。根据线速度和角速度的定义式:$v=\dfrac{\Delta s}{\Delta t}$ 和 $\omega=\dfrac{\Delta\theta}{\Delta t}$,可以知道,当时间取一个周期 T 时,$v=\dfrac{2\pi r}{T}$ 和 $\omega=\dfrac{2\pi}{T}$,这是通常用来计算线速度和角速度的表达式。从这两个式子中也可以看出线速度和角速度之间的关系：$v=\omega r$。

（4）课堂小结

以上就是这节课所主要学习的内容，知道了什么是圆周运动，学习了描述圆周运动快慢的物理量——线速度和角速度，还有通常在技术中使用的转速和描述匀速圆周运动中常用的周期。

（5）实战演练

演练1："闹钟和手表的争论"——在一个宁静的夜晚，闹钟和手表进行了下面的对话。闹钟说：我的秒针针尖的线速度是 9×10^{-4} m/s，你的秒针针尖的线速度只有 3×10^{-4} m/s，我比你快多了。手表说：不能这样说吧！你的秒针针尖60转一圈，我也是60 s转一圈，我并不比你慢！

根据今天所学知识，请你分析谁有道理。

教师总结：这是一个问题的两种不同角度的理解，通过这个问题希望同学们能够记住，任何事情都有两面性，就好像我们既要能看到自己的不足同时也要看到自己的优点，考试既会给我们压力也会给我们学习的动力。

演练2：摆出自行车，如图 4.2-2 所示，自行车的后轮、大齿轮和小齿轮是相互关联的转动部分。在上面取一些点进行下面问题的研究：

图 4.2-2

A、B、C、D 四点的角速度大小有什么关系？

A、B、C、D 四点的线速度大小有什么关系？

E、F、G、H 四点的角速度大小有什么关系？

上面的这两个角速度相等吗？

C、E 两点的线速度大小有什么关系？ 和 I 点的速度有什么关系？

通过这个问题的解答，对于解决这种相互关联的转动的问题你可以得出什么结论？

结论一：绕同一个轴转动的各个点的角速度相等。

结论二：同一根皮带上的各个点的（线）速度大小相等。

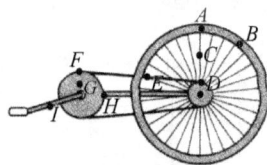

图 4.2-3

拓展训练：若 A、C 点离后轮中心距离分别为 R 和 $R/2$，则

$v_A：v_C=$ ？ （2：1）

若后轮的半径为 R，大齿轮的半径为 r_1，小齿轮的半径为 r_2，则 $v_A：v_F=$ ？，$\omega_A：\omega_F=$ ？

（6）课堂探究

骑自行车在生活中非常常见，它既绿色环保，又能锻炼身体，还能很好地减缓城市交通的压力。其实自行车上还有许许多多的物理原理,认真研究可以帮助我们学到很多物理知识。课后请同学们认真研究一下自行车,看看利用自行车可以进行哪些物理研究。选择一个角度进行设计研究,把研究的结果写成研究报告。

图 4.2-4

(7)作业布置

课本第 18 页、19 页的"问题与练习"。

(8)板书设计

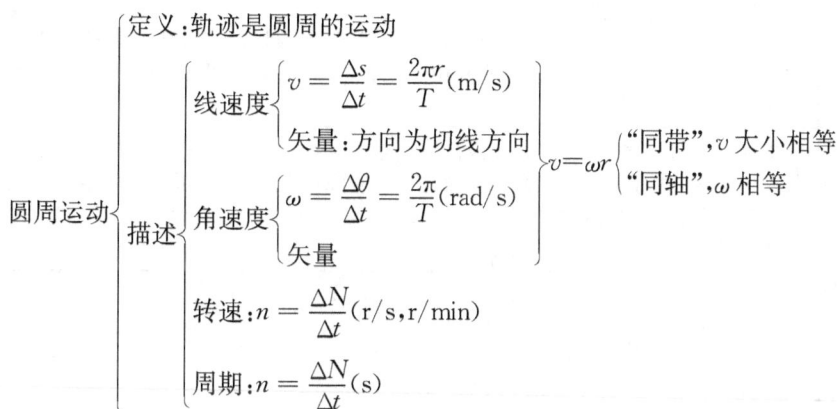

$$
圆周运动
\begin{cases}
定义:轨迹是圆周的运动 \\
描述
\begin{cases}
线速度
\begin{cases}
v = \dfrac{\Delta s}{\Delta t} = \dfrac{2\pi r}{T}(\text{m/s}) \\
矢量:方向为切线方向
\end{cases} \\
角速度
\begin{cases}
\omega = \dfrac{\Delta\theta}{\Delta t} = \dfrac{2\pi}{T}(\text{rad/s}) \\
矢量
\end{cases} \\
转速:n = \dfrac{\Delta N}{\Delta t}(\text{r/s,r/min}) \\
周期:n = \dfrac{\Delta N}{\Delta t}(\text{s})
\end{cases}
\end{cases}
\quad v = \omega r
\begin{cases}
\text{"同带",} v \text{ 大小相等} \\
\text{"同轴",} \omega \text{ 相等}
\end{cases}
$$

七、授课反思

　　课程改革活跃了我们的课堂,新的理念、新的课标、新的教材、新的教法,使教师充满激情,让学生充满活力。本堂课在新课引入、情境设置、学生实践、主动探究等方面,没有特意去追求"热闹",而是从学生的智力性与非智力性因素成长方面精心设计,最终为高效课堂服务。这点与高中物理新课程标准,即特别重视学习的过程与方法,加强学习方式的改善,强调过程性、体验性目标,倡导学生主动参与、亲身实践等吻合。本课的课外资料相当丰富,一堂课下来,包括在演示实验、探究实验还有结论总结,内容虽然很多,但感觉思路流畅,学生思维紧紧跟随,并且通过自行车的"出场"把本堂课带向高潮,可见学生对联系实际的应用很感兴趣。

　　由于课堂容量比较大,讲课速度比较快,图片又多,学生有时不免没能仔细看就过了,有点遗憾;有些方面似乎讲得太滴水不漏,没能给学生留下思考的余地,有点不妥;另外自行车上所设置的点比较小,后排学生不容易看清。

八、听课教师互评

　　听课教师对本堂课的教学评价见表 4.2-1。

表 4.2-1

教师	评价内容
甲	本堂课学生一直处在愉悦、轻松的氛围中,参与度也很高,无论从智力性因素还是非智力性因素方面看,都已经实现了高效教学。根据学生的生活经历展开教学,也是一种重要的教学方式,也就是还原法,本堂课就是如此。但从学生不同的经历和层次来看,有许多学生没有体验过,所以最好能有当场体验的活动
乙	本堂课与生活联系十分密切;教师的自信、激情对学生的正面影响不可忽视,特别是教师的能说会道又能跳,给学生留下深刻的印象。从长远发展看,此类重过程的教学法,学生将终生难忘,终身受益
丙	能较好地运用多媒体技术,思路清晰,表达流畅,能很好地使用肢体语言促进师生互动,课堂气氛活跃;教学过程中能遵循学生认知规律,使学生动手动脑,在师生互动中完成学生的知识建构
丁	教学体现了许多物理方法:如极限法、比值法、类比法等。将科学思想、科学方法一并教给学生,并且学生是以发现者角色参与探索过程;不仅注重知识教育,而且能够及时进行环保的教育,通过教学使学生感受到物理知识与生活、技术发展的联系,体会物理学的魅力

九、学生课后感悟

学生的听课感悟见表 4.2-2。

表 4.2-2

学生	成绩状况	感悟内容
甲	理想	老师上课很有激情,我们都很喜欢;能够让我们亲自实践,乐在其中
乙	一般	老师上课生动有趣,容易被学生接受;能够联系生活的实际,结合我们平时公园里玩过的圆周运动教学,很喜欢
丙	相对不足	老师讲话声音很有力量,我喜欢,包括图片和玩具很让我震撼;假如能让同学来玩玩具我觉得会更好;还有,老师将自行车背上讲台,我一辈子也不会忘记了

十、结束语

物理学是一门与生活紧密联系的学科,应该充分利用学生的生活经历来为教学服务。如何有效进行课堂教学值得研究,如何实现其从肤浅走向深刻、从无效走向有效、从低效走向高效值得教师一生去思考。教师要有创新意识,毕竟物理课堂教学是一门博大精深的艺术,探索永无止境。

第三节 速度变化快慢的描述

——加速度

一、教学目标

1. 知识与技能

(1)理解加速度的含义及物理意义。

(2)知道加速度的符号和读法,了解一些物体做直线运动的实际加速度大小。

(3)知道加速度是矢量,能判断加速直线运动和减速直线运动的加速度方向,领会变速直线运动中加速度正负的意义。

(4)会用公式 $a = \dfrac{\Delta v}{\Delta t}$ 解决一些实际问题。

(5)通过实例了解加速度大小及速度大小的区别,领会物理量的变化率的含义。

(6)知道什么是匀变速直线运动,从匀变速直线运动的 $v-t$ 图象理解加速度的意义。

2. 过程与方法

(1)列举生活中学生熟悉的实例,从学生自身感受出发引入新知识。

(2)利用图片、小实验、多媒体等把生动有趣的物理现象展现在学生面前,减小学生理解加速度概念的困难。

(3)师生互动,热烈讨论,在讨论中掌握知识,提高能力,激发思维。

(4)恰当利用类比法、图象法解决物理问题,让学生多层次多角度地掌握新知识。

3. 情感态度与价值观

(1)通过自行车、货车、汽车等交通工具做变速运动的实例,学生体会到生活中处处有物理,物理很有用,很有趣,从而激发学习物理的兴趣。

(2)通过学生自己的努力及合作交流,解释生活中变速运动的现象,解读学习中遇到的问题,帮助学生树立自信心,培养学生克服困难的意志品质。

二、教学重点、难点

1. 教学重点

正确理解加速度的概念和物理意义。

2. 教学难点

弄清加速度和速度、速度的变化量、速度的变化率之间的区别与联系。

三、教学用具

多媒体。

四、教学过程

1. 新课引入

放映录像 1——神舟六号火箭升空。
放映录像 2——飞机起飞过程。
放映录像 3——摩托车启动过程。
放映录像 4——短跑比赛。
放映录像 5——公共汽车启动过程。
问题 1：录像中火箭、飞机、摩托车、运动员、公共汽车有什么共同的特点？——都在运动，都有速度。
问题 2：它们的速度又有什么共同特征？——都在变化。
问题 3：速度的变化快慢是否一样？——不一样。

2. 新课教学

问题 4：如何去比较它们的速度变化快慢呢？——（学生思考、讨论、发言、总结）
总结：方法一，看发生相同速度变化所需的时间。发生相同速度变化所需时间越短，速度变化越快；时间越长，速度变化越慢。
方法二，看在相同时间内发生的速度变化。在相同时间内，速度变化大的速度变化快，速度变化小的速度变化慢。

问题 5：比较表 4.3-1 中自行车和汽车的速度变化快慢,谁更快?（幻灯片）

表 4.3-1

自行车	t/s	0	10	20	30
	$v/(\mathrm{m \cdot s^{-1}})$	0	3	6	9
汽车	t/s	0	2	4	6
	$v/(\mathrm{m \cdot s^{-1}})$	0	3	6	9

（学生思考、讨论、发言、总结）

总结：发生相同的速度变化（3 m/s）汽车所需的时间比较少,所以汽车的速度变化快。

问题 6：比较表 4.3-2 中自行车、汽车和跑车的速度变化,谁更快?（幻灯片）

表 4.3-2

自行车	t/s	0	10	20	30
	$v/(\mathrm{m \cdot s^{-1}})$	0	3	6	9
汽车	t/s	0	2	4	6
	$v/(\mathrm{m \cdot s^{-1}})$	0	3	6	9
跑车	t/s	0	1	2	3
	$v/(\mathrm{m \cdot s^{-1}})$	9	6.5	4	1.5

（学生思考、讨论、发言、总结）

总结：看相同时间内速度变化的大小。相同时间内速度变化大的速度变化快,所以跑车的速度变化最快,自行车的速度变化最慢。

问题 7：对于不同物体的速度变化快慢情况用什么方法统一来描述比较方便?

（学生思考、讨论、发言、总结）——利用速度的变化与发生这一变化所用时间的比值来描述。

我们把物体的速度变化与发生这一变化所用时间的比值叫加速度。利用加速度来描述物体的速度变化快慢。

（板书）第 5 节　速度变化快慢的描述——加速度

1.定义：速度的变化与发生这一变化所用时间的比值叫加速度

问题 8：速度的变化该如何表示呢?（学生思考、讨论、发言、总结）

（类比引导）前面我们学习过位移,位移是一个反映物体位置变化的物理量。确定坐标后位移即位置的变化 $\Delta x = x_2 - x_1$,并用正负号来表示位移的方向。

总结：速度由 v_1 经过一段时间 t 后变为 v_2,那么 $v_2 - v_1$ 的差值即为速度的变化量,用 Δv 表示,$\Delta v = v_2 - v_1$。所以加速度的公式可以表示成:$a = \dfrac{\Delta v}{\Delta t}$。

（板书）2. 公式:$a = \dfrac{\Delta v}{\Delta t}$

3. 单位:m/s²,读作:米每二次方秒

问题 9:加速度是矢量还是标量? 方向由谁决定?（学生思考、讨论、发言、总结）

总结:速度是矢量,速度的变化量 Δv 也是矢量,单位时间内速度的变化量也是矢量。即 a 的方向也就是 Δv 的方向。

（板书）4. 矢量:方向与 Δv 的方向相同（投影片）

问题 10:前面的例子中汽车、跑车的速度和加速度方向有什么关系? 如何表示加速度的方向?（学生思考、讨论、发言、总结）

总结:当加速度方向与速度方向相同时,汽车做加速直线运动,用正值表示;当加速度方向与速度方向相反时,跑车做减速直线运动,用负值表示。

注意:正负号是人为规定的。

问题 11:判断下列说法的正误?

① v 越大,a 也就越大。

② a 为零,v 也为零。

③ a 不变,v 也不变。

④ v 变化越大,a 就越大。

⑤ v 变化越快,a 就越大。

⑥ a 减少,v 也减少。

⑦ a 的方向就是 v 的方向。

⑧ a 为正值时 v 一定增加。

（学生思考、讨论、发言、总结）只有⑤正确。

了解一些运动物体的加速度（见表 4.3-3）。

表 4.3-3

运动的物体	$a/(\mathrm{m \cdot s^{-2}})$	运动的物体	$a/(\mathrm{m \cdot s^{-2}})$
炮弹在炮筒中	5×10^{-4}	赛车起步	4.5
跳伞着陆	-24.5	汽车起步	约 2
喷气式飞机着陆	$-5 \sim -8$	无轨电车起步	约 1.8
汽车急刹车	$-4 \sim -6$	旅客列车起步	约 0.35

问题 12:一个物理量随时间的变化情况除了用公式表示之外,还可以怎样直观地表示出来? ——利用图象法。

问题 13:图 4.3-1 是一个什么图象? ——速度随时间的变化图象。

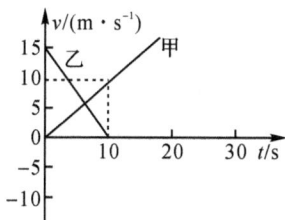

图 4.3-1

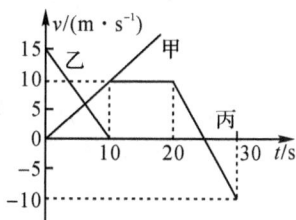

图 4.3-2

问题 14：从图象 4.3-1 中可以得到谁的速度变化快？——乙，说明乙的加速度大。

问题 15：从图象 4.3-1 中还可以得到哪些信息？（学生思考、讨论、发言、总结）

总结：①甲做加速运动，乙做减速运动；

②甲的速度随时间均匀增加，乙的速度随时间均匀减小；

③图象的倾斜程度反映了速度度变化的快慢即加速度的大小；

……

像这种物体的速度随时间均匀增大的直线运动叫匀加速直线运动，速度随时间均匀减小的直线运动叫匀减速直线运动。

（板书）物理意义：反映速度变化快慢的物理量。

问题 16：匀变速直线运动的加速度有什么特点？——恒定不变。

（板书）匀变速直线运动：加速度恒定不变。

问题 17：说出图 4.3-2 中丙的运动情况？（学生思考、讨论、发言、总结）

总结：先由匀加速直线运动到匀速直线运动，再匀减速运动，最后反向做匀速直线运动。

问题 18：丙物体在匀加速阶段和匀减速阶段的加速度的大小分别为多少？——$1\ \text{m/s}^2$，$2\ \text{m/s}^2$

3.巩固练习

练习 1：一颗子弹以 $v_1 = 100\ \text{m/s}$ 的速度经过 $0.01\ \text{s}$ 穿过一块竖直放置的木板后，速度变为 $v_2 = 70\ \text{m/s}$，求子弹在穿过木板过程中的加速度。

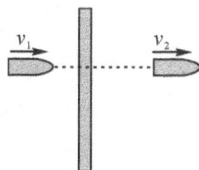

图 4.3-3

解：根据加速度公式 $a = \dfrac{\Delta v}{\Delta t}$ 得，

$$a = \frac{v_2 - v_1}{\Delta t}\ \text{m/s}^2 = \frac{70 - 100}{0.01}\ \text{m/s}^2 = -3 \times 10^3\ \text{m/s}^2$$

负号表示方向与速度方向相反。

练习 2：一足球以 $v_1 = 10\ \text{m/s}$ 的速度撞到一竖直挡板上后，以 $v_2 = 7\ \text{m/s}$ 反向弹回，已知足球与挡板作用时间为 $0.01\ \text{s}$。求足球在与挡板接触过程中的加速度。

解:根据加速度公式 $a = \dfrac{\Delta v}{\Delta t}$ 得,

$$a = \dfrac{v_2 - v_1}{\Delta t} \ \mathrm{m/s^2} = \dfrac{-7 - 10}{0.01} \ \mathrm{m/s^2} = -1.7 \times 10^3 \ \mathrm{m/s^2}$$

负号表示方向与速度方向相反。

问题19:通过上述两个问题的研究,请同学们总结一下解决关于加速度的问题时应该注意什么。(学生思考、讨论、发言、总结)

注意:①明确研究对象,研究物体和研究过程;

②速度的变化 $\Delta v = v_2 - v_1$,是末状态的速度减去初状态的速度;

③加速度是矢量,应该注意方向。

4. 课堂小结

这堂课我们学习了描述物体速度变化快慢的物理量——加速度。学习了加速度的定义,是一个比值定义。a 是一个矢量,方向与 Δv 相同。

5. 作业布置

把课本第 31 页"问题与练习"的第 2、3、4 题做到练习本上。

6. 板书设计

加速度
1. 定义:速度的变化与发生这一变化所用时间的比值叫加速度。
2. 公式:$a = \dfrac{\Delta v}{\Delta t}$。
3. 单位:$\mathrm{m/s^2}$,读作:米每二次方秒。
4. 矢量:方向与 Δv 的方向相同。
5. 物理意义:描述速度变化快慢的物理量。
6. 匀变速直线运动:a 恒定不变。

第四节　"牛顿第一定律"教学设计

一、设计思想

本节课的知识点实际上只有两个：一是牛顿第一定律的内容；二是惯性。这两个知识点学生在初中已经学习过，有基本的了解。如果教师通过简单的讲解后，就直接将以上两结论告知学生，相信学生也是比较容易接受的，然后就可以通过做习题加以巩固。但这样显得过于注重物理学科知识教学，而忽略了施教的理念和方法。

教师通过演示实验引入本节课，让学生在问题的引导下观察实验现象，自主思考、分析、讨论，获得结果，进而又通过实验验证所得出的结论，完全遵循伽利略科学实验的探究方法。在问题发现的环节上，通过开放性的实验，引导学生思考，发散学生思维；在问题解决的过程中，学生通过小组合作探究，交流讨论，体会知识获取的乐趣；在问题感悟时，学生自主小结，并运用已学知识指导生活实践，体会 STS 的意义，提高科学素养。

二、教材分析

高中物理一开始学习的是运动学的相关知识和规律，接着又学习了力学中的重要基础知识，然后是研究运动和力的关系。牛顿运动定律正是在此基础上将运动和力联系起来的，是进一步分析和处理直线运动和力学问题的基础。牛顿第一定律的学习过程重现了物理学家研究运动和力的关系的过程，体现了科学的研究方法，起到承上启下的作用，是本节、本章的重点。牛顿第一定律是经典力学中三大定律之一，牛顿第二定律又是在牛顿第一定律基础上建立起来的，因此牛顿第一定律又是三大定律的基础，也是整个力学的基础。领会这一物理定律，对激发学生学习物理学的兴趣，培养学生的科学方法和科学精神具有重要意义。

三、学情分析

学生在初中阶段已经接触过牛顿第一定律的内容，进入高中阶段又学习了机械运动、力学的一些知识,为本节课学习做好了铺垫。但生活经验中学生有时会感觉到力与运动之间的关系与本节知识相"矛盾",巧妙利用这点提出"反现象",激发学生认知冲突反而取得很好的教学效果。高一学生已经具备了基本的观察、实验、分析、概括能力和一定的实验技能,这为本节课的自主实验探究打下基础。同时高一学生也已经具备了一定的逻辑思维能力,能够在实验操作过程中或是对现象分析讨论过程中发表自己的见解,积极主动地交流、讨论。所以在课堂上要创造条件和机会,通过启发、点拨,对学生进行学法指导,激发学生学习的主动性。

四、核心素养目标

1. 物理观念目标

(1)认识生活中的物体的受力情况,建立物体之间的相互作用观念。

(2)分析物体的运动情况,建构质点分析模型,建立物体的运动观念。

(3)知道惯性的概念,知道质量是惯性大小的量度。

2. 科学思维目标

(1)分析推理生活中的相关运动现象,得出正确客观的结论,深入认识力和运动之间的关系。

(2)理论联系实际,概括伽利略理想实验,使学生受到科学方法论的教育。

(3)通过对惯性现象的解释,培养学生科学思维的能力。

3. 科学探究目标

(1)利用对生活中常见运动的分析,培养学生提出问题的能力。

(2)通过对实验探究过程中现象的深入分析、讨论,培养学生科学的研究问题的方法与能力。

(3)通过对伽利略理想实验条件的分析研究,培养学生探究客观事物的本质、合理选取物理条件的科学探究素养。

4. 科学态度与精神

(1)通过学习物理学发展历史上对力和运动关系的研究,了解人类认识事物本质的曲折历程,培养学生认识事物本质的科学态度。

(2)通过学习伽利略对力和运动关系的研究,培养学生敢于坚持真理,不迷信权威的勇气和创新精神。

(3)通过牛顿第一定律的学习,激发学生努力学习物理,探索客观真理,努力为人类社会做贡献的科学精神。

五、教学重点、难点

对牛顿第一定律的理解是教学的重点，也是难点，人们对力和运动关系的认识历程，是本节课教学的重点和难点。演示实验研究阻力对物体运动的影响，是帮助学生理解牛顿第一定律的关键，演示伽利略的研究过程是本节的重点内容。对牛顿第一定律的表述是本节的难点。物体的惯性是本节的重点。

六、教学策略与手段

在教学活动上：体现学生的主体性、教师的指导性和服务性。

在教学方法上：以问题为抓手，做到问问相连，环环相扣，从问题的发现到问题的解决再到问题的感悟，形成问题链导学；以小组合作形式为依托，小组讨论，合作研究，共同进步。

在教学程序上：演示生活中的运动现象→提出问题→学生思考→呈现刺激材料→小组讨论→代表回答→大家讨论→得出结论→实验验证→建立结论→理论推广。

在学习过程上：引导学生发现问题→猜想→讨论→探究→讨论→验证→结论→应用。

在认知过程上：突出物理学科学的研究方法——从简单到复杂、从理想到实际；同时结合学生的学习思维习惯和认知规律，即由特殊到一般、由简单到复杂。

在教学理念上：突出物理学的研究源于生活实践，高于生活又服务于生活；透过现象认识本质，总结科学规律和方法，又应用于实践，体现科学的价值。

七、课前准备

要做好教学用具准备工作，具体教学器材有：小车，物块，粗糙程度不同的斜面，气垫导轨，相关的视频资料，多媒体设备。

八、教学过程

1.新课引入

我们在前面学习了如何描述物体的运动，接着又学习了物体之间的相互作用，也就是力。运动和力之间是有一定的联系，在物理学当中研究运动和力的关系的

223

理论叫动力学。动力学中的基本规律是牛顿运动定律。从今天开始,我们要来学习第四章——牛顿运动定律。今天这堂课来学习第四章第一节——牛顿第一定律。

2. 新课教学

问题1:如何使放在水平桌面上的物块运动起来呢？可以用什么方法？(先请学生思考,再请学生发言)

【教师演示】推它,拉它。

问题2:说说所观察到的现象。(学生讨论、发言)

【总结说明】推它或者拉它的时候,物块动起来了,而放手之后物块又停下来了。所以要使物体运动就必须要有力对它作用,没有力的作用,运动的物体就会停下来。

结论:必须有力作用在物体上,物体才能运动;没有力的作用,物体就会静止在某个地方。

【历史回顾】在两千多年前,古希腊著名的哲学家亚里士多德也得出这样的结论。对于亚里士多德,同学们都知道,他的一些观点好像都是"错误"的。他好像成了"错误"的代名词。同学们对亚里士多德应该有一个客观的认识,黑格尔称其为"人类的导师",恩格斯称其为"最博学的人"。他的研究涉及各个领域,而且相当精通,他曾是一本活的百科全书。哈佛大学的校训是:让柏拉图与你为友,让亚里士多德与你为友,更重要的,让真理与你为友。亚里士多德的确非常伟大,那么有同学就会质疑:既然亚里士多德那么伟大,那么他得出的判断怎么会是错误的呢？

伟大的科学家爱因斯坦说过:一代代科学家探索自然界奥秘的努力,好比福尔摩斯侦探小说中警员破案的过程。在侦探故事中,有时候明显可见的线索却把人引到错误的判断上去,也就是说,光凭经验来做判断常常是靠不住的。

问题3:亚里士多德得出的这个"物体的运动需要有力来维持"的判断是否正确的呢？——不正确。

问题4:那么引导亚里士多德做出错误判断的是什么呢？

就是前面看到的——物体的运动是与推、拉等行为相联系的,当不再推或拉时,原来运动的物体便停下来。这就是"线索",正是这个线索引导亚里士多德做出了错误的判断。

【伽利略的研究】这个"错案"竟维持了近两千年。直到300多年前,物理学中的"福尔摩斯"——伽利略才创造了有效的"侦察"方法,发现了正确的线索,揭示了现象的本质。

伽利略是怎么做到的呢？

伽利略注意到,当一个球沿斜面向下运动时,它的速度不断增大,而向上运动时速度不断减小。他由此猜想：当球沿水平面运动时，它的速度应该是不增不减。也就是说，物体一旦具有速度，只要没有加速或减速的原因物体将保持这个速度继续运动下去。但是在实际情况中，即使是沿着水平面运动，球的速度也越来越慢，最后停了下来。而对于不同的水平面，球运动的远近是不同的。越光滑的水平面球运动得越远。于是他推断：球在水平面上运动越来越慢最后停下来是因为摩擦阻力作用，如果没有摩擦阻力，球将永远运动下去。

【理论实验分析】要说明这个问题，就得拿出依据来！在物理学中研究物理问题的基本手段是实验。伽利略设计了一个如图 4.4-1 所示的实验：让小球从一个斜面上从静止开始滚下，然后滚上另一个斜面，如果没有摩擦，小球将上升到原来的高度。减小第二个斜面的倾角，小球仍可以上升到同一高度，但它在斜面上滚过的距离要远一些。继续

图 4.4-1

减小第二个斜面的倾角，球达到同一高度时也会运动得更远。于是他就思考：若将后一个斜面放平，球会运动多远呢？我们可以来做一下这个实验。

大家可以看见小球从第一个斜面由静止滚下来以后滚上第二个斜面，在第二个斜面上上升的高度比刚开始释放时的高度要稍微低一些，这是因为小球在运动过程中受到了摩擦阻力的作用。假如没有摩擦阻力，小球可以上升到同一高度，当然我们不能消除一切摩擦阻力，所以说伽利略的这个实验是一个理想的实验。

【总结结论】可以发现，减小第二个斜面的倾角，小球在斜面上走过的距离也越远；当第二个斜面为光滑水平面时，小球将一直运动下去。这就是说，物体在水平面上运动时并不需要力来维持，也就是说力不是维持物体速度的原因。而我们前面看到的推或拉物体，是使物体从静止开始运动起来，这个力的作用不是维持物体的运动，而是使物体从静止变为运动，是改变了物体的运动状态。像这样，一个物体由静止变为运动或由运动变为静止，就说它的运动状态发生了变化，而由静止变为运动也就是物体的速度发生了变化。换句话说，如果一个物体的速度（包括大小和方向）发生变化，我们就说物体的运动状态发生了变化。所以，速度是描述物体运动状态的物理量。因此伽利略得出结论：力不是维持物体运动的原因，即维持速度的原因，而是改变物体运动状态即改变物体速度的原因。

【多人总结】与伽利略同时代的法国科学家笛卡尔后来补充和完善了伽利略的观点，明确指出：除非物体受到力的作用，物体将永远保持其静止或运动状态，永远不会使自己沿曲线运动，而只保持在直线上运动。他还认为，这应该成为一个原理，它是人类整个自然观的基础。

【牛顿总结】几十年以后，英国的物理学家牛顿在总结前人研究的基础上提出了一条基本定律：一切物体总保持匀速直线运动状态或静止状态，除非作用在它上面的力迫使它改变这种状态。这就是牛顿第一定律。

大家知道,牛顿是一位非常伟大的科学家,但他非常谦虚。他有一句经典名言值得我们深思:我之所以比别人看得远,是因为我站在了巨人的肩膀上。

【深入理解牛顿第一定律】牛顿第一定律向我们表明两层含义:①一切物体都具有保持原来的匀速直线运动状态或静止状态的性质。②力不是维持物体运动的原因,而是改变物体运动状态的原因。

也就是说,如果没有外力作用,静止的物体仍然静止不动,运动的物体就一直做匀速直线运动。对于"静止"我们可以理解,但对于"运动"我们好像从没看到过。那是因为在现实生活中运动的物体都会受到摩擦阻力的作用。假如运动物体不受摩擦阻力,物体的运动会怎么样呢?接下来我们来做一个实验。当然完全没有摩擦阻力我们是做不到的,但是可以尽量减小摩擦阻力。

【实验验证】在实验室里经常用来减小摩擦阻力的一种仪器——气垫导轨。

(这是导轨,在导轨两侧有许多小孔,上面放上一个滑块,这是一个气泵,打开电源气泵会将气体充入导轨,气体就会从小孔喷出,将物块顶在空中,当物块运动起来以后还有没有摩擦阻力?学生会回答"没有"。物块与导轨之间的摩擦阻力没有了,但空气对它的阻力还是有的,相比之下空气阻力要小得多。我们可以来看一下)(演示气垫导轨上物块的运动)通电后,让物体动起来,可以看到,当运动的物体不受其他力的作用时将会一直保持原来的运动状态。物体保持原来匀速直线运动状态或静止状态的性质叫惯性,所以牛顿运动定律又叫惯性定律。

【理解惯性】牛顿第一定律告诉我们一切物体都有惯性,接下来请同学来举一些现实生活中关于惯性的例子。(请学生举例)

【实例展示】列举生活中的惯性例子。

录像1——运动员跳远。

录像2——冰球场上:冰球离开球杆后,能以几乎不变的速度继续前进,直到它再次碰到球杆的打击或其他障碍物才改变这种运动状态。

录像3——溜冰场上:溜冰运动员如果保持一个姿势不变的话,他就会以几乎不变的速度一直运动下去。

录像4——洗衣服的时候,抖一下水珠的惯性。

录像5——打不飞的木偶。

录像6——转动的惯性。

录像7——扎水球:形状的惯性。

录像8——汽车刹车时的惯性。

【实践体验】在这里我们先来做个互动。假设大家现在坐在一辆大巴车里。听我口令,请同学们将会出现的情况表演出来。

①突然加大油门前进——人向后仰。

②汽车向左急转弯——人向右倒。

③汽车向右急转弯——人向左倒。

④前方事故紧急刹车——人向前倒。

录像9——汽车的启动和刹车。

录像10——汽车厂的安全检测。

所以小车上都设有安全带,我们乘车时一定要系好安全带。

自然界的物体并不是孤立的,在运动过程中总会受到摩擦阻力的作用,牛顿第一定律是在没有摩擦阻力的前提下得出的,所以牛顿第一定律是利用逻辑思维对事实进行分析的产物,是不可能用实验直接验证的。

【思考与讨论】从牛顿第一定律可知,物体都要保持它们原来的匀速直线运动或静止的状态,或者说,它们都有抵抗运动状态变化的"本领"。但是这种"本领"的大小是不一样的,物体抵抗运动状态变化的本领与什么因素有关?请大家通过实例进行分析。

得出结论:质量是惯性大小的量度。

【理解惯性】质量越大,物体的惯性越大,运动状态改变越困难;反之,质量越小,物体的惯性越小,运动状态改变越容易;也就是说,物体的惯性与物体的受力情况和运动状态无关,仅决定于物体的质量。

一切物体在任何状态下都有惯性,惯性是物体的固有属性。在现实中有些惯性是有利的要加以利用,有些是不利的,我们一定要注意防护。

【思考训练】解决下列问题。

思考1:"飞机下弹",飞行中的飞机在目标的正上方才开始投弹,能否击中目标?(利用动画演示)炸弹随飞机一起飞行,因为有惯性所以应提前投弹。

思考2:我们知道,地球是在不停自转的,人也随着地球一起转。假如有这样一个气球将我们提起来停在空中,我们低头向下看,地球从我们脚下转过去,地球上的美好风景都展现在我们眼前,这似乎可以轻松实现环球旅行呢!可以不可以?

(录像分析)宇航员因具有惯性将随地球一起转动。

思考3:仔细思考是否会出现这种情况,在火车上的桌面上放上一个苹果,有时候我们并没有用手去动它而它自己却运动起来了。不是说物体不受其他力作用时会保持原来的运动状态吗?那么,没有力作用时静止的苹果怎么会动起来了?是否牛顿第一定律不适用了呢?

请同学们阅读课本上的"科学漫步"。(利用动画演示)

在这里并非牛顿第一定律不适用,实际上是涉及参考系的问题。如果桌面光滑,在地面上的人看来,苹果还是静止不动的,符合牛顿第一定律。在火车上看来,不受力的苹果会运动起来,是选择了火车的车厢为参考系,这样的参考系叫非惯性参考系(也就是牛顿第一定律不适用的参考系),牛顿第一定律适用的参考系叫惯性参考系,简称惯性系。在研究地面物体运动时一般可以把地面看成惯性系,相对地面匀速运动的其他参考系也是惯性系。在高中阶段,我们主要研究惯性参考系。

【课堂小结】毛主席在《实践论》中对感性认识和理性认识的关系做出如下的论述:"感性材料固然是客观外界某些真实性的反映,但它们仅是片面的和表面的东西,这种反映是不完全的,是没有反映事物本质的。要完全地反映整个的事物,反映事物的本质,反映事物的内部规律性,就必须经过思考作用,将丰富的感觉材料加以去粗取精、去伪存真、由此及彼、由表及里的改造制作工夫,造成概念和理论的系统。就必须从感性认识跃进到理性认识。"人们对运动和力的关系的认识经过了从感性认识到理性认识的跃进。这个过程历经两千多年,其间伽利略做出了重要贡献。由此可以看出伽利略的伟大和工作的卓越。就是这样一个伟大的科学家,因为他的科学思想不符合教会的统治思想,最终被教会判以终身监禁。直到1992年,梵蒂冈教皇才为他公开平反。科学思想得来不易,科学的真理总是要战胜不科学的东西。

九、课后反思

牛顿运动定律是物理学中的重要内容,是动力学的核心内容,也是中学生解决物理问题的重要方法。学习牛顿第一定律是学习牛顿运动定律的开端,是对物理学家们关于力与运动之间的关系研究的全面客观认识的基础。学好牛顿第一定律能够为后续牛顿运动定律的学习打下良好的基础。

1. 本节课的成功之处

(1)从生活中常见的现象出发,演绎从亚里士多德到伽利略对力和运动之间关系的历史研究过程。分析历史等客观条件,帮助学生形成正确客观的认识,对学生进行科学探究精神及严谨的思维品质的教育。

(2)通过对伽利略关于力和运动之间关系研究的分析,渗透物理学研究方法的教育。教学过程中,让学生充分体会伽利略的科学研究方法:提出问题→合理猜想→数学推理→实验验证→合理外推→得出结论。通过伽利略的理想斜面实验,培养学生透过现象探究本质、排除干扰研究本质的能力。

(3)整个课堂的问题设计层层深入,环环相扣,及时调动学生思维,课堂探究意识浓厚。整个过程以问题为导向,通过问题串联,步步深入,培养学生勤于思考,善于思维的优良品质。

(4)利用很多实例来说明理论,有充分的例证。通过发动学生积极思考,对已经看到过或经历过的过程,现象进行分析,既能帮助学生深入理解相应物理知识,也能让学生充分体会物理学与生活的密切联系,体会物理学的实际价值,激发学生学习的兴趣,培养学生利用物理知识解决实际问题的能力。

2.本节的不足及改进

(1)由于不同学生在初中阶段所掌握的基础不同,所以学生对与力和运动相关的一些实际例子的理解层次不同,部分学生理解层次较低。加上教师本身对亚里士多德关于力和运动的研究缺少全面的介绍,缺少有力的素材,导致学生对亚里士多德相关的认识缺少内心感受。改进的方案是加大关于科学家们对力和运动的研究资料的学习,收集亚里士多德相关的文献资料,客观全面分析历史的局限性,让学生对物理学史有更多客观的了解,体会科学家们的研究历程,学习科学家们坚持不懈的科学精神。

(2)伽利略的理想斜面实验效果不是很好。改进的方案是寻找更多的方案,让学生充分认识实际研究与理想的不同,培养学生科学确定研究方法和条件的能力。

第五节 "超重与失重"探究式教学模式课例

一、教学设计

1. 教材分析

"超重与失重"是高中物理"用牛顿运动定律解决问题（二）"一节中的内容，是牛顿运动定律的具体应用。教材中安排这一节内容既能巩固学生学习过的受力分析、牛顿运动定律等知识，又能增强物理知识与日常生活的联系，很好地体现了新课程"从生活走向物理，从物理走向社会"的理念。同时激发学生学习物理的兴趣和热情。

2. 学情分析

对于超重与失重，学生有一定的感性认识，但对于超重、失重的概念，学生理解起来有一定的困难。困难主要来自两方面：一是物理语言的误导，使学生认为超重（或失重）就是物体重量的增加（或减少）；二是学生往往认为向上运动时就超重，向下运动时就失重，没有真正理解超重与失重的原因。因此，在本节课教学中可利用实验和理论探究相结合的方法，自主学习与小组合作学习的方式，让学生自己体验、分析、归纳、讨论、评价，最后得出结论。从而激发学生的学习兴趣，培养学生透过现象看本质的物理意识。

3. 教学方法

现代素质教学理论强调，学生的学习行为是由学习动机引起的，学习动机对于学生的学习具有明显的推动作用。要有效地进行长期的有意义学习，学习动机是必不可少的。本课采用演示实验，巧设物理情境引发动机，培养学生的学习主动性；由学生的分组实验，激发动机，培养学生的学习积极性；最后再通过实际问题深化动机，培养学生的创造性。运用多媒体技术化抽象为具体，突破教学难点。

探究式分组实验过程中，学生自己动手实验，对来源于实验现象的知识进行归纳、加工整理，进而得出一般性的物理规律。通过教师引导，学生再一次领略到物理知识的逻辑性和简洁性，体会物理世界的"美"。

4. 教学目标

（1）知识与技能

①知道超重和失重现象。

②理解产生超重、失重现象的条件。

③能够运用牛顿运动定律分析超重和失重现象。

④理解生活中的超重与失重现象，并能利用所学知识分析解决相关问题。

（2）过程与方法

①体验体重计上加速、减速的感觉，增加对超重和失重现象的感性认识。

②通过在电梯升降过程中感受到的超重和失重过程，观察并体验超重和失重现象，探究产生超重和失重现象原因。

③学会应用牛顿运动定律解决实际问题的方法。

（3）情感态度与价值观

①通过体验性学习活动，体会牛顿运动定律在认识和解释自然现象中的重要作用，激发学习的兴趣。

②在自主实验和逐步探究的学习过程中，培养细心观察、勤于思考和相互交流的学习习惯和合作精神。

5. 教学重点、难点

重点：①超重和失重的概念；

②产生超重和失重现象的条件。

难点：①产生超重和失重现象的条件；

②运用牛顿运动定律对超重和失重现象的分析。

6. 教学用具

体重计、平整的重物（2 块）、纸巾、弹簧测力计（30 把）、100 g 钩码（30 个）、多媒体设备、可乐瓶（打孔）、脸盆。

二、教学过程

1. 新课引入

展示图片——宇航员训练系列（在飞船中处于失重状态下的情况）。

播放录像——杨利伟在神舟五号飞船里吃月饼（月饼从空中慢慢飘入杨利伟的嘴里）。

实验演示：将一张纸压在两个重砝码之间，用力拉，纸被拉断了；让这两个重砝码一起自由下落,同时拉这张纸,纸拉出来了,且完好无损。

师:怎么会出现这种现象呢?

2. 新课教学

展示图片(图 4.5-1)——一位同学站在一台体重计上。

师:小明同学站在一台体重计上,发现体重计的读数是 50 kg,这说明了什么?(g 取 10 m/s²)

图 4.5-1

(学生思考、讨论、发言)

生:小明的质量是 50 kg,体重是 500 N。

总结:其实,我们在生活中听到的"多重",通常是以 kg 为单位,是指质量,而物理学中"多重"应该指的是重力,这就是物理概念与生活、常用语的区别。

师:小明同学的体重就是 500 N 吗?

(学生思考、讨论)

生:他在静止不动或匀速直线运动时的体重就是 500 N。

师:那么运动起来后,比如蹲下去或站起来,体重还是不是 500 N? 体重计的读数是不是 500 N 呢?

【实验探究一】展示体重计,请两位同学上来做实验。

实验分工:请一位同学(甲)站到体重计上负责动作的完成;另一位同学(乙)负责记录,观察体重计的读数,将看到的现象记录下来。

实验过程:①甲静止不动! 乙记录;

②甲快速蹲下! 乙记录;

③甲快速站起! 乙记录。

师:请乙同学告诉大家,你看到了什么现象?

生:甲快速蹲下去过程中,读数先减小后增大。

甲快速站起来的过程中,读数先增大后减小。

师:结合刚才这两位同学所做的实验,请同学们再来思考,当甲同学做如下情况的运动时,体重计的读数如何变化?

①加速向上时;

②加速向下时。

(学生思考、讨论、发言、总结)

总结:结合刚才的实验可知,加速向上的过程是在甲同学站起来的最初阶段,体重计读数变大;加速向下的过程是在甲同学往下蹲的最初阶段,读数是变小的。

(幻灯片展示)

【实验一】甲站在体重计上,做如下运动:

①加速向上——读数大于重力;

②加速向下——读数小于重力。

【实验探究二】

播放录像:在竖直的电梯中有两个装置:一个装置是台秤,台秤上放了一些砝码,静止时台秤读数大约为530 g;另一个装置是竖直悬挂了一个弹簧秤,弹簧秤下悬挂了一个重物。静止时候弹簧秤的示数约为13.5 N。电梯从1楼上升到6楼。

(利用慢镜头再放一遍)

师:在电梯上升过程中,台秤和弹簧秤的读数是如何变化的?

生:台秤读数先增大后减小;弹簧秤读数也先增大后减小。

师:若电梯做如下运动,台秤(或弹簧秤)的示数如何变化?

①电梯加速上升;

②电梯加速下降。

(学生思考、讨论、发言、总结)

总结:(幻灯片展示)

【实验二】在竖直升降的电梯中,将重物放在台秤上(或悬挂在弹簧秤上),电梯做如下运动:

①加速上升——读数大于重力;

②加速下降——读数小于重力。

【实验探究三】

分组实验:请同学用桌上的弹簧秤亲自动手做一做。

师:把物体挂在弹簧秤上,用手拉动弹簧秤和物体一起做如下运动时,弹簧秤读数如何变?

①向上加速;

②向下加速。

(学生思考、动手、讨论、发言、总结)

总结:(幻灯片展示)

【实验三】把物体挂在弹簧秤上,用手拉着弹簧秤和物体一起做如下运动:

①向上加速运动——读数大于重力;

②向下加速运动——读数小于重力。

把刚才所做三个实验的现象放在一起分析。(幻灯片展示)

【实验一】甲站在体重计上,做如下运动:

①加速向上——读数大于重力;

②加速向下——读数小于重力。

【实验二】在竖直升降的电梯中,将重物放在台秤上(或悬挂在弹簧上),电梯做如下运动:

①加速上升——读数大于重力;

②加速下降——读数小于重力。

【实验三】把物体挂在弹簧秤上,用手拉着弹簧秤和物体一起运动:

①向上加速运动——读数大于重力;

②向下加速运动——读数小于重力。

师:上述三个实验的现象有什么共同的特点?

(学生思考、讨论、发言、总结)

总结:(幻灯片展示)

①加速向上——读数大于重力;

②加速下降——读数小于重力。

师:如果电梯减速上升或减速下降呢? 这个体重计的示数与重力大小相比又怎么样呢?

播放录像:电梯从6楼开始启动下降到1楼静止。

(利用慢镜头再放一遍)

(学生思考、讨论、发言、总结)

(幻灯片展示)

①减速上升——读数小于重力;

②减速下降——读数大于重力。

【理论论证】减速上升,速度方向竖直向上,加速度的方向竖直向下。人受到重力 G 和体重计对他竖直向上的支持力 F_N 的作用,根据牛顿第二定律可以知道,$G-F_N=ma$,$F_N=G-ma$,$F_N<G$。根据牛顿第三定律可知,F_N 的大小就等于体重计的读数,所以减速上升时读数小于重力。

减速下降的时候,速度方向竖直向下,加速度的方向竖直向上。同样对人受力分析,受到一个竖直向下的重力 G 和体重计对他的竖直向上的支持力 F_N,根据牛顿运动定律可以知道,$F_N-G=ma$,$F_N=G+ma$,可见 $F_N>G$,即读数大于重力。

【得出概念】通过刚才的分析,我们可以知道,当物体在竖起方向上有加速度 a 的时候会出现两种现象:一是读数大于重力,二是读数小于重力。

我们把读数大于重力的现象称为超重,读数小于重力的现象称为失重。(幻灯片展示)

超重:读数大于物体的重力的现象。

失重:读数小于物体的重力的现象。

(板书) 超重和失重。

1. 定义:超重——$F_N>G$;

失重——$F_N<G$。

师:什么条件下物体处于超重状态? 什么条件下处于失重状态?

(幻灯片展示)特点:

①加速向上——读数大于重力——超重；

②加速下降——读数小于重力——失重；

③减速上升——读数小于重力——失重；

④减速下降——读数大于重力——超重。

（学生思考、讨论、发言、总结）

（幻灯片展示）2. 条件：①a 向上时，物体处于超重状态；

②a 向下时，物体处于失重状态。

（板书）2. 条件：①a 向上，物体超重；

②a 向下，物体失重。

师：在超重和失重过程中物体的重力是否发生变化？

生：重力不变。

（板书）3. 注意：在超重和失重过程中物体的重力不变。

【赋诗一首】（幻灯片展示）超重和失重

超重失重两纷纷，拉力支持定乾坤；

重力长存无变故，超重须看加速度。

【联系生活】

师：请同学来说说自己曾经历过的超重和失重的体验。

（学生思考、发言）

总结：

①人起跳和从高处跳下的过程，都可以体验超重和失重；

②利用体重计称量体重时，人在体重计上要保持静止；

③乘竖直升降的电梯，在升降过程中，体验超重和失重；

④乘快速行驶的汽车，突遇上坡或下坡，体验超重和失重；

⑤游乐园里，乘坐过山车，体验超重和失重；

⑥飞机起飞、着陆，或突遇气流、上下颠簸，体验超重和失重；

⑦蹦床运动。

……

播放录像：

①蹦极；

②翻滚过山车；

③飞机的俯冲；

④卫星绕地球飞行。

问题：如图 4.5-2，一同学站在电梯里的体重计上。假设该同学的质量为 $m=50$ kg，设电梯上升的初始阶段是匀加速运动，加速度的大小为 $a=0.5$ m/s²，那么体重计的读数是多

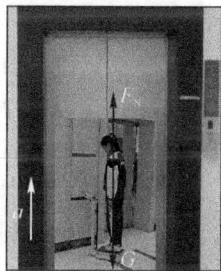

图 4.5-2

少？（g 取 10 m/s²）。

（学生思考、讨论、发言、总结）

总结：取人为研究对象，对其受力分析。由题可知，人以加速度 $a = 0.5$ m/s² 竖直向上匀加速。根据牛顿第二定律有：$F_N - G = ma$，$F_N = G + ma$，代入数据得 $F_N = 525$ N，那体重计的读数为 525 N。人处于超重状态。

问题：假设电梯向下做匀加速运动，加速度的大小为 $a = 5$ m/s²，求出体重计的读数。

（学生思考、讨论、发言、总结）

总结：研究对象还是这个人，对人受力分析。因为加速度 a 竖直向下，故 $G - F_N = ma$，$F_N = G - ma$，代入数据得 $F_N = 250$ N，即体重计的读数为 250 N。人处于失重状态。

问题：如果电梯向下加速，加速度的大小为 10 m/s²，那么体重计的读数为多少？

（学生思考、讨论、发言、总结）

总结：根据 $F_N = G - ma$，可以算出 $F_N = 0$，即体重计的读数为 0。

（幻灯片展示）完全失重现象

（板书）：完全失重，读数等于零的现象

条件：a 向下且 $a = g$

【探究问题一】取一只塑料瓶，在下端靠近底边处钻一个小孔，用手堵住小孔，加满水。

师：移去堵小孔的这只手，会有什么现象发生？

生：小孔处有水喷出（图 4.5-3）。

师：假如是让这个瓶子从某一高处自由下落，在瓶子下降的过程中水还会流出吗？

图 4.5-3

（学生思考、讨论、发言）

演示：为了让大家看得更清楚，从更高处释放瓶子。

录像播放——将原来有水从小孔流出的塑料瓶从静止释放。

（利用慢镜头再放一遍）——在瓶子下落过程中，小孔中没有水流出。

师：为什么？

（学生思考、讨论、发言）

总结：这是因为在忽略空气阻力的情况下，物体向下做匀加速运动，加速度 $a = g$，瓶子里的水都处于完全失重状态，上面的水对下面的水没有压力。

【课后思考题】如果将塑料瓶斜向上抛出会怎么样呢？

【探究问题二】假如你站在体重计上乘电梯，发现体重计读数是 55 kg，根据自己的情况，判断一下电梯的运行状态。

（学生思考、讨论、发言）

【超重和失重应用】

1985年，王赣骏乘"挑战号"飞船对在完全失重下的液滴状态进行研究。在完全失重情况下，重力的影响就没有了，所以液滴呈绝对球形，利用这个原理就可以制出理想的滚珠，轴承的磨损就会大大减小。

还有应用到农业方面的，比如太空蔬菜、太空育种等。

3. 巩固练习

在这堂课中，我们一起学习了什么是超重和失重，研究了超重和失重的条件，值得注意的是，不管超重还是失重，物体的重力并没有发生变化。

播放录像——欣赏飞船中的失重现象。

4. 课后作业

航天飞机在太空中处于完全失重的状态，为我们提供了一片奇妙的天地，你想在那里做点什么？提出自己的实验设想然后去探索吧！

5. 板书设计

$$超重和失重 \begin{cases} 1.\text{定义}:超重——F>G; \\ \qquad\qquad 失重——F<G; \\ \qquad\qquad 完全失重——F=0。 \\ 2.\text{条件}:a\text{ 向上}——超重; \\ \qquad\qquad a\text{ 向下}——失重; \\ \qquad\qquad a=g——完全失重。 \\ 3.\text{注意}:实重不变。 \end{cases}$$

三、教学后记

1. 评价

新的物理课程以培养和发展学生科学素养为宗旨。采用探究式教学法，能充分体现在课堂教学中教师的主导地位和学生的主体地位，在本堂课的教学过程中自始至终体现出探究的思想。探究的形式也是丰富多样的，有体重计、升降机里的录像探究、分组实验探究、理论上的探究等。科学理论的得出也完全符合理论发展的程序，从猜想到实验再到理论论证。从学生参与程度来说，整堂课学生的参与度非常高，参与面也非常广，学生在课堂上处于最大程度的激活状态。教师引导学生通过探究活动自主构建知识结构,使他们体验知识的获得过程,既激发了学生的学习积极性又培养了学生的科学素养和能力。

2. 反思

这是笔者上的一节探究课,探究的思想是这堂课的主要思路,一切活动的展开都体现探究的思想。上课前播放神舟五号的影像资料和日常生活经验,创设物理情境,使物理课堂更贴近生活,使物理知识真正走近学生。同时准备了一定量的小实验,据此创设问题情境,激发学生的问题意识,拓宽学生的思维空间,从而促使学生积极、主动地发现问题、提出问题、解决问题。从课堂上来看,学生喜欢观察物理现象,也喜欢表达自己的看法,多数学生积极参与讨论和交流。整个课堂教学中,采用物理情境与实验相结合,让学生人人参与,真正在课堂上动起来。

当然在这节课中也存在一些问题:

(1)利用体重计做演示实验再结合投影仪,实验的能见度还是可以的,但是学生站立和下蹲的时间太短,稍有开小差的同学就来不及观察到。

(2)本节课用弹簧秤来做实验,学生能观察到超重和失重现象,但若能进一步利用力传感器和数据采集器观测超重和失重现象,现场收集观测数据输入计算机,接着进行图像讲解,这样的教学应该更能激发学生的学习兴趣。

(3)完全失重的演示实验,在这里采用塑料瓶自由下落或上抛,让学生观察漏水的情况,由于下落太快难于观察。如果能用摄像机把演示实验的现象录制下来,重放、慢放或者放大,甚至是模拟实验现象的关键部分,并依据需要,把长时间的过程缩短,或者把变化的瞬间拉长、展开,再现物理过程,能够帮助学生观察,从而弥补演示实验的不足,给学生留下深刻的印象。

(4)教学过程中,学生始终是主体,教师是组织者、引导者,这节课的实验内容都是教师事先自己准备好的,学生没有参与实验设计、探索的过程,也没有动手机会,没能很好达到提高学生实践能力的目的。这节内容是牛顿运动定律及其运用的特例,定律及其运用方法都是学生已经学过的,有些实验可以尝试让学生课前自己设计,然后在课上展示。这样可以让学生对物理现象及过程有亲身的体验,同时也能锻炼他们的动手能力,培养创新精神和科学素养。

第六节　"电磁感应综合应用习题课"教学实录

一、开门见山

同学们！俗话说："山不在高,有仙则名;水不在深,有龙则灵。"学习呢？有法则活,有法则灵,有法则通。方法对于学习来说是非常重要的。这堂课我们一起来研究和归纳一下解决电磁感应综合应用问题的方法和策略。

二、抛砖引玉

【研究一】在如图 4.6-1 所示的光滑金属导轨的水平处放有一质量为 m 的导体棒 b,再将同样的金属棒 a 轻轻地放在距水平轨道高为 h 的轨道处。轨道只有水平部分处于竖直向下的磁感应强度为 B 的匀强磁场中,如果 a 棒和 b 棒始终没有相碰。求整个过程中导轨及两棒组成的回路所消耗的电能。

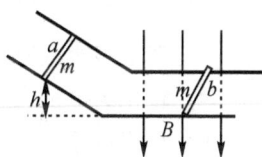

图 4.6-1

师:这是一道典型的电磁感应综合应用题,我们一起来研究一下。首先,选取研究对象,选取谁为研究对象呢？

生:取 a、b 棒。

师:是否同时研究？

生:先研究 a 棒。

师:把 a 棒轻轻地放在导轨上,说明 a 棒的初速度为零。由于导轨光滑,所以 a 棒要从导轨上滑下来做匀加速直线运动。可以利用动力学方法或者利用机械能守恒定律得出 a 棒滑到斜面底端进入磁场的速度 v_0:

由 $\dfrac{1}{2}mv_0^2 = mgh$,得:$v_0 = \sqrt{2gh}$。

接下去请同学们思考一下,a 棒以速度 v_0 进入磁场以后做什么运动呢？b 棒又做什么运动呢？

（学生思考、交流、讨论、回答）

师生（一起归纳总结）:a 棒进入磁场后切割磁感线,

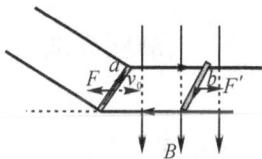

图 4.6-2

239

产生感应电动势,在闭合回路中产生感应电流,感应电流的方向如图 4.6-2 所示。则 a 棒受安培力方向向左,使 a 棒做减速运动,b 棒受安培力方向向右做加速运动。此时 a、b 棒都向右切割磁感线,等效电路如图 4.6-3。

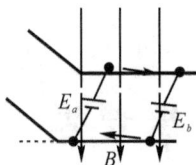

图 4.6-3

电路中的电流 $I = \dfrac{E_a - E_b}{R} = \dfrac{BL(v_a - v_b)}{R}$,其中 v_a 越来越小,v_b 越来越大。当 $v_a = v_b$ 时,$I = 0$,此时 $F_{安} = 0$,a、b 棒受到安培力等于零,因此两棒做匀速直线运动。

师:那么如何去求最后的共同速度呢?

(学生思考、交流、讨论、回答)

师生:由于水平导轨光滑,a、b 棒中的电流大小时刻相等,方向始终相反。则两棒所受安培力大小时刻相等,方向始终相反。取 a、b 为一个整体,则这一整体合外力始终为零,满足动量守恒的条件。

因此可以利用动量守恒定律求出最后 a、b 棒的共同速度,即 $mv_0 = 2mv_{共}$,进而得出 a、b 这一系统所减少的动能:$|\Delta E_K| = \dfrac{1}{2}mv_0^2 - \dfrac{1}{2} \times 2mv_{共}^2$。

师:那么减少的动能到哪里去了呢?

生:转化为电能,最后转化为内能消耗掉了。

师生:所以系统所消耗的电能 $Q = |\Delta E_K|$。

师:这是一个典型的电磁感应综合题,研究完这一问题,请同学们回顾刚才的解题过程,思考一下解决这类问题的基本步骤。

(学生思考、交流、讨论、回答)

师生(一起归纳):大致可分为以下三步。

①分——分析研究对象的运动情况、受力情况和电路情况。

②联系——找出问题中所涉及的空间、时间联系,速度联系,运动和安培力的联系,能量之间的联系,等等。

③综合——综合上述分析和联系,联立方程求解。

这种方法我们称为分析综合法,其操作程序或过程有三个环节:分—联—合。下面我们进行简单的阐述。

三、顺藤摸瓜

1. 分

"分"就是分析,是指把整体分解成部分,把复杂的事物分解成简单的要素加以研究。在电磁感应的综合问题中,"分"主要有以下三个方面。

（1）对象分离——把研究对象从问题中分析出来。接下去我们一起来研究这一类问题。

【研究二】判断图 4.6-4 所示四种情况下，a、b 两点的电势高低。

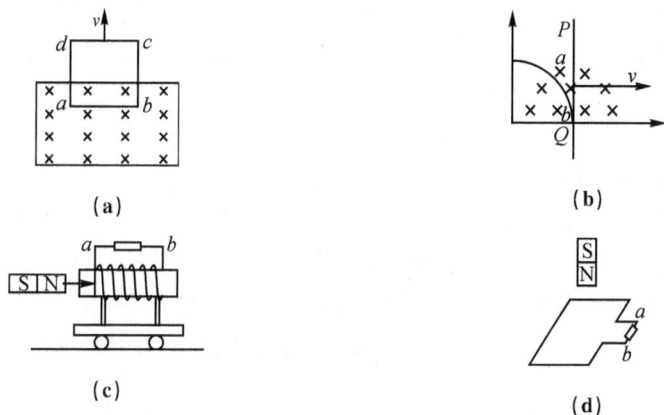

（a）

（b）

（c）

（d）

图 4.6-4

师：第一种情况，判断金属线框以速度 v 匀速向上离开磁场时 a、b 两点电势的高低。我们应该将 ab 段从整个线框中分离出来，ab 段导线在切割磁感线，相当于电源。利用右手定则，判断出 a 端相当于电源的正极，b 端相当于电源的负极，所以 a 点电势比 b 点要高。

其余三种情况请同学们课后自己去研究。

上述这四种情况所涉及的运动性质、物理情境虽然各不相同，但处理的方法都是一样的，就是把研究对象从整体中分离出来。

（2）过程分段——把复杂的物理多过程分解成简单的若干阶段进行研究。接下去我们来研究这一类问题。

【研究三】判断图 4.6-5 所示四种情况下，通过电阻 R 的电流方向。

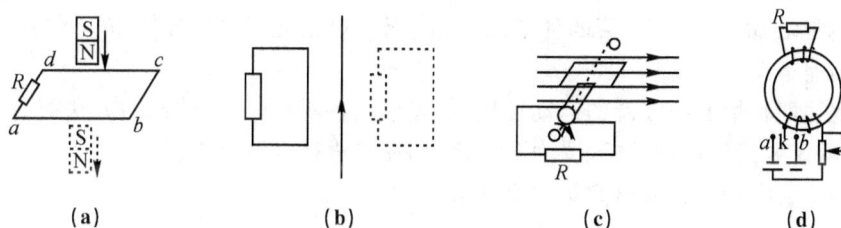

（a）

（b）

（c）

（d）

图 4.6-5

师：第一种情况，条形磁铁沿竖直方向从线圈的上方穿到线圈的下方；第二种情况，线框从导线的左侧平移到导线的右侧；第三种情况，线框在磁场中从图示时刻开始绕固定轴匀速转动一周；第四种情况，开关 K 从 a 断开闭合到 b 处。我们分析第一种情况即条形磁铁沿竖直方向从线圈上方穿到线圈下方的过程中，应将这一过程分两个阶段进行研究:一是磁铁从上向下穿入线框的过程,在这个过程中穿过线框的磁通量方向向下且逐渐增大,所以线圈中的感应电流的磁场方向向上,阻碍原磁通量的增大,可以利用右手螺旋定则判断出通过电阻 R 的电流的方向是从 d 到 a。二是磁铁从上向下穿出线圈的过程,此过程中穿过线圈的磁通量方向仍然向下,但大小逐渐减小,所以感应电流的磁场方向也向下,阻碍原磁通量的变化,因此可以判断出通过电阻 R 的电流是从 a 到 d。最后综合整个过程可以知道,通过电阻 R 的电流是先从 d 到 a,再从 a 到 d。

其余三种情况请同学们课后自己去研究。

上述四种情况中涉及的运动性质、物理情境也是各不相同,但处理的方法都是一样的,就是把复杂的多个物理过程分解成简单的若干阶段进行研究。

(3)力电分析——就是要对研究对象的运动情况、电路情况和受力情况进行分析。

【研究四】判断图 4.6-6 所示四种情况下,通过电阻 R 的电流范围。

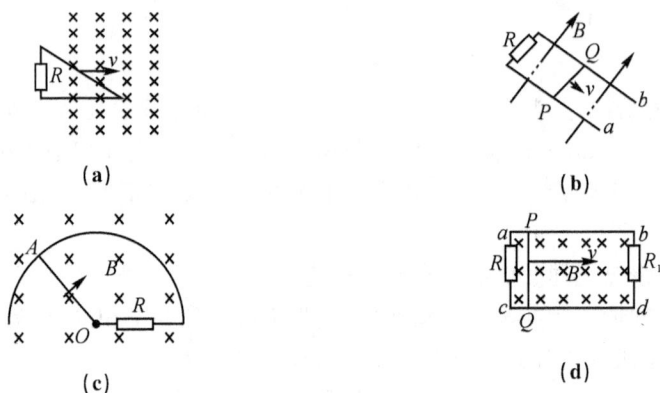

图 4.6-6

师:第一种情况是三角形线框以速度 v 匀速穿过匀强磁场,第二种情况导体棒 PQ 沿光滑金属导轨 ab 从静止开始下滑,第三种情况是导体棒沿光滑半圆形导轨以 O 为圆心做圆周运动,第四种情况是导体棒 PQ 沿光滑金属导轨 ab、cd 以速度 v 向右匀速运动。

上述四种情况中涉及的运动性质、物理情境各不相同,但处理的方法都是一样的,即除了要进行运动分析、受力分析之外,还要进行电路分析。

接下去我们一起来研究第二个环节。

2. 联

"联"就是联系,组成事物整体的各个部分,总是处于相互联系或相互作用之中的。应该在分析的基础上进一步研究和寻找部分与部分之间、部分与整体之间的相互联系,这样才能正确地把握事物的客观规律。在解决电磁感应综合应用题时,"联"主要有以下三个方面。

(1)在时空上,要寻找物理过程存在的时空关系。

例如,在研究一中的时间延续关系:a 棒从导轨上滑下进入磁场后,b 棒也运动起来,最后 a、b 棒以共同的速度一起做匀速直线运动。在空间上:a 棒下降了高度 h。运动过程中的速度关系:a 棒第一过程的末速度是第二过程的初速度。

(2)在对象上,要明晰感应电流与磁场之间的电磁关系。

在电磁感应综合题中的电磁关系主要有表 4.6-1 所示四种情况。

表 4.6-1

现　象	关　系	判断方法
电流磁效应	电 ⟶ 磁	安培定则
通电导线受安培力	B、I ⟶ 力	左手定则
导体棒切割磁感线	B、v ⟶ E	右手定则
闭合电路磁通量变化	$\Delta\Phi$ ⟶ E	楞次定律 法拉第电磁感应定律

(3)在逻辑上,要正确把握事物发展的因果关系。

逻辑上的因果关系,指的是磁场与感应电流之间的因果关系,电磁感应是一个变化与结果相互制约的瞬时因果规律,表现在以下四个方面。

①闭合电路中磁通量一旦发生变化,就会有电流感应出来,即"心心相印"。

②感应电流与闭合电路中磁通量的变化是同时产生的,但两者不同时消失,即"同生但不共死"。

③感应电流的磁场反过来要阻碍原磁通量的变化,原磁通量增加,则感应电流的磁场的磁通量与原磁通量方向相反;原磁通量减少,则感应电流的磁场的磁通量与原磁通量方向相同,使得原磁通量真是"进退两难"。

④变化和结果同在:由感应电流产生,则一定有磁通量的变化,即"没有无缘无故的爱,也没有无缘无故的恨"。

在研究一中,由于 a 棒切割磁感线产生感应电动势,在闭合电路中产生感应电流,使 a、b 棒都受到安培力的作用,进而又影响两棒的运动状态的变化,即有如图 4.6-7 所示的相互制约的关系。

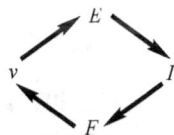
图 4.6-7

【研究五】如图 4.6-8,水平放置的光滑导电导轨,处于竖直向上的匀强磁场中。金属棒 ab 在 A 物体的牵引下,由静止沿水平方向滑动。已知 ab 长为 L 质量为 m,磁感应强度为 B。A 物体质量为 M,除电阻 R 以外其余电阻不计,不计滑轮的摩擦。问:ab 棒运动过程中的加速度、速度如何变化?

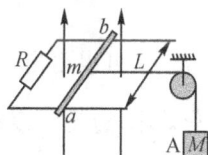
图 4.6-8

生(思考、交流、讨论、回答):ab 棒先做加速度减小的加速运动,最后匀速。

师生(一起归纳研究过程):

①取研究对象——ab 棒。ab 棒与哪些物体分别有什么联系呢?

②联系:ab 棒与 A 的联系 $\begin{cases} \text{速度大小相等;} \\ \text{加速度大小相等;} \\ \text{绳子拉力大小相等。} \end{cases}$

ab 棒与磁场的联系——ab 棒水平向右切割磁感线。

③运动分析:ab 棒水平向右切割磁感线,且 ab 向右切割磁感线的加速度大小与 A 物体竖直向下的加速度大小相等。

④电路分析:ab 向右切割磁感线产生感应电动势,在闭合电路产生感应电流,等效电路如图 4.6-9 所示:

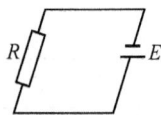

图 4.6-9

其中 $E = BLv$,$I = \dfrac{E}{R}$。

⑤受力分析:对 ab 棒受力分析,化立体结构为平面图;另外,还要联合 A 物体的受力分析。

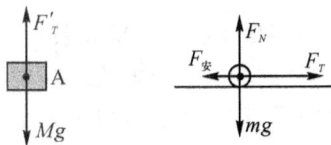

图 4.6-10

⑥因果关系:对 ab 棒有:$F_T - F_安 = ma$,

对 A 物体:$Mg - F'_T = Ma'$,

A 和 ab 之间有:$F_T = F'_T$,$a = a'$,

力电关系:对 ab 有 $F_安 = BIL$,$I = \dfrac{E}{R}$,$E = BLv$。

⑦联立上述关系,得 $a = \dfrac{Mg}{m+M} - \dfrac{B^2 L^2 v}{(M+m) \cdot R}$,即为 a 与 v 之间的联系。

可以得出结论:随着 ab 棒速度 v 的增大,加速度 a 越来越小。

当 $v = 0$ 时,$a_{max} = \dfrac{Mg}{m+M}$。

还可以得出:$v = \dfrac{MgR}{B^2 L^2} - \dfrac{(M+m)R}{B^2 L^2} \cdot a$,随着加速度 a 的逐渐减小,速度 v 逐渐增大。

当 $a = 0$ 时,$v_{max} = \dfrac{MgR}{B^2 L^2}$。

图 4.6-11

所以 ab 棒做的是加速度逐渐减小、速度逐渐增大的变加速运动,最后匀速。

可以得出 v-t 图象,如图 4.6-11 所示。

接下去我们来研究第三个环节。

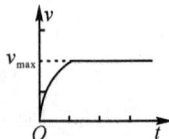

3. 合

"合"就是综合,是指把事物的各个部分、各种因素、各个方面都综合起来,形成对客观事物的全面的、统一的、整体的认识,从而总体上把握事物的本质。

【研究六】图 4.6-12 中 $a_1b_1c_1d_1$ 和 $a_2b_2c_2d_2$ 为在同一个竖直平面内的金属导轨,处在磁感应强度为 B 的匀强磁场中,磁场方向垂直于导轨所在的平面(纸面)向里。导轨的 a_1b_1 段与 a_2b_2 段是竖直的,距离为 l_1;c_1d_1 段和 c_2d_2 段也是竖直的,距离为 l_2,x_1y_1 和 x_2y_2 为两根用不可伸长的绝缘轻线相连的金属细杆,质量分别为 m_1 和 m_2,它们都垂直于导轨并与导轨保持光

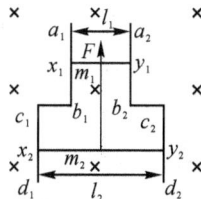

图 4.6-12

滑接触。两杆与导轨构成的回路总电阻为 R,F 为作用于金属杆 x_1y_1 上的竖直向上的恒力。已知两杆运动到图示位置时已匀速向上运动,求此时作用于两杆的重力的功率的大小和回路电阻上的热功率。

解法一:第一步——分。

(1)对象分离:分别以 x_1y_1 和 x_2y_2 为研究对象。

(2)力电分析:

①运动情况的分析:x_1y_1 和 x_2y_2 以相同的速度 v 向上匀速运动。

②电路分析:x_1y_1 以速度 v 向上切割磁感线,利用右手定则判断出感应电动势方向向左,$E_1 = Bl_1v$;x_2y_2 以速度 v 向上切割磁感线,利用右手定则判断出感应电动势方向向左,$E_2 = Bl_2v$。如图 4.6-13 所示,电阻 R 为电路的总电阻,整个电路中的感应电动势 $E_{总} = E_2 - E_1 = B(l_2 - l_1)v$,电流的方向为 $x_1 \rightarrow y_1 \rightarrow y_2 \rightarrow x_2 \rightarrow x_1$。

③受力分析:分别对 x_1y_1 和 x_2y_2 进行受力分析,如图 4.6-14。

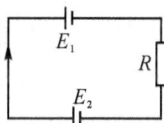

图 4.6-13

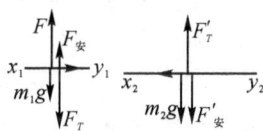

图 4.6-14

第二步——联。

(1)因果关系:对 m_1 有:$F + F_{安} = m_1g + F_T$,

对 m_2 有:$F'_T = m_2g + F'_{安}$,

对 m_1 和 m_2 有:$F_T = F'_T$,$P_1 = m_1gv$,$P_2 = m_2gv$。

(2)电磁关系:对 m_1 有:$F_{安} = BIL_1$,$E_1 = BL_1v$,

对 m_2 有:$F'_{安} = BIL_2$,$E_2 = BL_2v$,

对 m_1 和 m_2 有:$I = \dfrac{E_{总}}{R_{总}}$,$E_{总} = E_2 - E_1 = B(l_2 - l_1)v$。

第三步——合。

$E_总 = E_2 - E_1, P = P_1 + P_2, Q = I^2R_总$。

联立上述所有方程可以解得 P、Q。

解法二：还可以居高临下、总揽全局，选取 x_1y_1 和 x_2y_2 为一整体为研究对象，在这一整体以速度 v 匀速向上运动时，这一闭合回路的面积减小（图 4.6-15），则穿过这一闭合回路的磁通量减小，闭合回路中产生的感应电动势 $E = \dfrac{\Delta\Phi}{\Delta t} = \dfrac{B \cdot \Delta S}{\Delta t} = B(l_2 - l_1) \cdot$

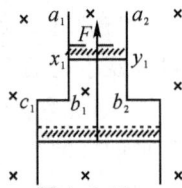

图 4.6-15

$\dfrac{\Delta x}{\Delta t} = B(l_2 - l_1)v$，利用楞次定律判断出感应电流为顺时针方向，

大小为 $I = \dfrac{E}{R} = \dfrac{B(l_2 - l_1)v}{R}$。

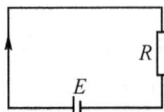

图 4.6-16

再对这一整体进行受力分析，如图 4.6-17 所示，根据分析可以得出：

$F + F_安 = (m_1 + m_2)g + F'_安$；

$F_安 = BIL_1$；

$F'_安 = BIL_2$；

$P = (m_1 + m_2)gv$；

$Q = I^2R$；

$Q = I^2R$。

联立上述所有方程可以解得 P、Q。

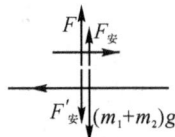

图 4.6-17

四、画龙点睛

分析综合法是研究物理问题的最基本、最重要的方法。一般可以分为分、联、合三个环节。"分"就是研究部分，"联"就是把握关系，"合"就是认识整体。分析综合法的应用是分析与综合相互渗透、相互统一的过程。学习、理解和掌握了分析综合法一定会给我们的复习带来事半功倍的效果。

（板书设计）

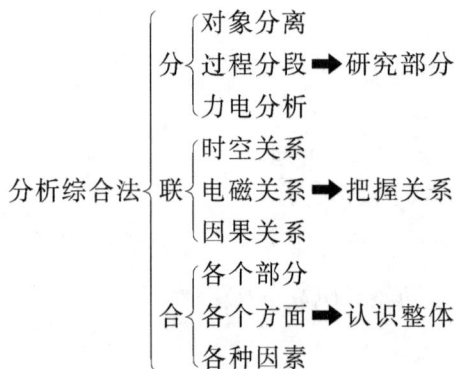

第七节　"交变电流"教学实录

先请同学们看几幅图片……

"哎呀！停电了！……"（故意使屏幕黑屏）

【幻灯片——停电】美、加、英发生重大停电事故："8 月 14 日，美国东北部和加拿大部分地区发生大面积停电事件，纽约市当晚发生 60 起火灾。长达 29 小时的停电使纽约损失 10.5 亿美元。28 日傍晚，英国伦敦和英格兰东南部部分地区也发生两个多小时的重大停电事故，约 25 万人被困在地铁中。12 月 20 日晚，美国加利福尼亚州的旧金山市又出现大面积停电，导致全城约三分之一的用户断电。"这是 2003 年十大国际新闻第五条。

【幻灯片——停电之后】"在纽约，成千上万名乘客被困在漆黑的地铁隧道里。办公楼内电梯停运、空调没法运转，许多上班的人和商场内的顾客陷入恐慌，不顾一切冲到曼哈顿的各条大街上。公路堵塞，公共汽车无法运营。当时气温高达 33℃，但由于公路被堵，他们只好忍耐酷热步行回家。本想给家人通告一下，可是，移动电话网络也中断了，原因很简单，成千上万的人同时用手机打电话！总之，城市生活的方方面面都被打乱，全市在很长的一段时间内没有汽车、火车、地铁运行。"

【幻灯片】可见：电是现代文明的血液！电是国民经济的命脉！电使我们的生活更加美好、更加丰富多彩！

所以我们要深入学习电的有关知识。

先请同学们来看下面的实验：

【演示 1】——用干电池对小灯泡供电：

将这只小灯泡与几节干电池连成一个闭合的回路，闭合开关，可以看到小灯泡亮了。

【演示 2】——用手摇发电机给小灯泡供电：

现在用这台手摇的发电机给小灯泡供电。转动手柄，线圈就会在匀强磁场中转动起来。请同学们观察小灯泡的发光情况。可以看到，小灯泡也亮起来了。

【问题】请同学们仔细观察这两种情况下小灯泡的发光情况一样吗？

（学生回答）——不一样。

【问题】怎么不一样？

（学生回答）——用干电池供电时，灯泡是一直稳定地亮着的；用手摇发电机供

247

电时,灯泡是不断闪烁的。

【问题】为什么用干电池供电小灯泡能稳定地发光,而用手摇发电机供电,小灯泡却不断地闪烁呢?

——可能是摇的技术不好,现在请一位技术好一点的同学上来摇一下。

可以看到小灯泡还是一闪一闪的,看来不是技术问题。那是什么缘故呢?

请一位同学来回答……

(学生回答)——用干电池供电时,小灯泡中的电流是恒定的;用手摇发电机供电时,小灯泡中的电流大小在不断变化。

【问题】真的是这样吗? 在电路中接上一个灵敏电流表来看看流过小灯泡的电流是怎样变化的?

先来看干电池供电的情况。

【演示】在干电池供电的电路中接上一个灵敏电流表(电流表量程 0～0.5 A),闭合开关。

可以看到电流表的指针是稳定的。

再来看一下手摇发电机供电时小灯泡中的电流情况。

【演示】在手摇发电机供电电路中接上一只灵敏电流表(用 G 表),摇动手柄。

可以看到,电流表的指针不断左右来回晃动。

【问题】这说明什么问题?

(学生回答)——流过小灯泡的电流大小在不断变化。

【问题】电流方向变化吗?

(学生回答)——方向也在不断变化。

【幻灯片】还可以借助更加先进的仪器——传感器,将流过小灯泡的电流或小灯泡两端的电压随时间的变化情况通过图象反映出来。这样的图象在电工技术和电子技术中常常叫"波形图"。

在这里我们借助电压传感器观察小灯泡两端的电压随时间变化的情况。

【演示 1】先观察用干电池供电时小灯泡两端的电压的情况。闭合开关,可以看到电压的波形图是一段与时间 t 轴平行的直线。说明小灯泡两端的电压恒定不变,流过小灯泡的电流是恒定的。

【演示 2】再来观察用手摇发电机供电时小灯泡两端的电压的情况。

当用手摇动手柄时,可以看到小灯泡两端的电压随着时间做周期性变化。大小做周期性变化,方向也做周期性变化。

像这种大小和方向随时间做周期性变化的电流,叫交变电流(alternating current),简称交流(AC)。

【板书】定义:大小、方向都随时间做周期性变化的电流。

方向不随时间变化的电流,叫直流(direct current,DC)。干电池供给的电流,大小和方向都不随时间变化,这样的电流叫恒定电流,属于直流。家庭电路中的电流大小方向都随时间做周期性变化,属于交变电流。交变电流经过电子电路的处理,也能变成直流。学校实验室用的学生电源就具有这样的功能。交变电流在生活和生产中有广泛的应用。那么,交变电流到底是怎么产生的,它随时间的变化有什么规律?这是接下来我们所要研究的内容。

首先我们来看一下交变电流是如何产生的?

【展示】现在我们借助于这个装置来研究——教学用的发电机。

这里有两个二极管,正负极的方向不同,接在发电机的两端,电路如图 4.7-1 所示。转动手柄,线圈就会在匀强磁场中转动起来,观察二极管的发光情况。

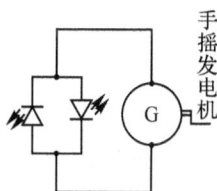

我们可以看到这两个二极管交替发光。

图 4.7-1

【问题】这说明了什么问题?

(学生回答)——说明电路中产生了方向不断变化的交变电流。

也就是说,线圈在匀强磁场中转动时会产生交变电流。

【板书】产生:线圈在匀强磁场中匀速转动。

接下来对这一过程作详细的分析。为了研究问题的方便,忽略次要因素,考虑主要部分。画出发电机的示意图,如图 4.7-2。

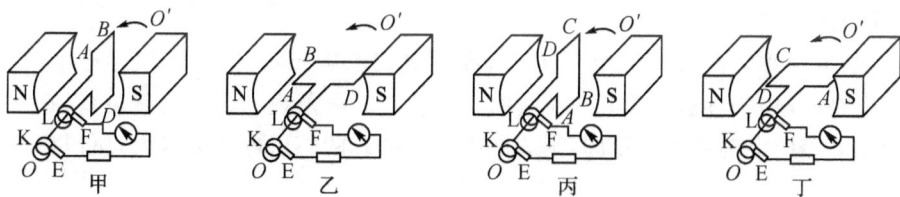

图 4.7-2

在图中只画了一匝线圈来代替整个线圈。线圈的 AB 边连在金属滑环 K 上,CD 边连在金属滑环 L 上,导体做成的两个电刷 E 和 F 分别压在两个滑环上,线圈在转动时可以通过滑环和电刷保持与外电路的连接。

假定线圈沿逆时针方向匀速转动,如图 4.7-2 甲至丁。请同学们观察这些示意图,考虑下面几个问题。

【问题】矩形线圈转动过程中,哪些边会产生电动势?

(学生回答)——AB 边和 CD 边。

【问题】为什么?

(学生回答)——在转动过程中,只有 AB 边和 CD 边会切割磁感线,而 AD 和 BC 边始终不切割磁感线,所以 AD 和 BC 边不会产生电动势。

【问题】在研究问题时,我们常常习惯于平面图的分析,怎样由立体图画出平面图？

（学生回答）——改变观察角度，画出正视图。沿着从 A 到 B 的方向观察，可以得到图 4.7-3 所示的平面图。

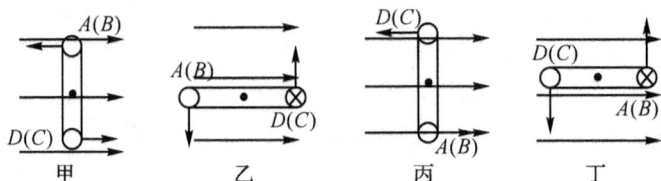

图 4.7-3

【问题】在线圈由甲转至乙的过程中，AB 边中电流方向如何？在线圈由丙转至丁的过程中，AB 边中电流方向如何？

（学生回答）——线圈从甲转到乙过程中，AB 中电流从 B 到 A，在图上可以用点和叉表示。而线圈从丙转到丁过程中，AB 中的电流是从 A 到 B。

可以看出，线圈中的电流方向发生了改变。

【问题】当线圈转到什么位置时线圈中没有电流，转到什么位置时线圈中的电流最大？这些位置的磁通量及磁通量的变化率有什么特点？

（学生回答）——当线圈转到甲和丙位置时，线圈中没有电流；当线圈转到乙和丁位置时线圈中电流最大。

【问题】为什么？

（学生回答）——在甲和丙位置时，没有边切割磁感线，没有产生感应电动势，所以电路中没有电流；在乙和丁位置时 AB 和 CD 两条边垂直切割磁感线，在线圈中产生的感应电动势方向相同，则线圈中产生的总的感应电动势最大，所以感应电流最大。

【问题】当线圈转到这些位置时穿过线圈的磁通量及磁通量的变化率有什么特点？

（学生回答）——在甲和丙两位置时，磁通量 Φ 最大，$\Phi = BS$。

在乙和丙位置时的磁通量最小，等于零。

根据法拉第电磁感应定律，$E = N\Delta\Phi/\Delta t$。在甲和丙两位置时，$E = 0$，则 $\Delta\Phi/\Delta t = 0$，在乙和丁两位置时，E 最大，则 $\Delta\Phi/\Delta t$ 有最大值。

接下来，我们把从甲到丁的整个分析过程再来理一下（图 4.7-4）：（见幻灯片）……

【问题】可以看出，在甲和丙这两个时刻线圈中是没有感应电流的，那么在甲和丙这两个时刻的前后线圈中有没有感应电流？

（学生回答）——有的。

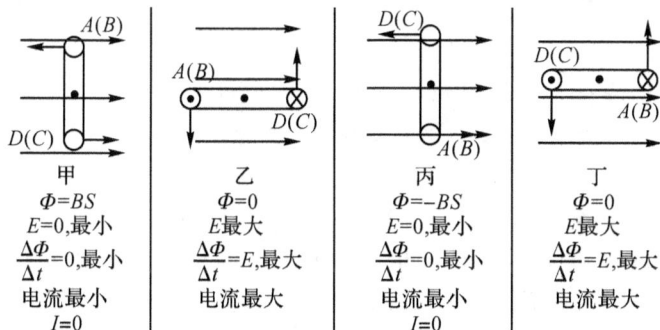

图 4.7-4

【问题】方向相同吗?

(学生回答)——不相同。

【问题】那么从乙到丙和从丙到丁的过程中,线圈中的感应电流的大小和方向是怎么变化的呢?

大小 { 从乙到丙:电流逐渐减小;
       从丙到丁:电流逐渐增大。

方向 { 从乙到丙:AB 中电流从 B 流向 A;
       从丙到丁:AB 中电流从 A 流向 B。

可以看出,在甲和丙这两个位置上很特殊。线圈到达这个平面上时,电流的大小为零,方向发生改变。若规定电流从 B 到 A 的方向为正方向,那么从 A 到 B 就为负了,则在丙位置上时,电流不正不负。我们把这个与磁感线垂直的平面称为中性面。

【问题】同学们考虑一下,线圈在中性面上时具有哪些特点呢?

(学生思考、讨论、总结、回答)

【幻灯片】教师总结:①中性面是指与磁场方向垂直的平面;

②线圈位于中性面时,线圈中的磁通量最大;

③线圈平面位于中性面时,线圈中感应电动势 $E=0$,磁通量变化率 $\Delta\Phi/\Delta t=0$,感应电流等于零;

④当线圈平面经过中性面时,线圈中的电流方向发生改变。

【问题】那么,线圈在匀强磁场中转过一周,线圈中的电流方向改变几次?

(学生回答)——由上面分析可知,线圈到达中性面时,电流的方向发生改变。转动一周,线圈经过中性面两次,所以在一个周期内线圈经过中性面两次,电流方向改变两次。

假设从 B 到 A 的电流方向为正,则从 A 到 B 的电流方向为负。利用横轴表示时间,纵轴表示电流。利用描点法画出在一个周期内流过小灯泡的电流随时间变化的图象。在横轴上标出线圈到达甲、乙、丙、丁位置时的对应时刻,如图 4.7-5。

从这条曲线可以看出,这个交变电流随着时间的变化近似按照正弦规律变化。

【问题】是不是真的按照正弦规律变化呢？借助于传感器再来观察一下。

【演示】匀速摇动手摇发电机的手柄，在计算机上得到一条电压随时间的波形图，十分类似于正弦函数的图象。

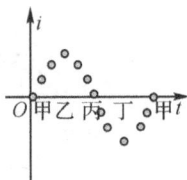

图 4.7-5

值得注意的是，这里的磁场并非完全是匀强磁场，这里的线圈也经过一定的处理。假如忽略其他一些因素的影响，线圈在匀强磁场中匀速转动，那么线圈中的电流随着时间是按照正弦规律变化的。这一点可以从理论上进行推导。

如图 4.7-6 所示，在磁感应强度为 B 的匀强磁场中，矩形线圈逆时针绕中心轴转动，角速度为 ω。图中标 a 的小圆圈表示线圈 ab 边的横截面，标 d 的小圆圈表示线圈 cd 边的横截面，ab、cd 的长度为 L_1，ad、bc 长度为 L_2。设线圈平面从中性面开始转动，则经过时间 t：

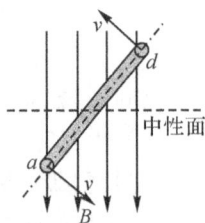

图 4.7-6

①线圈与中性面的夹角是多少？——$\theta = \omega t$。

②ab 边的速度多大？——$v_{ab} = \omega \cdot \dfrac{L_2}{2}$。

③ab 边速度方向与磁场方向的夹角是多少？$\theta' = \omega t$。

④ab 边产生的感应电动势多大？——$e_1 = BL_1 v_{ab} \sin \theta' = BL_1 \omega \dfrac{L_2}{2} \sin \omega t$。

⑤线圈中的总的感应电动势多大？——在线圈中除了 ab 边在切割磁感线外，cd 边也在切割磁感线，也要产生感应电动势。而且 cd 边切割产生的感应电动势和 ab 边切割产生的感应电动势大小相等，在线圈中的方向也相同。所以，$e = 2e_1 = 2BL_1 \omega \dfrac{L_2}{2} \sin \omega t = BL_1 L_2 \omega \sin \omega t$，其中 $L_1 L_2 = S$，则线圈中总的感应电动势 $e = BS\omega \sin \omega t$，即 $e = E_{\max} \sin \omega t$，其中 $E_m = BS\omega$，可以看出，电动势 e 按正弦规律变化。

⑥用这个线圈对纯电阻 R 供电，则电阻 R 上的电压 u、流过的电流 i 随时间如何变化？（设线圈电阻为 r）

根据闭合电路欧姆定律 $i = \dfrac{e}{R+r}$，有：$i = \dfrac{e}{R+r} = \dfrac{E_{\max}}{R+r} \sin \omega t = I_{\max} \sin \omega t$，其中 $I_{max} = \dfrac{E_{\max}}{R+r}$ 为最大电流。

$u = iR = I_{\max} R \sin \omega t = U_{\max} \sin \omega t$，其中 $U_{\max} = I_{\max} R$ 为最大电压。

可以看出，线圈中的电动势 e、R 上的电流 i、电压 u 随时间按照正弦规律发生变化。

像这种按正弦规律变化的交变电流，叫正弦式交变电流（板书），简称正弦式电流。

它随时间变化的规律遵循正弦规律,即 $i = I_{max}\sin\omega t$,$u = U_{max}\sin\omega t$(板书)

其中的 E_{max}、I_{max}、U_{max}分别是感应电动势、R 上的电流和 R 上电压的峰值,而 e、i、u 是瞬时值。

在实际情况中的线圈都是由许许多多匝组成的,所以通常还要乘上 N,即 $E_m = NBS\omega$。

根据函数关系画出波形图(图4.7-7),是一个正弦函数图象。

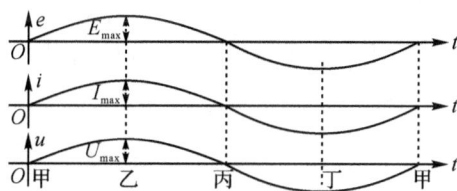

图 4.7-7

正弦式电流是最基本、最简单的交变电流。

在电力系统中应用最多的是正弦式交变电流,在电子技术中也常常会遇到其他形式的交流。如图 4.7-8 是几种交变电流的波形。

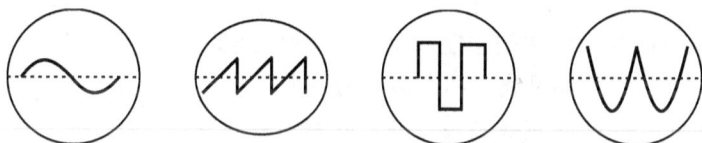

图 4.7-8

【课堂小结】以上就是我们这堂课所主要学习的内容。在这堂课里我们知道了什么是交变电流,重点研究了交变电流中最重要、最基本、最简单的正弦式交变电流的产生和规律。

接下来,我们一起来研究下面的问题:

在前面的研究中,我们看到磁体不动,线圈在磁场中转动,在线圈中产生交变电流。假如线圈不动,只转动磁体,在线圈中能否产生交变电流?

【演示】旋转磁极式发电机模型。

这就是实际电厂中两种发电机的模型——旋转电枢(线圈)式发电机和旋转磁极式发电机。

在实际电厂中,交流发电机的构造比这个要复杂得多,但基本组成都是两部分,即线圈和磁体。线圈又叫电枢,像这种磁体不动线圈转动的发电机叫旋转电枢式发电机,而像这种线圈不动磁体转动的发电机叫旋转磁极式发电机。不管是哪种发电机,转动的部分叫转子,不动的部分叫定子。

旋转电枢式发电机和旋转磁极式发电机各有自己的优点和不足,请同学们课后阅读课本第33页的"科学漫步"。

接下来请大家一起来讨论几个问题。

思考:若从线框位于垂直中性面开始计时,在 t 时刻,线圈中总的感应电动势是多少? 并画出感应电动势随时间变化的图象。

……

是一个余弦函数的图象,这种电流也叫正弦式交流电。

【课堂练习一】

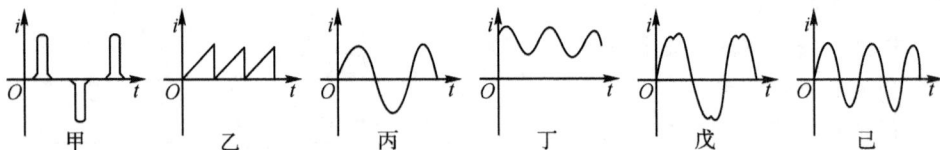

图 4.7-9

判断上述图象中属于直流的是:＿＿＿＿＿＿＿＿＿＿＿＿＿＿＿＿＿＿;属于交变电流的是:＿＿＿＿＿＿＿＿＿＿＿＿＿＿＿＿。

【课堂练习二】线圈在匀强磁场中匀速转动,产生交变电流的图象如图 4.7-10 所示,由图示可知(　　)。

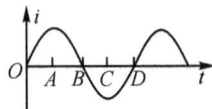

图 4.7-10

A. 在 A 和 C 时刻线圈处于磁通量变化率最大位置

B. 在 A 和 C 时刻穿过线圈的磁通量为最大

C. 在 B 时刻到 D 时刻线圈转过的角度为 π 弧度

D. 若从 B 时刻到 D 时刻经过 0.01 s,则在 1 s 内交变电流的方向改变 100 次

【课外练习】

在现实中根据法拉第电磁感应原理发明了各种各样的发电机,有大型的水力发电站、火力发电站和核电站等,有小型的柴油机、汽油机和手摇发电机,还有微型的手电筒等。请同学们利用课外时间,去图书馆或利用网络资源去调查一下我们生活中的发电机的种类、特点、主要结构供电原理和主要供电的对象。以"神奇的机器"为题写成小论文与同学和老师进行交流。

请同学们结合今天所学的知识,根据法拉第电磁感应原理,利用生活中常见的材料,自己动手制作一个小型发电机。将自己的成果与同学交流,看看谁做得更好,更有实用的价值和推广的意义。

【作业】把课本第 33 页的"问题与练习"做到练习本上。

【板书设计】

正弦式交变电流
- 1. 定义:大小、方向都随时间做周期性变化的电流。
- 2. 产生:线圈在匀强磁场中匀速转动。
- 3. 规律:
  - $e = E_{max}\sin \omega t$
  - $i = I_{max}\sin \omega t$
  - $u = U_{max}\sin \omega t$
- 4. 图象

第八节　"机械振动"教学设计

一、教学思想设计

(1)"机械振动"是物体机械运动形式中一种较复杂的运动,是力学部分学习难度较大的一章,简谐运动是本章的重点,是研究振动和波的基础。学好简谐运动为以后学习机械波、电磁振荡和电磁波等知识打下坚实的基础。

(2)经过必修1的学习,学生已经掌握了弹簧的弹力与弹簧形变量之间的关系,经过前面的学习锻炼,学生已经具备了一定的分析问题、解决问题的能力。

(3)"教学有法,而学无定法",针对本节课特点,采用边教边实验边讨论的教学方法,充分调动学生的积极性,激发学生的兴趣。整个教学过程通过创设情境→提出问题→学生分析、讨论→学生归纳总结,体现了教师主导、学生主体的教学原则,抛弃了教师分析、总结得出结论的传统的灌输式教学模式,使学生"爱学""学会",最终达到"会学"的目的。

(4)重点是使学生掌握简谐运动的回复力特征及相关物理量的变化规律。

(5)难点是偏离平衡位置的位移与运动学中位移概念容易混淆,在一个来回运动(一次全振动)过程中速度的变化比较复杂。

二、教学目标设计

1.教学知识目标

(1)了解什么是机械振动。

(2)知道什么是简谐运动,理解简谐运动回复力的特点。

(3)理解简谐运动在一个来回运动(一次全振动)过程中,加速度、速度、位移的变化情况。

(4)知道简谐运动是一种理想化模型,了解简谐运动的若干实例。

(5)知道判断简谐运动的方法及研究简谐运动的意义。

2.渗透科学研究方法

(1)渗透研究一种运动规律的方法:从简单到复杂。

(2)渗透研究一种重复性运动的方法:研究一个周期的运动情况。

(3)渗透研究一个物体运动情况的方法:从这个物体的 v、F、a、v 的方向、大小的变化进行研究。

(4)渗透研究物理量之间的关系的方法:控制变量法,两个两个研究。

(5)渗透研究物理实验的方法:从现象中归纳本质。

3. 体现独特的分析问题的方法

(1)体现单向研究问题的方法。

(2)体现双向"纵向、横向"研究问题的方法。

(3)体现从点到线研究问题的方法。

(4)体现环环相扣,层层深入的研究方法。

4. 培养、锻炼学生的能力

(1)培养学生从实验事实归纳总结得出理想模型的能力。

(2)抓住事物本质去分析表面相似问题的能力。

(3)全面分析问题的能力。

(4)观察分析、总结归纳实验的能力。

(5)培养学生逻辑思维和实践的能力。

三、教学过程设计

1. 新课引入

在前面我们已经学习了直线运动、平抛运动和匀速圆周运动,从今天开始我们要学习一种更加复杂的机械运动——机械振动。先来看几个实验。

2. 实验演示

实验一:把静止的树枝拨动一下,树枝来回运动。

实验二:把挂在细线上静止的小球拉开一定的角度后放手,小球来回运动。

实验三:把挂在弹簧上并穿过水平横杆的物体拉开一定距离后放手,物体来回运动。

实验四:把静止在水中的比重计向上拉开一定距离后放手,比重计上下运动。

3. 让学生对实验进行总结,得到机械振动的定义

以上这些物体的运动都属于机械振动。那么请同学想一想这些物体运动时显

著的共同特点是什么？（先请几位同学来总结，然后教师总结）得出："都在某一中心位置附近做往复运动。"这就是机械振动最突出的特点。也就是说，"物体或物体的某一部分在某一中心位置所做的往复运动，我们称之为机械振动，简称振动"（从屏幕上打出机械振动的定义）。"绕中心位置做往复运动"是最突出的特点。

4. 联系实际，学生举例，开阔思路

关于机械振动的例子，现实生活中有很多，下面请几位同学举出几个关于机械振动的例子。（激发兴趣，活跃思维）

地震，是大地的一种剧烈的机械振动，在座的绝大部分同学都没亲身体会过。下面一起来看《天崩地裂》的一个片段。

（播放片段）

好，知道了什么是机械振动，接下去就要对机械振动进行具体的研究。

5. 提出研究方法，确定研究对象，切入研究主题

物理学中常用的研究方法是从简单到复杂，从理想到实际，逐渐深入。对于机械振动的研究也不例外，也从最简单的入手。那么请同学们回忆一下，刚才这些物体的运动当中，哪个物体所做的机械振动是最简单的呢？为什么？（让学生发表自己的看法，进行讨论）

——连在弹簧上并穿过水平横杆的物体的运动是最简单的，因为在物体的运动中直线运动肯定比曲线运动简单，在直线运动中，由于研究的习惯，水平的要比竖直的简单。

6. 再次实验，突出讨论主题；分析实验，提出理想模型

接下去我们再来看一下这个物体的运动，看看这个物体的运动到底有什么特点？（放在投影仪上，在大屏幕上演示）请几位同学来归纳一下，把物体拉开一定距离后放手，物体如何运动，最后又如何？为什么会这样？

——"放手之后，物体来回运动，最后停止，因为物体在运动过程中受到阻力的作用。"

如果我们想办法将这个物体所受到的阻力减小，那么这个物体的运动将会怎么样？——"来回运动的次数就会增加。"如何减小阻力呢？——"利用气垫导轨。"我们来看一下在气垫导轨上做这个实验，运动情况有什么变化？将静止的物体在气垫导轨上拉开一定的距离后放手，物体来回运动。可以看到物体来回运动了好多次都还没有停下来，估计还要运动好长一段时间。但是我们知道气垫导轨还是有阻力的，如果阻力为零物体的运动将会怎样？——永远来回运动下去。当然，这种情况在现实中不可能实现，这只能是一种理想状态下的模型，我们把这种理想模

型通过计算机投影出来。(将弹簧振子这一模型显示在大屏幕上)

7. 介绍弹簧振子模型及相关概念

如图(大屏幕显示),一轻质弹簧,一端固定,另一端连接一个可看成质点的小球,整个系统放在光滑的水平杆上,不计空气阻力。这种理想化模型我们称之为弹簧振子,也就是说,弹簧振子这种理想模型必须具备两个条件:①弹簧的质量忽略不计,是轻弹簧;②摩擦阻力忽略不计,其中的 O 点是弹簧处于原长时小球所在的位置,对小球受力分析,可以知道小球受合力为零。把这个位置称为弹簧振子的平衡位置,把小球称为振子。

8. 介绍运动特点,提出研究运动的科学方法

接下来看弹簧振子的运动情况。把振子从平衡位置拉至 B 点,然后放手(在计算机上进行动画操作)。可以看到振子在平衡位置 O 的两侧 B、C 之间来回往复运动,从动画上可以看到振子运动的最大特点是什么? ——"来回往复。"也就是说振子的运动具有重复性。那么对于这种具有重复性的运动应该如何研究? 只要将其中一个来回的运动情况研究清楚就可以了。比如弹簧振子的运动,只要搞清楚振子从 B 点运动到 O,然后到 C,又从 C 到 O,最后回到 B 点的这一个来回的运动情况搞清楚,那么弹簧振子的运动情况就搞清楚了。当然,这个来回也可以另外选取,比如从 C 点开始,或者是从 O 点,也可以从中间任意某个位置。请一位同学来判断一下,从 O 点开始怎样才算一个来回? 今天这堂课我们就选择以 B 为起点的一个来回进行研究。首先,请同学们思考一下,要研究一个物体的运动情况,要从哪些方面进行研究?(提示学生回答)"位移、受力情况、加速度、速度"这些基本物理量。而且这些物理量都是矢量,应该研究这些物理量的方向、大小。(列出表格)

9. 纵向研究运动

首先我们来看一下这些物理量在振子从 B→O 这一过程内是如何变化的?
(1)先来看位移的变化情况。
在以前研究中,位移都是从起点指向终点的有向线段,在这里请同学们思考一下,要研究弹簧振子的位移情况应选择谁为参考点研究比较方便。"平衡位置"。也就是说在弹簧振子的运动中位移的起点都确定在平衡位置,位移都是从平衡位置指向终点。这是与以往我们所学的位移不同的地方。那么当振子从 B→O 运动过程中,位移始终是从 O 指向小球所在的位置,可见位移方向向右,位移的大小,可以看到小球从 B 向 O 运动过程中,离 O 越来越近,即位移大小越来越小。
(2)接着来看一下振子的受力情况,对小球进行受力分析。竖直方向上,振子受到重力和水平面的支持力,水平方向受到弹簧的弹力。而且我们知道竖直方向上的重力和支持力始终大小相等、方向相反,是一对平衡力。因此研究振子的受力情况只需研究振子水平方向所受弹簧弹力的变化情况就可以了。当振子从 $B{\rightarrow}O$ 运动时,弹簧伸长量逐渐减小,因此弹力逐渐减小。

(3)接下去再来看一下加速度 a 在振子从 $B{\rightarrow}O$ 运动过程的变化情况。根据牛顿第二定律可知,加速度 a 的方向与合外力相同,大小与合外力成正比。因此要研究振子的加速度,只要看振子所受合外力的情况就可以了。而且我们知道振子运动过程所受合外力即是弹簧的弹力。因此在振子从 $B{\rightarrow}O$ 运动过程中振子的加速度 a 方向向左,大小逐渐减小。

(4)最后来看一下振子从 $B{\rightarrow}O$ 运动过程中的速度变化情况。首先看方向,速度的方向就是物体的运动方向。从 $B{\rightarrow}O$ 运动过程中振子运动方向向左,则速度方向向左。那么速度大小如何变化呢?是加速运动还是减速运动?物体是加速运动还是减速运动关键看什么?"看加速度与速度的方向,当加速度与速度方向相同时,物体速度逐渐增加,是加速运动;当加速度与速度方向相反时,物体速度逐渐减小,是减速运动。"在振子从 $B{\rightarrow}O$ 运动过程中,速度方向向左,而加速运动方向也向左,可见加速度与速度方向相同,因此从 $B{\rightarrow}O$ 运动过程中速度逐渐增大,是加速运动。

再来看一下振子在从 $O{\rightarrow}C$,$C{\rightarrow}O$,$O{\rightarrow}B$ 运动过程中各物理量的变化关系!分别请三位同学来分析一下:

位移	从 $O{\rightarrow}C$	方向向左	大小逐渐增大
力 F	从 $O{\rightarrow}C$	方向向右	大小逐渐增大
加速度	从 $O{\rightarrow}C$	方向向右	大小逐渐增大
速度	从 $O{\rightarrow}C$	方向向左	大小逐渐减小

位移	从 $C{\rightarrow}O$	方向向左	大小逐渐减小
力 F	从 $C{\rightarrow}O$	方向向右	大小逐渐减小
加速度	从 $C{\rightarrow}O$	方向向右	大小逐渐减小
速度	从 $C{\rightarrow}O$	方向向右	大小逐渐增大

位移	从 $O{\rightarrow}B$	方向向右	大小逐渐增大
力 F	从 $O{\rightarrow}B$	方向向左	大小逐渐增大
加速度	从 $O{\rightarrow}B$	方向向左	大小逐渐增大
速度	从 $O{\rightarrow}B$	方向向右	大小逐渐减小

10.横向研究运动、动画分析总结

以上对各个物理量在一个来回运动过程中的变化进行了纵向研究,接下去对这些物理量在一个来回过程中的变化进行横向研究。分别请几位同学来分析一下这些物理量在以 B 为起点的一个来回运动过程中的变化情况。

	$B \rightarrow O$	$O \rightarrow C$	$C \rightarrow O$	$O \rightarrow B$
(1)位移方向	向右	向左	向左	向右
大小	逐渐变小	逐渐变大	逐渐变小	逐渐变大

用一有向线段表示位移 x,箭头表示方向,长短表示大小,通过动画来看一下位移的变化。(动画展示)

	$B \rightarrow O$	$O \rightarrow C$	$C \rightarrow O$	$O \rightarrow B$
(2)力 F 方向	向左	向右	向右	向左
大小	逐渐变小	逐渐变大	逐渐变小	逐渐变大

用一有向线段表示力 F,通过动画来看一下它的变化。(动画展示)

	$B \rightarrow O$	$O \rightarrow C$	$C \rightarrow O$	$O \rightarrow B$
(3)加速度方向	向左	向右	向右	向左
大小	逐渐变小	逐渐增大	逐渐变小	逐渐变大

用一有向线段表示加速度 a,通过动画来看一下它的变化情况。(动画展示)

	$B \rightarrow O$	$O \rightarrow C$	$C \rightarrow O$	$O \rightarrow B$
(4)速度方向	向左	向左	向右	向右
大小	逐渐增大	逐渐减小	逐渐增大	逐渐减小

用一有向线段表示速度 v,通过动画来看一下它的变化情况。(动画展示)

11. 研究物理规律,明确研究方法,确定运动特征

知道了这些物理量在一个来回运动过程中的变化情况,这个振子的运动情况我们就搞清楚了。但是这些物理量之间到底有什么关系?弹簧振子的这种运动到底有什么特征呢?接下来看一下这些物理量之间的关系。

从动画上看到这么多物理量都在一起变化,要在这些变化的物理量之间找关系是比较困难的。但是像这种在多个物理量之间找关系,应该如何去找? ——两个两个去找,即控制变量法。

(1)$a \leftrightarrow F$,首先来看一下加速度与力的关系。可以看到力 $F \rightarrow a$ 的方向始终相同,F 就是振子所受到的合外力,所以 F 与 a 的大小成正比,这就是牛顿第二定律,不是弹簧振子当中所要找的新规律。

(2)$x \leftrightarrow v$,接下来看一下位移与速度有什么关系。从大小上,可以看到位移增大,速度减小,而位移减小,速度则又增大。方向上,可以看到两者有时相同,有时相反,看来这个关系比较复杂。

(3)$F \leftrightarrow v$,再来看一下力与速度有什么关系。从大小上,可以看到一个增大,一个减小。从方向上,可以看到两者有时相同、有时相反,看来这个关系也比较

复杂。

(4)$x \leftrightarrow F$,最后来看一下位移与力有什么关系。先看大小:位移增大,力 F 也增大,位移减小,力 F 也减小,两者是同增同减。而且这个 F 是振子受到的弹簧的弹力。经过必修 1 的学习,可以知道弹簧的弹力与弹簧的形变量是成正比的,而弹簧振子的位移大小就等于弹簧的形变量。因此 F 的大小与位移的大小是成正比的。再来看一下方向,F 的方向与 x 方向是始终指向平衡位置 O,这个力的作用就好像是始终要把振子从其他位置拉回到平衡位置。给这个力一个名称——回复力。也就是说回复力大小与位移大小成正比,方向与位移方向相反,始终指向平衡位置,这就是弹簧振子运动的最大特征。回复力和动力、阻力、向心力一样都属于效果力。用一个公式表示回复力与位移的关系 $F = -kx$。这个公式包含了两层含义:回复力方向与位移方向相反;回复力大小与位移大小成正比。这个关系在物理学中称为胡克定律,比例系数是劲度系数,简称劲度。

12.归纳总结出简谐运动的定义

弹簧振子受到 $F = -kx$ 这样回复力作用下的振动称为简谐运动,简谐运动是机械振动中最简单、最基本的振动,通常用 $F = -kx$ 来判断某种机械振动是不是简谐运动。

13.总结简谐运动,明确概念、方法

好,今天这堂课主要学习的就是这些内容。

(1)简谐运动中常见的一种物理模型→弹簧振子。

(2)从纵向和横向两个方面分析了弹簧振子在一个来回运动过程中的运动情况,把弹簧振子的这种运动情况分析清楚了。

(3)得到了弹簧振子这种运动的最主要特征 $F = -kx$,也就是简谐运动的主要特征,这是用来判断某种机械振动是否为简谐运动的依据。

14.举实例,明晰概念

接下去再来看几个实例。(演示实例)

实例一:弹簧片的振动。在很短的时间内,弹簧片各点的振动可以看成是简谐运动。

实例二:音叉的振动。敲击音叉,可以听见声音,是因为音叉股的振动引起空气的振动,空气的振动引起耳膜的振动。

那么如何去检验音叉股的振动呢?方法一是用手触摸;方法二是用泡沫小球接触振动的音叉,可以看到小球被弹开,说明音叉在振动。

15.做练习,堂堂巩固

练习一:让一乒乓球从某一高度落到桌面上。判断乒乓球的运动是否为振动? 是否为简谐运动? 如果忽略空气阻力以及与桌面碰撞过程中的能量损失,那么乒乓球的运动是不是简谐运动?

练习二:简谐运动是下列哪一种运动? ( )。

A.匀变速运动 B.匀速直运动 C.变加速运动 D.匀加速直线运动

练习三:有一物体做简谐运动,请作出该物体的位移随时间变化的图象,并说明图象的物理意义。

16.课外作业,复习思考

(1)把课本第160页"练习一"的第1、2题做到课本上,第3、4题做到作业本上。

(3)举出三个关于机械振动的实例,并分析说明,在什么条件下,这些运动是简谐运动。

四、教学流程设计

教学流程设计如图 4.8-1 所示。

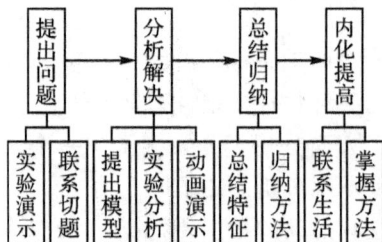

图 4.8-1

五、教学板书设计

$$
简谐振动\begin{cases}
1.定义 \\
2.模型:弹簧振子\begin{cases}①弹簧质量忽略不计\\②摩擦阻力忽略不计\end{cases} \\
3.性质:非匀变速运动 \\
4.特征\begin{cases}回复力\begin{cases}①回复方向与位移方向相反\\②回复力大小与位移大小成正比\end{cases}\\F=-kx\end{cases}
\end{cases}
$$

第九节　"实验:探究加速度与力、质量的关系"说课

　　牛顿运动定律是整个动力学的基础。加速度与力、质量的关系是牛顿第二定律的核心,是动力学的重要内容。利用实验探究加速度与力、质量的关系,是新教材"新"的体现。在教学过程中坚持素质教育、坚持以人为本的原则,充分挖掘其传知、育人、树能的功能。

　　笔者将从教材分析、教师教法、学生学法、教学流程、教学策略五大方面对这节课的教学进行阐述。

1. 教材分析

　　(1)编者意图

　　①通过演示实验,激发学生学习的兴趣,培养学生学习物理的情感,增强对物理的感性认识;

　　②体会研究物理规律的基本方法——实验法,学习处理物理实际问题的重要方法——理想模型法,学习研究多个物理量之间的关系的常用方法——控制变量法;

　　③重温科学家发现物理定律的历史,沿着科学家寻求真理的足迹,体会科学家的思维方法,学习科学家严谨的研究方法和坚持不懈的崇高品质。

　　(2)本堂课在全章中的地位和作用

　　①本堂课所探究的加速度与力、质量的关系是牛顿第二定律的核心内容,是动力学内容的基础。学好本堂课的内容对于理解牛顿运动定律有重要帮助,是学好动力学的关键;

　　②本堂课所学和所用的研究物理规律的基本方法,处理实验的控制变量法,在以后的学习中要经常用到,这为学习物理新知识奠定正确的方法基础;

　　③本堂课所巩固的实验能力(如控制变量的能力、数据分析的能力、抽象物理模型、过程的能力等)和归纳得出加速度与力、质量关系的过程中所培养的思维能力是物理学科所必须培养的重要能力,这为探索新规律奠定良好的能力基础。

　　(3)教学三维目标

　　①知识与技能

　　理解物体运动状态的变化快慢(即加速度的大小)与力、质量有关,理解探究加

速度与力、质量的关系的合理性和必要性。

通过实验探究加速度与力、质量的关系，即经历实验操作和测量过程，以及通过图象法处理数据的过程。

通过实验条件的控制和处理，学生可以领会物理研究的一般方法：从简单到复杂、从理想到实际；体会研究多个物理量之间关系的方法——控制变量法；培养学生分析实验的能力，进一步提高学生的思维能力。

②过程与方法

指导学生半定量地探究加速度与力、质量的关系，知道用控制变量法进行实验。

引导学生自己设计实验，控制条件，并根据设计进行实验。

对实验数据进行处理，并根据对数据的合理分析，得出科学的结论。

③情感态度与价值观

通过实验，培养实事求是、尊重客观规律的科学态度。

通过探究激发学生的求知欲和创新精神，培养与他人团结协作的精神。

重温科学家发现定律的过程，学习科学家的研究方法；培养学生的非智力因素；通过加速度与力、质量的关系的得出，在具体的物理知识传授中有机渗透辩证唯物主义教育，利用实验条件的控制，自然而有效地对学生进行世界观和方法论的教育。

（4）教学重点

控制变量法的使用。

如何提出实验方案，并使实验方案合理可行。

正确、合理进行实验数据的分析和处理。

（5）教学难点

在老师的指导下，提出合理的切实可行的实验方案。

在实验过程中体会探究过程的科学性、严谨性、合理性。

（6）教学用具

多媒体课件、投影仪、传感器、玩具小轿车、玩具载重车、刻度尺、实验室用的小车（20辆，每辆小车贴上质量为 200 g，"参照车"与"实验车"字样）、一段带有滑轮的长木板（20个）、一次性小塑料杯及棉线套（20个，质量可忽略）、50 g 钩码（10盒）、托盘天平砝码（20盒）、刻度尺、细线若干、铁夹（10个）、计算器。

2.教师教法

（1）教学方法

以演示实验导出问题，以设问形式引导学生制订计划和实验方案；用鼓励的话语激励学生完成实验;用严谨的方法指导学生完成数据处理;用科学的表述得出加速度与力、质量的关系。

(2)具体表现

教师边演示、边讲解、边提问;

学生边思考、边设计、边实验。

3. 学生学法

(1)分析学生的实际情况,把握学生的思维脉搏:学生对于加速度的概念已经掌握,对于牛顿运动定律的知识有所了解,但对物理问题的研究方法比较模糊,等等。因此在教学中应加强方法论的教育。

(2)要对学生进行认知具体物理规律的方法指导,通过对实验方案的设计、条件的设置,领会研究物理规律的方法和探索物理规律的一般步骤:提出研究课题、进行科学猜想、设计实验方案、进行实验操作、分析实验结果、归纳物理规律。

(3)要对学生进行认识世界观的指导:通过对加速度与力、质量关系的得出,利用图象法对实验数据的处理,以及利用位移比替代加速度的关系和恒力的设置使学生在认知过程中的认知方式产生一次升华和飞跃。

(4)利用演示实验引导学生提出问题,并逐步设问,逐渐切入问题本质,并深入研究,经过实验分析得出结论,让学生逐步认识到从具体到抽象、从特殊到一般、从个性到普遍、从简单到复杂、从感性到理性的认识规律;培养学生严谨的科学态度、良好的思维习惯、正确的思维方法和科学的思维品质。

4. 教学流程

(1)教学流程(图 4.9-1)

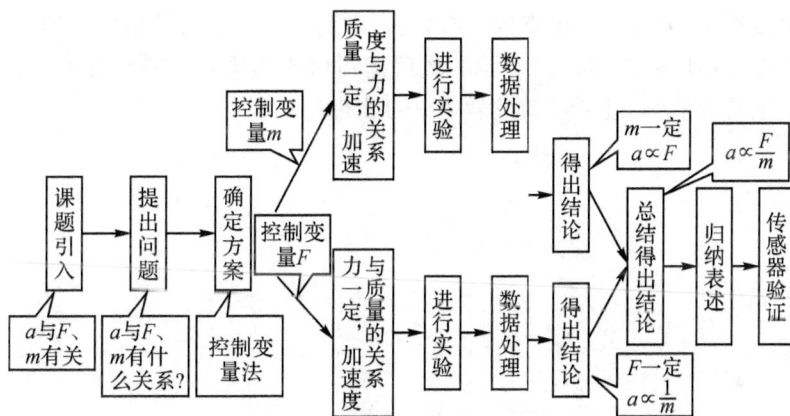

图 4.9-1

（2）板书设计

实验：探究加速度与力、质量的关系

探究方法——控制变量法

①m 一定，$a \propto F$

②F 一定，$a \propto \dfrac{1}{m}$ $\Big\}$ ➡ $a \propto \dfrac{F}{m}$

5. 教学策略

（1）紧密联系生活实际

利用玩具小轿车，玩具载重汽车的运动，设置实际情境引出课题，激发学生学习物理的兴趣。降低思维的坡度，有利于物理模型、过程模型的建立。

（2）适时渗透物理思想

①为了提高实验的准确度和可见性，本实验中加速度的值并非直接得出，而是利用 $a = \dfrac{1}{2}at^2$，相同时间内的位移之比即为加速之比，体现物理研究中的替代思想。利用比较容易测量的物理量代替较难测量的物理量，渗透着太极拳法中"四两拨千斤"的思想。

②为了确保两辆小车同时运动，用一个夹子夹住两根绳子。放开夹子或夹住夹子，两小车运动时间相等，既简单又方便，体现了物理实验的可操作性和利用比较法、整体法研究问题的思想。

③为了减小接触面上摩擦的影响，将轨道的一端抬高，利用重力的分力平衡摩擦。体现了部分与整体的关系，渗透着个人与集体的关系的教育思想。

（3）注意整合信息技术

物理实验中的数据处理工作是一个烦琐的工作，但十分关键。常用的数据处理方法是图象法，利用坐标纸让学生作出图象，忽略一些次要的因素，得到函数关系，最后得出结论。

在本实验中，可以利用传感器进行实验，进而提高实验的精确度。但受条件限制不可能每组都用传感器。在实验的最后老师用传感器做一验证性实验，这样可以增加学生的成就感，进一步激发学生学习物理的兴趣。

第十节 教育的契机

许多人说教育要因人而异、因地而异、因不同的目标而异，我认为这就是教育的契机。教育就是在合适的地点、合适的时间，利用合适的方法、使用合适的手段，对合适的对象进行合适的指导以期能达到合适的目标。

有人说，中学生正处于叛逆期。我不赞同这种说法，因为叛逆应该是相对而言的。相对于什么？是相对于我们的传统观念，还是相对于规章和制度？如果是这样的话，我们教育中提倡的学生创新能力、创新精神的培养又从何谈起？我想，一个人就好像是一棵树，从种子开始经过发芽、成苗，然后慢慢长成，最后凋落。在整个成长过程中会不断遇到各种天气变化，甚至异地变迁，我们的学生也是这样。

中学阶段是人生的十字路口，"十字路口"的意思是，学生将要面临多种选择。在这个阶段，教师所应该做的是尊重他们的选择的同时又必须要给予适当的引导，而不是全盘否定。教师不能按照自己的意愿给学生指定某一条人生路，如果是这样，教师的现在很可能就是他们的未来，社会要有很大的发展根本就不可能。

现在的社会是一个丰富多彩、信息瞬息万变的社会。信息量之大、变化之快是我们无法想象的，学生其实远比我们更容易适应现在的社会。此时的他们是似熟非熟的关键时期，对待问题他们都能够看到利与弊，也能够看出对与错，除此之外还有"义"。这一点在很大程度上超过了我们。我们很多时候给学生下定义为"冲动""莽撞"，其实很多创新的灵感又何尝不是在这样的"冲动"中来的，这样的"莽撞"精神不正是科学上的勇于挑战的精神吗？人总是会犯错误的，越是在这似懂非懂的年龄，我们越应该给予他们尊重与关爱。我们不应该害怕学生犯错，或许有时还应该为他们所犯的错误而感到高兴。哪怕是很小的错误或者还没有来得及改正的错误，从中吸取很多有用的东西，对于他们来说，这就是成长所需要的养分。要知道老师教给学生的不是对与错，而是如何去坚持对的、防范错的，或努力去改正错的，或者是让曾经所犯的错误起到更大的警示功效。在这个过程中老师一定不能让学生没有面子，哪怕是做了错事。面子是什么？面子就是自尊，面子就是改正错误的动力，没有了面子，学生很难鼓足勇气去改正错误，老师的教学工作也就会很难达到教育的目的。

在这里我要讲一讲我的一段经历：在 2013 年高三上学期一个星期六的下午，我刚好开车到自来水公司前的路口，碰上红灯，这个时候在车前面跑过去五位我们班的同学。看着他们很匆忙的样子，我感觉不太对劲，直觉告诉我他们要去网吧。

可是这里刚好红灯，怎么办？于是我就在前面绕了一个圈，等在商业街的路口。果然，过了一会儿五位同学来了。但是毕竟不能确定他们是否真的去上网，所以我就在他们的后面跟着，真正体验了一回警察抓小偷的感觉，然后就看到他们真的从一家新开的网吧门口进去了。我在网吧门口思考着对策，怎么办？现在进去把他们叫出来，或许可以抓个现行，或许会被网吧老板骂一顿。我觉得，直接和学生面对面交流也许并不是最好的处理方法。所以，我就开始拨打学生的电话号码，可是学生的电话欠费停机了，怎么办？我就用手机在网吧门前拍了两张照片，然后把这两张照片传到了班级的 QQ 群里，我相信他们上网后肯定要登录 QQ 的。果然过了十几分钟，五位同学从网吧里出来，在网吧门口看了看，然后各自回家去了。

第二天，他们老早来到我办公室将检讨书放在桌上，他们肯定知道错了，能主动检讨自己的错误，我觉得这就是收获。当时，我很庆幸自己情绪上没有太激动，我很认真地和他们说："看到你们承认错误我很高兴，我想给你们一个机会，但是在这件事情上你们一定要给自己一点惩罚。"这点他们非常乐意接受。我再问他们："你们说该怎么办？"他们都知道外出上网吧是一件后果十分严重的事情（即便他们在周末），他们没有说话。我说如果交到学校处理，不仅要停课，把家长叫来，还要处分。其实在我心里已经有了处理的办法。我说："现在给你们一个机会，去行政楼二楼的物理办公室，你们在那里帮我们班制定一个班规出来，然后相应地制定一个违反班规的处理办法，以你们为主成立班级纪律监督委员会。给你们三天时间，行不行？三天后拿出具体方案，然后到班里进行投票，三分之二以上同学通过就执行，没有达到，你们就继续修改。"

其实在我心里老早就有制定班规的想法，而且也非常希望是同学自己来制定，这是一个非常好的机会。这当然是一件非常重要的事情，老师把这么重要的事情交给他们去做，这几个学生非但没有伤自尊，而且还有一种非常荣幸的感觉。当然这也就意味着他们至少要停课三天。班主任都知道学生犯错之后绝大部分都认为是运气不好才被老师发现的，而且对于停课他们也都是很不乐意的。说实话，当时我之所以能够做出这样的处理，是因为我也很爱护这些学生，这些学生成绩比较好，更重要的是如果打击了这五个学生，很可能就会伤了一大片学生，还会给师生之间造成很大的裂痕。这五位同学就像肩负着重要的使命一样，非常负责任。讨论了很多次，记录了很多，我几次偷偷过去看，他们没有偷懒。其间，他们好几次把写好的班规给我看，我也给了一点意见。当然包括学校里强调的几条"高压线"，应该说很全，我的意见也都体现在里面了，最后在星期三的班团活动课上，进行投票。二十八条班规，一条条地通过（里面就只有一条没有通过）。然后，我宣布处罚条例即日起实行，成立了班级纪律监督委员会。最后，将这些条例、处理办法、监督委员会全部打印出来并张贴上墙。我不敢肯定这些学生是否从那以后就没有在学习时间里去过网吧，但我敢肯定我没有伤害学生，而且我也相信这样的经历对这些学生来说也是终生难忘的。通过这件事情还想告诉我的学生,要承担责任,履行义务。真的很高兴自己在当时能那样处理。

在钱理群的《做教师真难,真好》中有这样一段话:"一个视野开阔、兴趣广泛、知识渊博、多才多艺、热爱生活并善于享受生活、生机勃勃、充满情趣、富有教养、仪表不俗、气质高贵的全面发展的教师,一个虽有缺陷但个性鲜明、有真性情的教师,对青少年的吸引与影响,是课堂教学所难以达到的,甚至是更为根本与深远的。现代教师在处在人生起点的青年学生的心目中,应该是真、善、美的化身,应该是一个可爱的人。这可以说是对教师的最高评价,是教师价值的最高体现。"我想这几句话给我们另外一种启示:我想我们都应该努力做一个学生心目中的可爱的人,我们也希望我们的学生成为可爱的人。我们不要害怕学生们会犯错,不要害怕学生们会受伤。但是在学生受伤和害怕的时候我们一定要提醒他们自己主动从中吸收营养。我们不一定要让学生具备那么多的优良品质,但必须努力帮助他们成为生机勃勃的人。衷心希望我们的学生是一个热爱生活并善于享受生活的人,是一个充满情趣富有教养有真性情的人。

参考文献

[1] 朱鋐雄. 物理教育展望[M]. 上海：华东师范大学出版社，2002.

[2] 中华人民共和国教育部. 普通高中物理课程标准[M]. 北京：人民教育出版社，2017.

[3] 中华人民共和国教育部. 国家中长期教育改革和发展规划纲要（2010—2020 年）[M]. 北京：人民出版社，2010.

[4] 廖伯琴. 普通高中物理课程标准解读[M]. 北京：高等教育出版社，2017.

[5] 中华人民共和国教育部. 中国学生发展核心素养[M]. 北京：北京师范大学出版社，2016.

[6] 莫里斯·克莱因. 数学简史[M]. 北京：中信出版集团，2019.

[7] 张玉峰. 基于核心素养的高中物理教学重难点突破[M]. 北京：北京师范大学出版社，2019.

[8] 郭玉英. 基于学生核心素养的物理学科能力研究[M]. 北京：北京师范大学出版社，2019.

[9] 蒋宁. 高中物理习题教学中思维能力的培养[D]. 济南：山东师范大学，2008.

[10] 蔡宁. 物理教学培养科学素养的教学策略研究[D]. 西安：陕西师范大学，2015.

[11] 辛涛，姜宁，王烨辉. 基于学生核心素养的课程体系建构[J]. 北京：北京师范大学学报社会科学版，2014(1)：5-11.

[12] 褚宏启，张咏梅，田一. 我国学生的核心素养及其培育[J]. 中小学管理，2015(9)：27-31.

[13] 胡炳元. 物理新课程与教学论[M]. 杭州：浙江教育出版社，2003.

[14] 张大昌. 新课程理念与初中物理新课程改革[M]. 长春：东北师范大学出版社，2002.

[15] 阎金铎. 初中物理新课程教学法[M]. 北京：开明出版社，2003.

[16] 聂六英. 中学物理实验情景教学研究[G]. 长沙：湖南师范大学，2004.

[17] 张军朋. 中学物理实验教学目标的分类、测量与评价初探[J]. 课程·教材·教法，1996(1)：35-38.

[18] 张华. 课程与教学论[M]. 上海：上海教育出版社，2000.

[19] 任长松. 探究式学习：18 条原则（上）[J]. 教育理论与实践，2002(1)：47-50.

[20] 任长松. 探究式学习：18 条原则（下）[J]. 教育理论与实践，2002(2)：56-59.

[21] 钟启泉. 现代教学论发展[M]. 北京：教育科学出版社，1988.

[22] 姜涛. 物理探究课程有效教学评价指标体系构建研究[D]. 重庆：西南大学，2013.

[23] 靳玉乐. 探究教学论[M]. 重庆：西南师范大学出版社，2001.

播撒爱的种子，保护学生个性，发展阳光教育

德国哲学家卡尔·西奥多·雅斯贝尔斯说过："教育是人的灵魂的教育，而非理智知识和认识的堆积。教育意味着一棵树摇动另一棵树，一朵云推动另一朵云，一个灵魂唤醒另一个灵魂。"从事教育工作多年，仔细回味起来，感觉雅斯贝尔斯的这句话真的非常有味道，感觉自己就是这么一路的"摇动"过来。我不知道我唤醒了多少个灵魂，但我知道这些年我一直在坚持践行爱的教育，坚持阳光教育，在努力保护每个学生的个性发展的同时塑造每个学生的健全的人格。

一、践行爱的教育

教育是心灵的碰撞，在促进人类社会和谐发展过程中起着非常重要的作用。社会的和谐发展需要每个人都拥有一颗爱心，需要每个人都能够在需要的时候献出爱心。爱，没有明确的定义，但却是人类最伟大的能量源泉。一个人给予别人爱的同时自身也获得很大的幸福感，获得了自身的成长和完善。所以在教育过程中践行对学生的爱的教育，是老师能够给予学生的最好的养分。

许多人都说"教是为了不教"，这是对教学而言的。我觉得"无为而治"应该成为教育的目标。我们一定要时刻牢记"学生是需要成长的"，我们教育的目标是教育学生能够自己教育自己、管理自己，能够在任何时候进行很好的自我管理、自我促进。只要在学生心中种下爱的种子，并坚持不懈地进行浇灌培育，爱的种子一定会发芽壮大。

二、坚持阳光教育

随着科技进步，社会快速发展，信息高速发达，人们进入了快节奏时代。无论在学习、工作还是生活中，人们都承受着更大的压力，出现心理问题的人越来越多。怎样才能使学生拥有健康快乐的阳光心态？实行阳光教育是一种行之有效的途

271

径。中学生时代是充满活力、阳光活泼的阶段,这一阶段所形成的习惯和心理对以后的人生发展起着不可估量的作用。

积极倡导建立积极向上、充满阳光活力的班集体,让学生保持活泼好动的青春本色。绝大多数学生的成绩不好不是因为智力不够或是学习时间不够,而是因为学习不够专注,学习过程中脑子里充满杂念。专注是被乔布斯大力提倡的一种品质,专注也是最好的学习习惯。如何做到专注?拥有阳光心态的人在做事情的时候更容易做到专注,因此在教育教学过程中,我们应该大力培养学生的阳光心态。坚持阳光教育就是坚持"真、善、美"的教育和坚持教育的"真、善、美"。坚持"真、善、美"的教育是从教育者本身出发,做到"一切为了学生,为了学生的一切",这不仅仅是口号更是一种坚持不懈的行动,是一种除去一切功利主义的行动。坚持教育的"真、善、美"是从学生的角度来讲,学习的过程是一种成长的过程,是人生的自我完善,学习的过程不应有太多的功利思想,而应常怀感恩之心,应该有学好本领从而服务社会奉献他人的精神。

三、保护学生个性,健全学生人格

经常听到有老师说现在的学生越来越难教了,批评他几句,他还会跟老师顶嘴,等等。仔细观察,讲这种话的老师往往是教了几年后思想上有所松懈的老师,为什么呢?回想我们刚刚参加工作的时候,多么热爱教育事业,多么热爱学生。经常下课还待在教室,而且那时学生是多么喜欢我们,有什么话都会跟我们讲。所以总结这些我们可以得出结论:时代变了,学生变了,其实我们老师自己也变了。我认为我们自己在教育教学过程中应该不断自我反省。我们送走一批学生后又迎来新的一批,从上一批学生获得的所谓经验不一定适用新来的学生,所以老师应该坚持学习不断提升教育理念。一定要注意保护学生的个性,要知道在我们国家和老师顶嘴是一件多么需要勇气的事情,这样的勇气或许就是创新精神的源泉,创新意识和创新精神是时代发展的动力,老师保护学生的个性实际上就如履行了一份对社会的责任。当然保护个性不是一味纵容或忍让,最关键的就是老师能够放下自己所谓的权威架子,能够心平气和地与学生探讨问题。我们允许学生犯错,当然也应该帮助学生改正错误,学会感恩,这样我们就能够在保护学生个性的同时又确保其有健全的人格。

"教育的本质是一棵树摇动另一棵树,一朵云推动另一朵云,一个灵魂唤醒另一个灵魂",教育的过程本身也是自我完善自我发展的过程。我经常分不清楚是我教育了学生,还是学生成就了我。但我感恩我的学生,我热爱我的职业。我要坚持爱的教育,要努力保护学生的个性发展,要发展阳光教育。